utb 6323

Eine Arbeitsgemeinschaft der Verlage

Brill | Schöningh – Fink · Paderborn
Brill | Vandenhoeck & Ruprecht · Göttingen – Böhlau · Wien · Köln
Verlag Barbara Budrich · Opladen · Toronto
facultas · Wien
Haupt Verlag · Bern
Verlag Julius Klinkhardt · Bad Heilbrunn
Mohr Siebeck · Tübingen
Narr Francke Attempto Verlag – expert verlag · Tübingen
Psychiatrie Verlag · Köln
Ernst Reinhardt Verlag · München
transcript Verlag · Bielefeld
Verlag Eugen Ulmer · Stuttgart
UVK Verlag · München
Waxmann · Münster · New York
wbv Publikation · Bielefeld
Wochenschau Verlag · Frankfurt am Main

Pflege studieren
Herausgegeben von Prof. Dr. Dr. h.c. Andreas Büscher

Peter Kostorz

Recht in der Pflege

Mit 22 Abbildungen und 18 Tabellen

Mit Onlinematerial

Ernst Reinhardt Verlag München

Prof. Dr. Peter Kostorz lehrt Rechtswissenschaften mit den Schwerpunkten Gesundheits- und Bildungsrecht am Fachbereich Gesundheit der Fachhochschule Münster.

Bibliografische Information der Deutschen Nationalbibliothek

Die Deutsche Nationalbibliothek verzeichnet diese Publikation in der Deutschen Nationalbibliografie; detaillierte bibliografische Daten sind im Internet über <http://dnb.d-nb.de> abrufbar.

UTB-Band-Nr.: 6323
ISBN 978-3-8252-6323-2 (Print)
ISBN 978-3-8385-6323-7 (PDF-E-Book)
ISBN 978-3-8463-6323-2 (EPUB)

Printed in EU

Einbandgestaltung: Atelier Reichert, Stuttgart
Cover unter Verwendung einer Grafik von
© Md Abdul Mannan/stock.adobe.com
Satz: m4p Kommunikationsagentur GmbH, Nürnberg

Ernst Reinhardt Verlag, Kemnatenstr. 46, D-80639 München
Net: www.reinhardt-verlag.de E-Mail: info@reinhardt-verlag.de

Inhalt

Hinweise zur Benutzung dieses Lehrbuches

Folgende Icons werden im Buch verwendet:

Zusammenfassung

Definition

Merksatz

Übungsaufgabe

Beispiel

Literatur- und Websiteempfehlungen

In den einzelnen Kapiteln gibt es Übungsaufgaben und Reflexionsfragen. Passwortgeschützte Beispiellösungen finde sie auf der Homepage des Ernst Reinhardt Verlages und der UTB GmbH bei der Darstellung dieses Titels: www.reinhardt-verlag.de, www.utb.de. Das Passwort zum Öffnen der Dateien finden Sie im Buch vor dem Literaturverzeichnis.

Hinweise des Autors:
Das Pflegerecht ist als eigenständiges Rechtsgebiet sehr dynamisch und einer Vielzahl schnell aufeinander folgender Gesetzesänderungen unterworfen. Die vorliegende Darstellung zum Recht in der Pflege bildet den Rechtsstand vom 1. Januar 2024 ab. Entsprechendes gilt für die in Euro angegeben (Sozialversicherung-)Werte. Über die abgedruckten QR-Codes können die zitierten gesetzlichen Bestimmungen in ihrer jeweils aktuellsten Fassung recherchiert und eingesehen werden.

Vorwort

Das Verhältnis von Pflege und Recht erscheint kompliziert und unüberschaubar. Es gibt eine große Unsicherheit in den Pflegeberufen, ob das eigene Handeln immer den rechtlichen Vorgaben entspricht. Die Dokumentation der Pflege wird oftmals mit rechtlichen Fragen in Verbindung gebracht und weniger als fachliches Informationsmedium angesehen. Zum Teil besteht auch Angst, etwas Falsches oder nicht das Richtige zu tun und rechtliche Konsequenzen befürchten zu müssen. In diesem Sinne scheinen rechtliche Fragen die Pflegepraxis eher zu erschweren.

Eine genauere Betrachtung zeigt jedoch, dass dies keinesfalls so sein muss, sondern das Recht auch für Klarheit sorgen kann und dass es bei einigen Fragen der Pflege sogar sehr vorteilhaft ist, wenn klare rechtliche Regelungen bestehen. Bereits heute sind viele Aspekte der Pflege rechtlich geregelt. So gibt es sehr umfassende Rechtsgrundlagen für Studium und Ausbildung, zur Finanzierung gesundheitlicher und pflegerischer Leistungen und natürlich auch zu der Frage, wer bei Schäden, die durch die Pflege entstehen, die Verantwortung trägt. Eine Pflegepraxis ohne einen rechtlichen Rahmen ist nicht vorstellbar. Wie umfassend die rechtlichen Kenntnisse von Pflegefachpersonen sein müssen, darüber gibt es unterschiedliche Ansichten. Eine Vorstellung davon, welche Bereiche des Rechts unmittelbar oder mittelbar die Pflege beeinflussen (können), dürfte aber in jedem Fall sehr hilfreich sein.

Der vorliegende Band von *Peter Kostorz* zum *Recht in der Pflege* bietet einen kompakten Überblick und eine gute Einführung in die verschiedenen Rechtsbereiche, die für die Pflege von Bedeutung sind. Der Band ist darauf ausgelegt, ein grundsätzliches Verständnis dieser Rechtsbereiche zu vermitteln und Möglichkeiten zur Vertiefung aufzuzeigen. Verschiedene Beispiele ermöglichen einen guten Zugang zu rechtlichen Fragen in der Pflege sowie zur pflegerischen Versorgung und illustrieren eindrücklich, in welcher Form Recht und Pflege zusammenhängen können. Um das

Verständnis in der Pflege für rechtliche Aspekte zu verbessern und die Unsicherheit gegenüber dem Recht zu nehmen, ist dem Band eine hohe Verbreitung zu wünschen.

Der vorliegende Band ist nach den Bänden zur Ethik, Qualität und Forschung in der Pflege sowie zur Pflege im Lebensverlauf der fünfte Band aus der Reihe *Pflege studieren*. Die Reihe ist darauf angelegt, gezielt die Förderung der im Pflegeberufegesetz ausgewiesenen und durch das Studium zu erlangenden Kompetenzen zu unterstützen. Die Bände sind darauf ausgerichtet, gute Begleiter durch das Pflegestudium zu sein. Sie eignen sich aber auch für diejenigen, die sich im Rahmen von Aus-, Fort- und Weiterbildung mit Fragen der Weiterentwicklung der Pflege befassen möchten. Weitere Bände widmen sich folgenden Themen:

- Beratung und Kommunikation in der Pflege
- Grundlagen der Pflegepraxis
- Bezugswissenschaften in der Pflege
- Pflege im Gesundheitssystem
- Handlungsfelder in der Pflege

Osnabrück, April 2024
Prof. Dr. Andreas Büscher

Einleitung

> „Es ist mit der Jurisprudenz wie mit dem Bier; das erste Mal schaudert man, doch hat man's einmal getrunken, kann man's nicht mehr lassen." (Johann Wolfgang von Goethe)

In der Pflege ist das Thema Recht für gewöhnlich eher unbeliebt. Der Umgang mit Gesetzen und Paragraphen gilt als verhältnismäßig kompliziert und meist langweilig – zudem gelten viele rechtliche Regelungen als zu weit vom Berufsalltag entfernt, als dass man sich um sie kümmern müsste. Gleichwohl sind juristische Fragestellungen bereits Bestandteil der Pflegeausbildung und das insofern völlig zu Recht, als die (professionelle bzw. berufsmäßige) Versorgung von Menschen mit Pflegebedarfen nahezu vollständig verrechtlicht ist.

So ist bereits das Führen der Berufsbezeichnung *Pflegefachfrau* bzw. *Pflegefachmann* oder *Pflegefachperson* rechtlich reglementiert, da es die Erlaubnis einer staatlichen Behörde voraussetzt. Ist sie erteilt, sind die Angehörigen dieses Berufsstandes in aller Regel nicht selbständig tätig, sondern stehen in einem arbeitsrechtlichen Beschäftigungsverhältnis zu einer Einrichtung des Gesundheitswesens (i.d.R. ein Krankenhaus, ein Pflegeheim oder ein Pflegedienst). Diese Gesundheitseinrichtung wiederum geht mit den von ihr zu versorgenden Personen einen Vertrag über die zu erbringenden Behandlungs- bzw. Pflege- und Unterstützungsmaßnahmen ein, was aus Sicht der Adressaten dieser Maßnahmen in den meisten Fällen nur deshalb (ökonomisch) möglich ist, weil sie bestimmte Leistungsansprüche gegen ihre Kranken- bzw. Pflegekasse geltend machen können, die wiederum auf einem mit diesen Sozialversicherungsträgern bestehenden Versicherungsverhältnis beruhen. Aufgabe der Pflegepersonen ist es in diesem Zusammenhang schließlich, diese vertraglichen und gesetzlichen Ansprüche der behandlungs- bzw. pflegebedürftigen Menschen im Rahmen ihrer Berufsausübung umzusetzen; dabei besteht auch zwischen ihnen und den von ihnen zu versorgenden Personen ein spezifisches Rechtsverhältnis, das von dem Selbstbestimmungsrecht der Pflegeadressaten einerseits und der Pflicht der Pflegepersonen zur sorgfaltsgemäßen Durchführung der Pflege nach medizinisch-pflegewissenschaftlichen Erkenntnissen und Standards andererseits geprägt ist.

> Die an der Versorgung von Menschen mit Pflegebedarfen beteiligten Akteure handeln nicht im rechtsfreien Raum. Im Gegenteil: Sie sind vielmehr eingebunden in ein dichtes Netz an unterschiedlichen Rechtsverhältnissen mit jeweils spezifischen (gegenseitigen) Rechten und Pflichten der einzelnen Akteure. Pflege ist damit insofern verrechtlicht, als nahezu alles in ihr rechtlich reglementiert ist.

Das vorliegende Buch zum *Recht in der Pflege* (im Folgenden häufig auch synonym als *Pflegerecht* bezeichnet) greift diese Rechtsverhältnisse auf und stellt dabei die drei Hauptakteure im System der Versorgung von Menschen mit Pflegebedarf in das Zentrum der Betrachtung (Abb. 1). Zunächst geht es aus Sicht der Pflege(fach)kräfte um den rechtlichen Rahmen ihrer Ausbildung und ihrer Berufstätigkeit, um die haftungsrechtlichen Konsequenzen von Fehlleistungen und Fehlverhalten während ihrer Berufsausübung und um ihre arbeitsrechtlichen Beziehungen zu den sie beschäftigenden Einrichtungen des Gesundheitswesens (Kap. 2). Aus der Perspektive dieser Gesundheitseinrichtungen wird zum einen der Frage nachgegangen, unter welchen Voraussetzungen sie zur Erbringung von (pflegerischen) Leistungen zugelassen werden und wie die erbrachten Leistungen honoriert werden; zum anderen werden die möglichen vertraglichen Beziehungen zu den von ihnen zu versorgenden Personen dargestellt (Kap. 4). Deren Sichtweise auf das Versorgungsgeschehen ist wiederum geprägt von ihrem Recht auf eine selbstbestimmte Entscheidung über konkret durchzuführende medizinische Maßnahmen und pflegerische Interventionen sowie den Leistungsansprüchen, die sie gegenüber ihrer Kranken- bzw. Pflegekasse geltend machen können (Kap. 3).

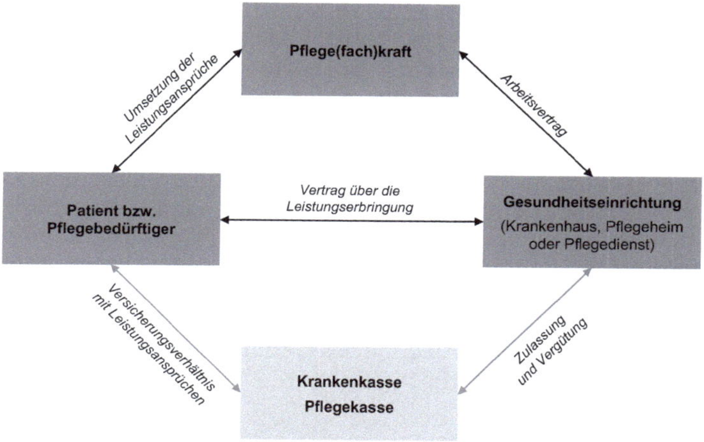

Abb. 1: Rechtliche Beziehungen der an der Versorgung vom Menschen mit Pflegebedarf beteiligten Hauptakteure

Dabei stößt das Bemühen um eine prägnante Bezeichnung der Protagonisten im System der pflegerischen Versorgung der Bevölkerung auf eine deutliche terminologische Schwierigkeit: Während die Pflegenden (mit einer mindestens dreijährigen Fachausbildung) einheitlich als *Pflegefachmänner* bzw. *Pflegefachfrauen* oder *Pflegefachkräfte/-personen* bezeichnet werden können, ist die Betitelung der von ihnen in institutionalisierten Gesundheitseinrichtung zu versorgenden Personen deutlich komplizierter, werden sie doch in einem Krankenhaus als *Patientinnen und Patienten*, in einem Pflegeheim als *Bewohnerinnen und Bewohner* (resp. *Verbraucherinnen und Verbraucher*) und von einem Pflegedienst regelmäßig als *Klientinnen und Klienten* (resp. *Kundinnen und Kunden*) bezeichnet. Der Oberbegriff der Pflegebedürftigen bzw. der pflegebedürftigen Personen ist dabei insofern untauglich, als er auf die Pflegebedürftigkeit im Sinne des Pflegeversicherungsrechts rekurriert, die mit ihr implizierten physischen bzw. psychischen Beeinträchtigungen aber bei den meisten Patienten eines Krankenhauses und bei einem Teil der Klienten eines Pflegedienstes, die keine Leistungen der Langzeitpflege, sondern (nur) die der medizinischen Behandlungspflege in Anspruch nehmen, (anders als bei den Bewohnern eines Pflegeheims) i.d.R. eben nicht gegeben sind – bei ihnen geht es vielmehr vorrangig um die Deckung eines (akuten) medizinischen Behandlungsbedarfs. Demgegenüber integriert der Begriff des *Patienten* zwar sowohl in einem Krankenhaus zu versorgende Personen als auch einen Teil der Kunden ambulanter Pflegedienste, nicht jedoch die Bewohner eines Pflegeheims oder diejenigen Klienten eines Pflegedienstes, die (vorrangig) Leistungen der ambulanten Langzeitpflege beziehen. Aus diesem Grund wird für die von den Pflegefachkräften zu versorgenden Personen vorliegend das Begriffspaar *Patienten bzw. Pflegebedürftige* verwendet; dies entspricht zudem der sozialrechtlichen Nomenklatur im Recht der gesetzlichen Kranken- und der sozialen Pflegeversicherung, die das Gesundheits- und damit auch das Pflegesystem maßgeblich prägen.

Mit dem Begriff der *Pflegefachkraft* bzw. der *Pflegefachperson* werden vorliegend mindestens dreijährig ausgebildete und staatlich geprüfte Pflegefachfrauen und Pflegefachmänner (sowie klientenspezifisch ausgebildete Gesundheits- und Kinderkrankenpfleger[innen] sowie Altenpfleger[innen]) bezeichnet.

Mit *Gesundheitseinrichtungen* sind vornehmlich die hier näher in den Fokus genommenen Krankenhäuser, Pflegeheime und Pflegedienste gemeint.

Unter dem Begriffspaar *Patienten/Pflegebedürftige* werden – sofern rechtlich keine Ausdifferenzierung erforderlich ist – einheitlich (behandlungsbedürftige) Patienten eines Krankenhauses, (pflegebedürftige) Bewohner eines Pflegeheims sowie (behandlungs- und/oder pflegebedürftige) Klienten eines Pflegedienstes verstanden.

Gemäß dem Reihentitel *Pflege studieren* ist der vorliegende Band vornehmlich adressiert an (angehende) Pflegefachkräfte, die eine hochschulische Pflegeausbildung absolvieren, ausbildungs- bzw. berufsbegleitend oder -integrierend Pflege studieren oder sich in einem Studium des Pflegemanagements, der Pflegepädagogik oder der Pflegewissenschaft beruflich weiterqualifizieren. Da er sich mithin nicht vorrangig an Juristinnen und Juristen oder Studierende eines rechtswissenschaftlichen Studiums richtet, werden die in der Jurisprudenz und in der juristischen Fachliteratur regelmäßig geführten Meinungsstreitigkeiten über die Auslegung und Anwendung bestimmter rechtlicher Regelungen vorliegend mehr oder minder ausgeblendet. Recht wird in dieser Darstellung also eher schwarz-weiß gezeichnet, weshalb sie im rechtlichen Ernstfall nicht die Lektüre eines großes (juristischen) Lehrbuchs oder eines Gesetzeskommentars mit allen Grauschattierungen des Rechts ersetzen kann. Im vorliegenden Lehrbuch wird vielmehr versucht, ein Grundverständnis für das *Recht in der Pflege* zu schaffen und die für die Berufsausübung notwendigen Grundlagen des Pflegerechts zu vermitteln, um dessen Leserinnen und Lesern zumindest ein wenig die Scheu vor rechtlichen Themen zu nehmen und sie bestenfalls sogar für sie zu gewinnen (erinnert sei an das einleitende Zitat von *Goethe*, der bekanntermaßen nicht nur Dichter, sondern auch Jurist war).

1 Grundlagen des Pflegerechts

Beim *Pflegerecht* handelt es sich um ein Rechtsgebiet, das querschnittsartig zu verschiedenen anderen Rechtsbereichen verläuft und sich dementsprechend durch ein Zusammenspiel unterschiedlichster Rechtsquellen auszeichnet. Es überschreitet deutlich die herkömmliche Kategorisierung des Rechts in Privatrecht und öffentliches Recht, integriert unter anderem Regelungen des Berufsrechts, des Arbeits- und Sozialrechts, des Vertragsrechts, des Haftungsrechts und des Rechts auf Patientenautonomie und verteilt sich dementsprechend auf eine Vielzahl von gesetzlichen und untergesetzlichen Rechtsquellen. Die Kenntnis dieser Grundlagen und Grundstrukturen des *Rechts in der Pflege* ist dabei – neben einem gewissen Grundverständnis für den Umgang mit Gesetzestexten und die spezifisch juristische Arbeitsweise und Methodik – eine notwendige Bedingung für das Verständnis der rechtlichen Beziehungen zwischen den im Pflegesystem agierenden Gesundheitseinrichtungen, den dort beschäftigten Pflegekräften und den von ihnen zu versorgenden Patienten bzw. Pflegebedürftigen.

1.1 Recht in der Pflege – die Theorie

Das Pflegerecht ist als verhältnismäßig junges Rechtsgebiet noch unkonturiert. Es statuiert zusammengefasst die Rechte und Pflichten der an der Versorgung von Menschen mit Pflegebedarf beteiligten Akteure und reglementiert deren (rechtliche) Beziehungen untereinander. Dabei verläuft es querschnittsartig zu verschiedenen anderen Teilgebieten der Rechtswissenschaft und zeichnet sich durch ein interdependentes Zusammenwirken unterschiedlicher Rechtsquellen aus; insofern existiert leider kein in sich geschlossenes „Pflegegesetzbuch".

1.1.1 Begriff und Gegenstand des Pflegerechts

Im Gegensatz etwa zum Arzt- oder Medizinrecht, für das es einen relativ gefestigten Kanon an Rechtsfragen gibt, die diesem Rechtsgebiet zugeordnet werden können, zeigt das **Pflegerecht** – ähnlich wie das ihm übergeordnete Gesundheitsrecht (Kostorz 2020, 13 f.) – bislang deutlich weniger klare Konturen. So zeigt beispielsweise allein ein Blick in die Inhaltsverzeichnisse der wichtigsten Lehrbücher zum Pflegerecht (Kap. 1.2.2), dass hier jeweils unterschiedliche Aspekte des Rechts in der Pflege thematisiert bzw. andere inhaltliche Schwerpunkte gesetzt werden.

Um sich dem Begriff des Pflegerechts definitorisch zu nähern, bietet es sich daher an, sich zunächst mit dem der Pflege auseinanderzusetzen (Siefarth 2023, 1 ff.). Jenseits der diesbezüglich in der Pflegewissenschaft intensiv geführten Diskussion und neben den recht umfassenden Definitionen der *World Health Organization* (WHO) und des *International Council of Nurses* (ICN) kann **Pflege** kurzgefasst verstanden werden als

> „Unterstützung von Personen, die aufgrund gesundheitlicher Beeinträchtigungen in ihrer Selbstversorgung eingeschränkt sind oder voraussehbar sein werden" (Bartholomeyczik, in: Pschyrembel 2023, Stw. Pflege).

Dabei wird die genannte Unterstützung im gesetzlich reglementierten, öffentlichen Gesundheitssystem regelmäßig durch institutionalisierte Gesundheitseinrichtungen (vor allem Krankenhäuser, Pflegeheime und Pflegedienste) gewährleistet, die sich zur Erbringung der gegenüber den unterstützungsbedürftigen Personen geschuldeten pflegerischen Versorgungsleistungen der bei ihnen beschäftigten Pflege(fach)kräfte bedienen. Dementsprechend kann das **Pflegerecht** wie folgt eingegrenzt werden:

> Das *Pflegerecht* umfasst die Gesamtheit aller Rechtsvorschriften, die die Rechte und Pflichten der an der Unterstützung und Versorgung von Menschen mit Pflegebedarf beteiligten Akteure statuiert und reglementiert. Neben den zu pflegenden Personen selbst gehören zu diesen Akteuren in erster Linie beruflich bzw. professionell tätige Pflegepersonen sowie Pflegeleistungen anbietende bzw. erbringende Gesundheitseinrichtungen.

Aus Sicht der **Pflegekräfte** (Kap. 2) spielt das Pflegerecht vor allem bei der Berufszulassung nach einer erfolgreich abgeschlossenen Pflegeausbildung und bei der anschließenden Berufsausübung eine Rolle; werden sie als Arbeitnehmerin bzw. Arbeitnehmer tätig, sind in diesem Zusammenhang auch die Vorschriften des (allgemeinen) Arbeitsrechts zu berücksichtigen. Ferner sind bestimmte rechtliche Maßgaben bei der interdisziplinären Zusammenarbeit mit Angehörigen anderer Gesundheitsfachberufe und beim Unterlaufen von Pflegefehlern zu berücksichtigen, für die Pflegekräfte unter Umständen in unterschiedlicher Form einstehen müssen.

Als vulnerable Personen sollen **Patienten bzw. Pflegebedürftige** (auch) durch die Rechtsordnung besonders geschützt werden; insofern stellt sich das Recht in der Pflege für sie vor allem als Teilhaberecht dar (Kap. 3). Hierzu gehört zum einen, ihr Selbstbestimmungsrecht in möglichst vielen (nicht nur gesundheitsbezogenen) Angelegenheiten zu wahren und zu fördern sowie sie bei der Durchsetzung ihres (tatsächlich geäußerten oder mutmaßlichen) Willens (rechtlich) zu unterstützen und ihre individuellen Wünsche (auch und gerade an Behandlungs- bzw. Pflegemaßnahmen) zu berücksichtigen. Zum anderen werden ihnen bestimmte (pflegebezogene) Sozialleistungen zur Verfügung gestellt, die ihnen trotz ihres Hilfe- und Unterstützungsbedarfs ein selbständiges und selbstbestimmtes Leben ermöglichen und so zu ihrer möglichst uneingeschränkten Teilhabe am Leben in der Gesellschaft beitragen sollen; in den Fokus rückt hier vornehmlich das Leistungsrecht der gesetzlichen Krankenversicherung und der sozialen Pflegeversicherung.

Als Erbringer von pflegerischen Leistungen stellen die **Gesundheitseinrichtungen** eine Art Bindeglied zwischen den Kranken- und Pflegekassen einerseits und den Patienten bzw. Pflegebedürftigen andererseits dar (Kap. 4). So ist es ihre Aufgabe, die Leistungsansprüche der von ihnen zu versorgenden Personen zu bewirken bzw. umzusetzen, wozu zwischen ihnen ein privatrechtlicher Vertrag geschlossen wird, der deren gegenseitige Ansprüche und Obliegenheiten im Behandlungs- bzw. Pflegeverhältnis regelt. Die Gesundheitseinrichtungen werden hierzu von den Kranken- und Pflegekassen ermächtigt bzw. zugelassen, die die erbrachten Leistungen daraufhin auch honorieren müssen.

Dabei ist insgesamt zu betonen, dass sich die jeweiligen Rechte und Pflichten der genannten Akteure zum Teil bedingen und es sich bei der beschriebenen Zuordnung daher insofern um eine eher idealtypische handelt, als ihr regelmäßig ein gegenseitiges **(synallagmatisches) Schuld- bzw. Vertragsverhältnis** zu Grunde liegt:

- So kann beispielsweise das in der Pflege geltende Arbeitsrecht eben nicht nur aus der Perspektive der Pflegekräfte als Arbeitnehmer, sondern auch aus Sicht der sie als Arbeitgeber beschäftigenden Gesundheitseinrichtung betrachtet werden.
- Die haftungsrechtliche Verantwortung der Pflegekräfte für Pflegefehler und sonstiges Fehlverhalten bedingt regelmäßig gleichzeitig einen Schadensersatzanspruch der geschädigten (behandlungs- bzw. pflegebedürftigen) Person.
- Ähnliches gilt für Fragen des Selbstbestimmungsrechts von Patienten und Pflegebedürftigen, das im Sinne einer Pflicht zu dessen Berücksichtigung insofern sowohl die die Leistungsansprüche der zu versorgenden Personen umsetzenden Pflegekräfte als auch die zur Leistungserbringung verpflichteten Gesundheitseinrichtungen bindet.
- Schließlich begründet der zwischen einem Patienten bzw. Pflegebedürftigen und einer Gesundheitseinrichtung geschlossene Vertrag – je nach Perspektive – sowohl ein *Recht* auf eine adäquate medizinisch-pflegerische Versorgung als auch eine *Pflicht* zu einer adäquaten medizinisch-pflegerischen Versorgung.

1.1.2 Rechtsbereiche und Rechtsquellen

Bedingt dadurch, dass das Pflegerecht die jeweils spezifischen (und häufig synallagmatischen) Rechte und Pflichten der an der pflegerischen Versorgung von Patienten bzw. Pflegebedürftigen beteiligten Akteure in den Fokus nimmt (Kap. 1.2.1), vereint es als **eigenständiges Rechtsgebiet** unterschiedliche, ansonsten separat betrachtete Rechtsbereiche und versucht, diese für die Pflege möglichst zusammenhängend und kontextualisiert darzustellen. Da das Recht seiner Teilbereiche dabei aus unterschiedlichsten Quellen sprudelt, sieht man sich im Recht der Pflege zudem mit verschiedensten Gesetzen und untergesetzlichen Regelungen konfrontiert (Tab. 1).

Das Pflegerecht besteht aus einem Konglomerat unterschiedlichster (gesetzlicher und untergesetzlicher) Bestimmungen zu den einzelnen Teilbereichen dieses Rechtsgebietes. Eine einheitliche Kodifikation in Form eines „Pflegegesetzbuches" existiert nicht.

Tab. 1: Teilbereiche des Pflegerechts und deren maßgebliche Rechtsquellen

	maßgebliche Rechtsquellen
Ausbildungsrecht	• Pflegeberufegesetz (PflBG) • Pflegeberufe-Ausbildungs- und -Prüfungsverordnung (PflAPrV)
Berufszulassungsrecht	• Pflegeberufegesetz (PflBG)
Berufsausübungsrecht	• Pflegeberufegesetz (PflBG) • Berufsrecht interdisziplinär kooperierender Gesundheits(fach)berufe • Kammergesetze und Berufsordnungen der Länder
Arbeitsrecht	• Bürgerliches Gesetzbuch (BGB) • Entgeltfortzahlungsgesetz (EFZG) • Arbeitszeitgesetz (ArbZG) • Bundesurlaubsgesetz (BUrlG) • Mutterschutzgesetz (MuSchG) • Pflegezeitgesetz (PflZG) • Familienpflegezeitgesetz (FPflZG) • Kündigungsschutzgesetz (KSchG) • Teilzeit- und Befristungsgesetz (TzBfG)
Haftungsrecht	• Bürgerliches Gesetzbuch (BGB) • Strafgesetzbuch (StGB)
Sozialleistungsrecht	• Sozialgesetzbuch (SGB)
Recht der Patientenautonomie	• Grundgesetz (GG) • Bürgerliches Gesetzbuch (BGB)
Leistungserbringerrecht	• Sozialgesetzbuch (SGB)
Vertragsrecht	• Bürgerliches Gesetzbuch (BGB) • Wohn- und Betreuungsvertragsgesetz (WBVG) • Sozialgesetzbuch (SBG)

Rechtssystematisch werden die einzelnen Teilbereiche der Rechtsordnung entweder dem **privaten** oder dem **öffentlichen Recht** zugeordnet. Grund hierfür sind nicht nur unterschiedliche Gerichtsbarkeiten (Siefarth 2023, 12 ff.), sondern vor allem unterschiedliche Grade der Verbindlichkeit der jeweiligen Rechtsquellen: Während die Bestimmungen des öffentlichen Rechts im Allgemeinen verpflichtende, nicht-dispositive Regelungen darstellen, gilt im Privatrecht das Prinzip der Privatautonomie; hier kann jeder Rechtsakteur seine Lebensverhältnisse und seine Rechtsbeziehungen zu anderen grundsätzlich (also von Ausnahmen abgesehen!) frei von staatlicher Einflussnahme gestalten.

Das *Privatrecht* regelt die Rechtsbeziehungen der einzelnen Bürger und anderer nichthoheitlich handelnder Rechtssubjekte (juristische Personen wie z. B. Krankenhäuser oder Pflegeeinrichtungen) untereinander; es herrscht das Prinzip der Gleichordnung und Selbstbestimmung (Trenczek/Behlert, in: Trenczek et al. 2024, 65).

Das *öffentliche Recht* regelt demgegenüber die Rechtsverhältnisse des Staates sowie der mit Hoheitsgewalt ausgestatteten Rechtssubjekte (z. B. Sozialversicherungsträger oder Strafverfolgungsbehörden) zu den Bürgerinnen und Bürgern sowie zwischen staatlichen Institutionen untereinander (Trenczek/Behlert, in: Trenczek et al. 2024, 65).

In diesem Sinne gehören beispielsweise die vertraglichen Beziehungen zwischen Patienten bzw. Pflegebedürftigen und den sie versorgenden Gesundheitseinrichtungen ebenso zum Privatrecht wie der größte Teil des Rechts der sog. Patientenautonomie, wohingegen etwa das Sozialleistungsrecht oder das Berufs(zulassungs)-recht in der Pflege dem öffentlichen Recht zuzuordnen ist. Beim Haftungsrecht zeigt sich ein gespaltenes Bild: Während das Recht der strafrechtlichen Verantwortung für Behandlungs- und Pflegefehler Bestandteil des öffentlichen Rechts ist, gehört die zivilrechtliche Haftung in Form des Schadensausgleichs durch Schadensersatzzahlungen zum Privatrecht.

Hinsichtlich ihres Verhältnisses untereinander folgen die verschiedenen Rechtsquellen zudem einer bestimmten Normenhierarchie (sog. Rangordnungsverhältnis) (Abb. 2). Danach darf – stark vereinfacht ausgedrückt – eine in diesem Sinne rangniedrigere

Regelung einer ranghöheren Regelung inhaltlich nicht widersprechen und darüber hinaus auch nur dann erlassen werden, wenn das höherrangigere Recht dies zulässt (Röhl/Röhl 2008, 305 ff.).

> ⚠ Nach dem Rangordnungsprinzip darf das Recht auf einer niedrigeren Ebene nicht gegen die Bestimmungen einer höheren Ebene verstoßen.

Abb. 2: Normenpyramide im Pflegerecht

Das höchste nationale Recht stellt dabei die Verfassung der Bundesrepublik, also das **Grundgesetz** dar. Es enthält beispielsweise das Recht auf körperliche Unversehrtheit oder das Recht auf die freie Entfaltung der Persönlichkeit, also auch das Recht auf Privatautonomie und das Recht zur Selbstbestimmung. Des Weiteren finden sich in ihm Maßgaben zur jeweiligen Gesetzgebungskompetenz von Bund und Ländern.

Bei den von diesen beiden Gebietskörperschaften erlassenen Rechtquellen handelt es sich in erster Linie um **Parlamentsgesetze**, die auf dem jeweils vorgeschriebenen Wege von den Organen der Legislative, also vor allem vom Bundestag bzw. dem jeweiligen Landtag, verabschiedet worden sind (sog. formelles und materielles Recht). In diesen Gesetzen kann die (Bundes- bzw. Landes-)

Regierung als Exekutive ermächtigt werden, bestimmte Sachverhalte durch **Rechtsverordnungen** zu regeln; dieses sog. (ausschließlich) materielle Recht ist im Vergleich zum Gesetzesrecht insofern rangniedriger, als es grundsätzlich nur dann erlassen werden darf, wenn Inhalt, Zweck und Ausmaß der erteilten Ermächtigung durch ein formell-materielles Gesetz bestimmt worden sind (Röhl/Röhl 2008, 549 und 585 f.).

Ein gutes Beispiel für die Rangordnung zwischen Parlamentsgesetzen und Rechtsverordnungen stellt das Ausbildungs- bzw. Berufszulassungsrecht in der Pflege dar. So statuiert etwa das Pflegeberufegesetz als Voraussetzung für die Erteilung einer Erlaubnis zum Führen der Berufsbezeichnung *Pflegefachfrau* bzw. *Pflegefachmann* das Bestehen einer staatlichen Prüfung nach dem Absolvieren einer Pflegeausbildung, doch enthält es kaum Vorschriften, die diese staatliche Prüfung reglementieren. Vielmehr ermächtigt das Gesetz das *Bundesministerium für Familie, Senioren, Frauen und Jugend* sowie das *Bundesministerium für Gesundheit,* „das Nähere über die staatliche Prüfung" durch eine Rechtsverordnung zu regeln. Die danach erlassene *Pflegeberufe-Ausbildungs- und -Prüfungsverordnung* enthält dementsprechend recht detaillierte Maßgaben zu den Zulassungsvoraussetzungen, zur Durchführung und zu den einzelnen Teilen der Staatsprüfung sowie zum (Nicht-)Bestehen der staatlichen Prüfung (Kostorz 2022a, 15 ff.).

Unter diesem Überbau befinden sich weitere **(untergesetzliche) Rechtsquellen**, die je nach Rechtsbereich unterschiedlich ausgestaltet sein können. In Betracht kommen beispielsweise privatrechtliche Verträge, öffentlich-rechtliche Erlasse oder Richtlinien, Satzungen oder Berufs- und Weiterbildungsordnungen.

Die allermeisten Bundesgesetze können auf der Internetseite www.gesetze-im-internet.de des *Bundesministeriums der Justiz* recherchiert und eingesehen werden. Viele Verlage bieten darüber hinaus editierte Gesetzessammlungen zu speziellen Rechtsgebieten bzw. Rechtsbereichen an, wie etwa zum Arbeits- oder zum Sozialrecht; exemplarisch können hier die Ausgaben des Verlages C.H.Beck (www.beck.de) oder des Fachverlages Walhalla (www.walhalla.de) genannt werden.

Ergänzt werden diese Rechtsquellen durch die Rechtsprechung in Form des sog. **Richterrechts**. Getreu dem Motto *Wenn zwei sich streiten, freut sich der Richter!* wird hier – regelmäßig aus Anlass eines konkreten Streites über die Interpretation bzw. Anwendung einer Rechtsvorschrift – das bestehende, insofern uneindeutige Recht durch eine gerichtliche Entscheidung präzisiert und so weiterentwickelt.

In wissenschaftlichen Arbeiten werden die in Bezug genommenen Rechtsquellen nur im Text genannt (zur Zitierweise Kap. 1.2.1) und nicht ins Literaturverzeichnis aufgenommen. Entsprechendes gilt für Gerichtsurteile, die nach folgender Struktur zu belegen sind: *Gericht* vom *Datum (Aktenzeichen)* (z. B. BGH vom 13.09.1994 [Az. 1 StR 357/94]).

1.2 Recht in der Pflege – die Praxis

Gesetze und Paragraphen werden erlassen, um sie in der Rechtspraxis anzuwenden. Hierfür haben Juristinnen und Juristen die Technik der sog. Subsumtion entwickelt. Dabei wird ein konkreter Lebenssachverhalt mit den abstrakten Tatbestandsmerkmalen einer Rechtsnorm abgeglichen. Fällt der zu beurteilende Sachverhalt unter den Tatbestand der Norm, kann daraus eine bestimmte, gesetzlich vorgegebene Rechtsfolge abgeleitet werden. Trotz des insofern geltenden Grundsatzes *Ein Blick ins Gesetz erleichtert die Rechtsfindung* wird in der Rechtswissenschaft neben den originären Rechtsquellen allerdings auch ein breites Spektrum an Sekundärliteratur zur Klärung rechtlicher Sachverhalte genutzt. Neben den auch in anderen geisteswissenschaftlichen Disziplinen üblichen Fachbüchern und Fachzeitschriften spielen in der Rechtswissenschaft darüber hinaus Gesetzeskommentare und Handbücher eine besondere Rolle.

Eine (auch für Nicht-Juristinnen und Nicht-Juristen) gut lesbare Einführung in die juristische Arbeitsweise und Methodik bietet beispielsweise Bydlinski (2023) oder König (2024).

1.2.1 Juristische Methodik und Arbeitsweise

Um Recht und Gesetz anwenden zu können, muss zunächst die richtige Vorschrift ausfindig gemacht werden. Dies kommt oftmals der sprichwörtlichen **Suche nach der Nadel im Heuhaufen** gleich, die unter Anwendung einer gestuften Selektionssystematik indes erleichtert werden kann. Die Vorgehensweise orientiert sich dabei an folgender Reihenfolge:

1. **Auffinden des richtigen Gesetzes:** Orientiert an der Aufstellung in Tab. 1 ist zunächst das einschlägige Gesetz auszuwählen. Da Gesetze i.d.R. einigermaßen aussagekräftige Bezeichnungen haben (oder sie sie zumindest haben sollten), kann hier auch eine Recherche im Internet weiterhelfen. Sofern eine editierte Gesetzessammlung zur Verfügung steht, kann nach einem passenden Gesetz auch in deren Inhaltsverzeichnis gesucht werden.
2. **Auffinden des richtigen Gesetzesabschnitts:** Sodann ist innerhalb des einschlägigen Gesetzes nach dem Kapitel bzw. dem Abschnitt zu suchen, dessen Vorschriften nach seinem Titel am ehesten zur Beantwortung der zu lösenden Fragestellung beitragen könnten. Auch hier kann die Inhaltsübersicht (diesmal des einzelnen Gesetzes) genutzt werden, die Gesetzen (sowohl auf den gängigen Internetportalen als auch in Printfassungen) für gewöhnlich vorangestellt werden.
3. **Auffinden des richtigen Paragraphen:** Schließlich ist innerhalb des (mutmaßlich einschlägigen) Gesetzesabschnitts der für die Lösung der Rechtsfrage vermutlich passende Paragraph herauszusuchen. Dies kann – orientiert an den (amtlichen) Paragraphenbezeichnungen – entweder durch blättern/scrollen oder erneut unter Zuhilfenahme der Inhaltsübersicht des Gesetzes erfolgen.

Zu beantworten ist die Frage, ob Studierende vom Grundsatz her gesetzlich krankenversichert sind. Da es sich um eine kranken- und damit sozialrechtliche Frage handelt, ist das *Sozialgesetzbuch*, genauer das V. Buch des Sozialgesetzbuches (SGB V) mit dem Titel *Gesetzliche Krankenversicherung* einschlägig. Relevant ist hierin der Erste Abschnitt (*Versicherung kraft Gesetzes*) des Zweiten Kapitels (*Versicherter Personenkreis*) und darin der Paragraph 5 mit der Überschrift *Versicherungspflicht*.

Eine derart aufgefundene **Rechtsvorschrift ist möglichst präzise zu zitieren**. Hierfür sind exakt die Ordnungsmerkmale zu nutzen, nach denen der Paragraph aufgebaut ist (Tab. 2); zudem ist das Gesetz zu benennen, aus dem die Vorschrift (sei es direkt oder indirekt) zitiert wird.

Tab. 2: Mögliche Ordnungsmerkmale im Aufbau von Paragraphen

Zeichen	Ordnungsmerkmal	Zitierweise
§	Paragraph	§
(1)	Absatz	Abs.
^{1}	Satz	Satz oder S.
1.	Nummer	Nr.
a)	Buchstabe	B. oder lit. (für lateinisch litera)

Bezogen auf die Frage, ob Studierende vom Grundsatz her gesetzlich krankenversichert sind, führt der fünfte Paragraph des fünften Buches des *Sozialgesetzbuches* in der Nummer neun seines ersten Absatzes aus, versicherungspflichtig seien „Studenten, die an […] Hochschulen eingeschrieben sind […] längstens bis zur Vollendung des dreißigsten Lebensjahres". Zu zitieren ist dieser Passus mit *§ 5 Abs. 1 Nr. 9 SGB V*.

Schließlich ist die Vorschrift mit dem zu beurteilenden Lebenssachverhalt bzw. der juristisch zu beantwortenden Frage abzugleichen, um daraus eine bestimmte Schlussfolgerung ziehen zu können; Juristen nennen diesen Vorgang **Subsumtion**. Dabei ist auf den Grundaufbau einer Rechtsvorschrift Bezug zu nehmen, welche sich für gewöhnlich aus dem Tatbestand (mit unterschiedlichen Tatbestandsmerkmalen) und einer aus deren Vorliegen resultierenden Rechtsfolge zusammensetzt. Hierbei handelt es sich stets um eine **Wenn-Dann-Beziehung**, die auf das zu lösende rechtliche Problem übertragen werden kann (Abb. 3).

Abb. 3: Aufbau einer Rechtsnorm und Verfahren der Subsumtion

Der beispielhaft bemühte § 5 Abs. 1 Nr. 9 SGB V kann im Sinne einer *Wenn-Dann-Beziehung* wie folgt (um)formuliert werden: „*Wenn* ein Student an einer […] Hochschulen eingeschrieben ist […] und das dreißigste Lebensjahr noch nicht vollendet hat, *dann* ist er versicherungspflichtig [in der gesetzlichen Krankenversicherung].“ Zum Tatbestand der Vorschrift gehören hier die Merkmale *Einschreibung als Student an einer Hochschule* sowie *Alter unter 30 Jahren*; die *Versicherungspflicht in der gesetzlichen Krankenversicherung* stellt die Rechtsfolge dar. Möchte ein ratsuchender Kommilitone nun eine Einschätzung, ob er gesetzlich krankenversichert und damit etwa einen Anspruch auf ärztliche Behandlung hat, wäre im Sinne einer Subsumtion zu prüfen, ob er tatsächlich als Student an einer Hochschule immatrikuliert und jünger als 30 Jahre ist. Wäre dies der Fall, könnte daraus die Konsequenz (Rechtsfolge) abgeleitet werden, dass er in der gesetzlichen Krankenversicherung pflichtversichert ist – jedenfalls im Prinzip, da es kaum ein Gesetz ohne Ausnahme gibt (zur vorliegenden Fallfrage im Detail Kostorz 2012).

1.2.2 Hinweise zu pflegerechtlicher Literatur

Auch wenn ein Blick in das Gesetz die Rechtsfindung erheblich erleichtern kann, bedarf es zum juristischen Erkenntnisgewinn nicht selten der Zuhilfenahme rechtswissenschaftlicher **Sekundärliteratur**, die entweder systematisch in ein bestimmtes Rechtsgebiet einführt oder zur Beantwortung bzw. Lösung einer vergleichsweise speziellen rechtlichen Frage resp. Problemstellung dient. Zu unterscheiden ist diesbezüglich vor allem zwischen Lehr- und Studienbüchern, Beiträgen in Fachzeitschriften, Kommentaren und Handbüchern.

Einführende **Lehr- bzw. Studienbücher** stellen (wie das vorliegende) die Materie eines bestimmten Rechtsgebietes möglichst systematisch und anschaulich dar; häufig ist die Darbietung didaktisch angereichert durch visualisierende Abbildungen, konkretisierende Fallbeispiele oder prüfungsvorbereitend zu bearbeitende Übungsaufgaben. Die speziell zum Pflegerecht erschienen Lehrbücher setzen dabei zum Teil unterschiedliche inhaltliche Schwerpunkte, etwa auf das Haftungs- und Arbeitsrecht (Großkopf/Klein 2020 sowie Müller/Schabbeck 2018) oder das Sozialleistungsrecht (Janda 2023). Daneben bietet der Buchmarkt ein breites Spektrum an Lehr- und Studienbüchern zu den unterschiedlichen im Pflegerecht aufgehenden Rechtsbereichen (Kap. 1.1.2), die hier auch nicht nur annähernd vollständig aufgeführt werden können.

Zu den wichtigsten Lehr- und Studienbüchern zum Recht in der Pflege gehören die Publikationen von Bohnes (2023), Großkopf/Klein (2020), Hobusch (2022), Höfert (2017), Janda (2023), Kienzle (2020), Müller/Schabbeck (2018), Schellhorn/Tönnies (2023), Siefarth (2023), Smolibowski (2023), Weiß (2020) und Wiese (2014).

Im Vergleich zu Lehr- und Studienbüchern werden in Fachaufsätzen in **pflegerechtlichen Fachzeitschriften** speziellere und/oder aktuellere Fragen des Rechts in der Pflege behandelt. Neben allgemeiner ausgerichteten Zeitschriften etwa zum Sozial- oder Arbeitsrecht behandeln vor allem die folgenden Zeitschriften spezielle pflegerechtliche Themen:

- PflegeRecht (PflR) (Roßbruch Verlag)
- Rechtsdepesche für das Gesundheitswesen (RDG) (G&S Verlag)
- Gesundheit und Pflege (GuP) (Nomos Verlagsgesellschaft)
- Medizinrecht (MedR) (Springer Verlag)
- GesundheitsRecht (GesR) (Verlag Dr. Otto Schmidt)

Eine besondere und rechtswissenschaftsspezifische Literaturgattung stellen **Kommentare** dar, die es zu (fast) allen Gesetzen gibt. Sie befassen sich – etwa unter Berücksichtigung der einschlägigen Rechtsprechung und der bestehenden Sekundärliteratur zu einem rechtlichen Thema – mit Fragen der Anwendung und Auslegung einzelner Paragraphen; Aufbau und Systematik des Kommentars orientieren sich daher strikt an der Paragraphenfolge des erläuterten Gesetzes.

Besteht bei der Anwendung des § 5 Abs. 1 Nr. 9 SGB V (Beispiele aus Kap. 1.2.1) etwa Unklarheit über die Bedeutung bzw. das Vorliegen des Tatbestandsmerkmals *Student an einer Hochschule,* kann etwa im Kommentar von Berchtold et al. (2018) unter den Erläuterungen zu § 5 SGB V nachgelesen werden, dass „Student ist, wer sich an einer Hochschule einer wissenschaftlichen Bildung oder Ausbildung widmet. Die Versicherungspflicht setzt die Immatrikulation als Student voraus […]; regelmäßig nicht entscheidend ist, ob ein Studium ernsthaft betrieben wird“. Mit dieser, das Gesetz konkretisierenden bzw. interpretierenden Information kann nun geschlussfolgert werden, dass sich auch faulenzende oder prokrastinierende Studierende nicht um ihren Krankenversicherungsschutz sorgen müssen.

Dabei folgt der **Nachweis von Kommentarstellen** eigenen Zitierregeln. Im Literaturverzeichnis einer wissenschaftlichen Arbeit wird der Kommentar wie eine Monographie bzw. ein Herausgeberband aufgeführt; im laufenden Text wird dem Kurzbeleg (sofern explizit ausgewiesen) der Bearbeiter der Paragraphenkommentierung vorangestellt, die sonst übliche Angabe der Seitenzahl wird durch die Nennung des kommentierten Paragraphen und der jeweiligen Randnummer ersetzt.

Der Kommentar von Berchtold et al. (2018) würde damit wie folgt in das Literaturverzeichnis aufgenommen: Berchtold, J., Huster, S., Rehborn, M. (Hrsg.) (2018): Gesundheitsrecht. SGB V | SGB XI. 2. Aufl. Nomos, Baden-Baden. Im Text wäre die zitierte Kommentarstelle wie folgt anzugeben: Simon, in: Berchtold et al. 2018, § 5 SGB V Rdnr. 50.

Eine Art Zwitterstellung nehmen die in der Rechtswissenschaft verbreiteten **Handbücher** ein, die sich hinsichtlich ihrer Literaturgattung zwischen Kommentaren und Lehrbüchern einordnen lassen. Sie stellen den Inhalt und den Themenbereich eines bestimmten Rechtsgebietes – ähnlich einem Lehrbuch – systematisch dar, erheben dabei aber mehr oder minder den Anspruch, den aktuellen Stand der rechtswissenschaftlichen Forschung zu diesem Sachgebiet (in Rechtsprechung und Literatur) – vergleichbar mit einem Kommentar – in enzyklopädischer Weise aufzuarbeiten. Zum Pflegerecht existiert ein solches Handbuch derzeit (noch) nicht, wohl aber zu affinen Rechtsgebieten oder zu Teilbereichen des Rechts in der Pflege.

Bislang sind derartige Handbücher beispielsweise zum Medizin- (etwa von Ratzel/Luxenburger [2020]) oder zum Arztrecht (so von Laufs et al. [2019]) erschienen; für das Pflegerecht können zudem die Handbücher zum Sozial- (Ruland et al. 2022) bzw. zum Krankenversicherungsrecht (Sodan 2018) oder zum Arbeitsrecht (exemplarisch Schaub 2023) relevant sein.

Wegen ihres in aller Regel recht immensen (inhaltlichen sowie seitenmäßigen) Umfangs werden Handbücher für gewöhnlich von mehreren Autorinnen und Autoren verfasst und als Herausgeberband publiziert. Je nach Aufbau und Struktur eines Handbuchs werden dessen Beiträge in wissenschaftlichen Arbeiten entweder als Artikel eines Sammelbandes aufgeführt oder (häufiger) entsprechend einer Erläuterung in einem Gesetzeskommentar zitiert.

Zur **Literaturrecherche** können neben den üblichen (Bibliotheks-) Katalogen und Suchmaschinen auch spezielle juristische Datenbanken genutzt werden, die indes regelmäßig kostenpflichtig sind, wenn sie nicht etwa über eine Hochschullizenz genutzt werden. Hierzu gehören vor allem die drei folgenden:

- Beck online (www.beck-online.beck.de)
- Juris (www.juris.de)
- Wolters Kluwer Online (www.wolterskluwer-online.de)

2 Pflegerecht aus Sicht der Pflegekräfte

Aus Sicht der Pflegekräfte spielt das Pflegerecht vor allem bei der Berufszulassung und der Berufsausübung eine Rolle. Grundvoraussetzung für die Berufszulassung, also die Erteilung einer Erlaubnis zum Führen der Berufsbezeichnung *Pflegefachfrau* bzw. *Pflegefachmann* ist dabei eine entsprechende, regelmäßig mindestens dreijährige Ausbildung und das Bestehen einer staatlichen Prüfung. Bei der Berufsausübung unterliegen examinierte Pflegefachkräfte dann ihrem spezifischen Berufsrecht, das etwa den Schutz der Berufsbezeichnung oder die Ausübung der Pflege vorbehaltener Tätigkeiten regelt, sowie für gewöhnlich dem allgemeinen Arbeitsrecht, das in erster Linie ihrem Schutz als abhängig beschäftigte Arbeitnehmerinnen und Arbeitnehmer dient. Zudem sind bestimmte rechtliche Maßgaben bei der interdisziplinären Zusammenarbeit mit Angehörigen anderer Gesundheitsfachberufe und beim Unterlaufen von Pflegefehlern zu beachten, für die Pflegekräfte unter Umständen in unterschiedlicher Form einstehen müssen.

2.1 Ausbildungsrecht

Die (duale) Ausbildung zur *Pflegefachfrau* bzw. zum *Pflegefachmann* nach dem Pflegeberufegesetz (PflBG) und der *Pflegeberufe-Ausbildungs- und -Prüfungsverordnung* (PflAPrV) kann auf zwei Arten absolviert werden. In beiden Fällen wird die praktische Unterweisung von einer Praxiseinrichtung des Gesundheitswesens verantwortet, mit der die Lernenden einen Ausbildungsvertrag abschließen. Korrespondierend dazu werden die primär theoretischen Ausbildungsinhalte bei der beruflichen Variante der Pflegeausbildung nach Teil 2 des *Pflegeberufegesetzes* im Unterricht einer Pflegeschule vermittelt, bei der sog. primärqualifizierenden Pflegeausbildung an Hochschulen nach Teil 3 des *Pflegeberufegesetzes* in Lehrveranstaltungen im Rahmen eines Studiums. Beide Ausbildungsvarianten werden mit einer staatlichen Prüfung abgeschlossen.

PflBG PflAPrV

Eine systematische Einführung in das *Pflegeberufegesetz* sowie die *Pflegeberufe-Ausbildungs- und -Prüfungsverordnung* bietet Kostorz mit seinem Lehrbuch zum Ausbildungsrecht in der Pflege (Kostorz 2023a; ergänzt bzw. aktualisiert durch Kostorz 2024 sowie Kostorz/Niehues 2024).

2.1.1 Berufliche Pflegeausbildung

Bei der beruflichen Ausbildung zur Pflegefachperson handelt es sich um eine duale Ausbildung, an der im Wesentlichen drei Akteure mit jeweils spezifischen Rechten und Pflichten beteiligt sind: Während der Ausbildungsträger für die praktische Ausbildung zuständig ist, erteilen die Pflegeschulen theoretischen und praktischen Pflegeunterricht; die Auszubildenden sind dabei verpflichtet, sich aktiv an der Ausbildung zu beteiligen und am Erreichen des Ausbildungsziels mitzuwirken.

Zu den Rechten und Pflichten der an der Pflegeausbildung beteiligten Akteure siehe auch die Aufsatzreihe von Kostorz (2018a–c).

2.1.1.1 Rechtsstellung des Ausbildungsträgers

Grundlage des Ausbildungsverhältnisses ist stets ein **Ausbildungsvertrag** nach § 16 PflBG, der in schriftlicher Form zwischen dem Auszubildenden und dem Träger der Ausbildung abgeschlossen wird. **Ausbildungsträger** kann dabei ausschließlich ein zur

Versorgung von Patienten bzw. Pflegebedürftigen zugelassenes Krankenhaus oder eine stationäre bzw. ambulante Pflegeeinrichtung sein (Kap. 4.1.2.1 bzw. 4.1.1.1), welche(s) entweder selbst eine Pflegeschule betreibt (sog. Trägeridentität) oder mit einer Pflegeschule einen Vertrag über die Durchführung des theoretischen und praktischen Unterrichts für ihre Auszubildenden abgeschlossen hat (§ 8 Abs. 2 i.V.m. § 7 Abs. 1 PflBG).

Beim Abschluss des Ausbildungsvertrages sind bestimmte, in § 16 Abs. 2 PflBG aufgeführten **Mindestinhalte** zu berücksichtigen, die in erster Linie der Transparenz und damit der Information sowie dem Schutz der Auszubildenden dienen. Zu ihnen gehören etwa die genaue Bezeichnung des Berufs, zu dem ausgebildet wird, eine Darstellung der zeitlichen und inhaltlichen Gliederung der Ausbildung, der für das dritte Ausbildungsjahr gewählte bzw. vereinbarte Vertiefungseinsatz oder der Hinweis auf Urlaubsansprüche, die zu zahlende Ausbildungsvergütung oder die Modalitäten einer Ausbildungsbeendigung.

Auch wenn auf den Ausbildungsvertrag „die für Arbeitsverträge geltenden Rechtsvorschriften und Rechtsgrundsätze anzuwenden" sind (§ 16 Abs. 4 PflBG), so dass auch im Ausbildungsverhältnis grundsätzlich die üblichen gegenseitigen arbeitsrechtlichen Rechte und Pflichten von Arbeitnehmern und Arbeitgebern gelten (Kap. 2.3), ist zu betonen, dass es sich bei dem Ausbildungsverhältnis selbst dem Grund nach nicht um ein Arbeitsverhältnis handelt: Im Vordergrund steht nicht die Erbringung von Diensten gegen Arbeitsentgelt, sondern die Ausbildung zum Beruf der *Pflegefachfrau* bzw. des *Pflegefachmanns*. Aus Sicht des Ausbildungsträgers ergibt sich daraus in erster Linie die **Pflicht zur praktischen Ausbildung** seiner Auszubildenden. Um diese nicht dem Zufall zu überlassen, ist sie nach einem strukturierten Ausbildungsplan durchzuführen (§ 6 Abs. 3 Satz 1 PflBG) – die Planmäßigkeit der praktischen Ausbildung hat mithin Vorrang vor anderen, gegebenenfalls arbeitsorganisatorischen Erwägungen (Verbot des sog. ‚Stationhoppings' [Dielmann 2022, § 18 PflBG Rdnr. 7]); zudem stellt § 18 Abs. 2 PflBG klar, dass Auszubildenden nur Aufgaben übertragen werden dürfen, „die dem Ausbildungszweck und dem Ausbildungsstand entsprechen".

„Eine dem Ausbildungszweck dienende Aufgabe liegt vor, wenn diese geeignet ist, den Ausbildungszweck unmittelbar oder mittelbar zu fördern. Unter Ausbildungszweck ist dabei die systematische Vermittlung der beruflichen Fertigkeiten und Kenntnisse sowie der charakterlichen Bildung zu verstehen. […] Grundsätzlich ist danach die Übertragung aller berufsfremden Arbeiten, insbesondere von Hilfs- und Nebenarbeiten unzulässig. Eine an sich zulässige Verrichtung kann durch Wiederholung von dem Zeitpunkt ab unzulässig werden, von dem ab sie keine weiteren beruflichen Fertigkeiten oder Kenntnisse mehr vermittelt. Deshalb dürfen grundsätzlich auch keine Routinearbeiten verlangt werden. […] Die Grenze zwischen erlaubt und unerlaubt liegt dort, wo die berufsnotwendigen Fertigkeiten bereits hinreichend gegeben sind und der Einsatz bei bestimmten Verrichtungen dem Mangel entsprechender Arbeitnehmer abhelfen soll." (OLG Karlsruhe vom 05.09.1988 [Az. 1 Ss 134/88])

Lehrjahre sind keine Herrenjahre – aber auch keine Jahre der bedingungslosen Unterwerfung! Dementsprechend darf der Ausbildungsträger den Auszubildenden nur Aufgaben übertragen, die dem Ausbildungszweck entsprechen, weshalb die Übertragung von ausbildungsfremden Tätigkeiten grundsätzlich ebenso unzulässig ist, wie die (ausschließliche) Zuweisung von Routinetätigkeiten zur Kompensation fehlender examinierter Pflegekräfte.

Zu den ausbildungsfremden Tätigkeiten gehören unter anderen nicht berufsspezifische Reinigungsarbeiten (etwa das turnusmäßige Reinigen der Patientenzimmer), zu den Routinetätigkeiten vor allem Hol- und Bringdienste, das Austeilen der Mahlzeiten oder die Ausführung körperbezogener Pflegemaßnahmen, wie etwa die Hilfe beim Toilettengang.

Zur Einhaltung seiner Ausbildungspflicht gehört auch, dass der Ausbildungsträger die Durchführung sämtlicher vorgesehener **Einsätze der praktischen Ausbildung** zu gewährleisten hat (§ 18 Abs. 1 Nr. 2 PflBG). Diese müssen gemäß § 1 Abs. 2 Nr. 2 PflAPrV in der Summe mindestens 2.500 Stunden umfassen (zur Anrechnung von Fehlzeiten siehe § 13 PflBG sowie § 1 Abs. 4 PflAPrV), dem Ausbildungsplan folgen und den Maßgaben der Ausbildungs- und Prüfungsverordnung entsprechen, nach denen zwischen einem

Orientierungseinsatz zu Beginn der Ausbildung, den Pflichteinsätzen in den Versorgungsbereichen der stationären Akutpflege, der stationären Langzeitpflege, der ambulanten Akut- und Langzeitpflege (sog. allgemeine Versorgungsbereiche), der pädiatrischen sowie der psychiatrischen Versorgung, einem Vertiefungseinsatz in einem Bereich eines der genannten Pflichteinsätze sowie zwei weiteren, grundsätzlich frei gestaltbaren Einsätzen unterschieden wird (vgl. vor allem Anlage 7 PflAPrV).

Besonderheiten ergeben sich dann, wenn im Ausbildungsvertrag ein Vertiefungseinsatz im speziellen Bereich der pädiatrischen Versorgung oder im Bereich der Langzeitpflege vereinbart wurde und der Auszubildende von seinem **Wahlrecht** nach §§ 59 bis 61 PflBG Gebrauch gemacht hat, statt des generalistisch geprägten Berufs der Pflegefachperson einen **klientenspezifischen Berufsabschluss** in der Gesundheits- und Kinderkrankenpflege bzw. in der Altenpflege anzustreben (siehe hierzu näher Kap. 2.1.1.3). In diesem Fall ist die *gesamte* praktische Ausbildung des letzten Ausbildungsdrittels in Bereichen der Versorgung von Kindern und Jugendlichen bzw. von alten Menschen durchzuführen (§ 60 Abs. 2 Satz 1 bzw. § 61 Abs. 2 Satz 1 PflBG).

Wichtig ist, dass mindestens 10 % der während eines Praxiseinsatzes zu leistenden praktischen Ausbildungszeit in Form von **Praxisanleitung** erfolgen müssen (§ 6 Abs. 3 Satz 3 und § 18 Abs. 1 Nr. 3 PflBG), deren Aufgabe es ist, „die Auszubildenden schrittweise an die Wahrnehmung der beruflichen Aufgaben als Pflegefachfrau oder Pflegefachmann heranzuführen" (§ 4 Abs. 1 Satz 2 PflAPrV). Insgesamt muss sie damit geplant und strukturiert erfolgen und darf sich nicht quasi nebenbei im Verlauf der Versorgung der Patienten bzw. Pflegebedürftigen ergeben:

> „Die Vorgabe einer geplanten und strukturierten Praxisanleitung grenzt diese planmäßige Form von Anleitungssituationen ab, die in der praktischen Ausbildung im Verlauf der Pflegearbeit auch durch hierfür nicht speziell qualifizierte Pflegefachkräfte ohne entsprechende Vorbereitung und Terminabsprachen erfolgen. Praktische Ausbildung [in der Form der Praxisanleitung; d. V.] sollte immer unter Anleitung und Aufsicht durchgeführt werden, um den Ausbildungscharakter zu garantieren." (Dielmann 2022, § 4 PflAPrV Rdnr. 2)

Das bedeutet zugleich, dass ein Auszubildender auch nicht sofort und ohne weiteres mit der selbständigen Wahrnehmung und Verrichtung pflegerischer Tätigkeit betraut werden darf; vielmehr muss er im Rahmen der Praxisanleitung „eingearbeitet, erprobt und überwacht werden, bis ein sicheres Urteil darüber gewonnen werden kann, ob und inwieweit der Schüler zur selbstständigen Erledigung der entsprechenden Tätigkeit in der Lage ist“ (Sträßner 2004, 194).

Ein Auszubildender darf beispielsweise in einem selbständigen Arbeitseinsatz zur Festigung bestimmter Berufsroutinen erst dann Insulin spritzen, wenn er zuvor die Technik und mögliche Risiken einer subkutanen Injektion in der Theorie gelernt hat und er in der Praxis hierzu ordnungsgemäß angeleitet worden ist.

Kommt es durch den Ausbildungsträger zu **Ausbildungspflichtverletzungen** (regelmäßige Zuweisung von ausbildungsfremden bzw. Routinetätigkeiten oder zu geringe Ausbildungszeit in Form von Praxisanleitung), existieren zahlreiche Interventions- bzw. Sanktionsmöglichkeiten, derer sich die für die Pflegeausbildung nach dem jeweiligen Landesrecht zuständige Aufsichtsbehörde sowie die Auszubildenden bedienen können. So kann ihm die Aufsichtsbehörde zunächst auferlegen, die Ausbildung ordnungsgemäß bzw. rechtskonform durchzuführen; als Ultima Ratio kommt ein Entzug der Ausbildungserlaubnis in Betracht (§ 7 Abs. 5 Satz 2 PflBG). Zudem können die Auszubildenden ihren Anspruch auf eine ordnungs- und pflichtgemäße Ausbildung selbst durchsetzen, indem sie

- von ihrem Tätigkeitsverweigerungs- bzw. Beschwerderecht nach § 18 Abs. 2 PflBG bzw. § 84 BetrVG Gebrauch machen, den Betriebsrat und/oder eine gegebenenfalls bestehende Ombudsstelle zur Beilegung von Streitigkeiten in der praktischen Ausbildung beteiligen (§ 85 Abs. 1 BetrVG bzw. § 7 Abs. 6 PflBG),
- ihre Ansprüche (notfalls auf dem Weg des einstweiligen Rechtsschutzes) vor dem Arbeitsgericht geltend machen
- oder für den Fall des Nichtbestehens der staatlichen Prüfung Schadensersatzansprüche gegen den Ausbildungsträger und seine sog. Erfüllungsgehilfen (wie etwa die Praxisanleiterinnen

und Praxisanleiter oder die Stationsleitungen) stellen (§ 280 Abs. 1 i.V.m. § 278 BGB bzw. § 823 Abs. 2 BGB i.V.m. § 18 Abs. 2 PflBG).

Die rechtlichen Möglichkeiten der Aufsichtsbehörde, des Auszubildenden und der Pflegeschule auf Ausbildungspflichtverletzungen eines Trägers der praktischen Ausbildung zu reagieren, stellt umfassend Kostorz (2022b) dar.

Die Obliegenheit des Ausbildungsträgers zur ordnungsgemäßen Ausbildung wird ergänzt durch dessen Pflicht, den Auszubildenden eine angemessene **Ausbildungsvergütung** zu zahlen (§ 19 Abs. 1 PflBG) (zum unbestimmten Begriff der Angemessenheit Kostorz 2023a, 87 ff.) und ihnen – wie in Berufsausübungsverhältnissen generell üblich – die für die praktische Ausbildung erforderlichen **Ausbildungsmittel** kostenlos zur Verfügung zu stellen (§ 18 Abs. 1 Nr. 4 PflBG) (hierzu Kostorz 2023a, 90 ff.).

Grundsätzlich endet das Ausbildungsverhältnis (unabhängig vom Zeitpunkt der staatlichen Abschlussprüfung) mit dem Ablauf der ausbildungsvertraglich vereinbarten Ausbildungszeit (§ 21 Abs. 1 PflBG). Unter bestimmten Voraussetzungen hat der Ausbildungsträger jedoch die Möglichkeit, das Ausbildungsverhältnis durch eine **Kündigung** vorzeitig zu beenden. Dies gilt zunächst während der i.d.R. sechsmonatigen **Probezeit**, in der das Ausbildungsverhältnis vom Ausbildungsträger jederzeit und ohne Einhaltung einer Kündigungsfrist beendet werden kann. Nach Ablauf der Probezeit kann das Ausbildungsverhältnis vom Ausbildungsträger nur beim **Vorliegen eines wichtigen Grundes** außerordentlich, also ohne Einhalten einer Kündigungsfrist beendet werden (§ 22 Abs. 2 Nr. 1 PflBG).

Ein wichtiger Grund für eine außerordentliche Kündigung liegt vor, wenn dem Ausbildungsträger eine Fortsetzung des Ausbildungsverhältnisses bis zum Ablauf der Ausbildungszeit nicht mehr zugemutet werden kann (Igl 2021, § 22 PflBG Rdnr. 9).

Aus Sicht des Ausbildungsträgers ist diese Voraussetzung nur bei einer schwerwiegenden Pflichtverletzung durch den Auszubildenden gegeben.

Eine außerordentliche Kündigung durch den Ausbildungsträger kann etwa bei einer nachhaltigen bzw. dauerhaften Verletzung der Pflicht eines Auszubildenden zur aktiven Mitwirkung am Erreichen des Ausbildungsziels oder bei der Begehung von Straftaten zu Lasten des Ausbildungsträgers oder eines Patienten bzw. Pflegebedürftigen ausgesprochen werden. Mangelhafte Leistungen eines Auszubildenden berechtigen demgegenüber grundsätzlich nicht zu einer Kündigung, weil erst die Abschlussprüfung zeigt, ob ein Auszubildender die für die Berufsausübung erforderlichen Kompetenzen erworben hat oder nicht.

Recherchieren Sie in Kommentaren zum *Pflegeberufegesetz*, welche konkreten Gründe einen Ausbildungsträger zu einer außerordentlichen, also fristlosen Kündigung eines Ausbildungsvertrages berechtigen – und welche Gründe nicht.

Da eine fristlose Kündigung stets nur als Ultima Ratio möglich ist, ist der Ausbildungsträger grundsätzlich verpflichtet, zuvor geeignete Maßnahmen zu ergreifen, die gegebenenfalls zu einer Besserung des Verhaltens des Auszubildenden führen können. Hierzu gehören etwa mündliche Ermahnungen oder eine schriftliche Abmahnung (Dielmann 2022, § 22 PflBG Rdnr. 10 sowie Stråßner 2004, 165).

Eine fristlose Kündigung aus wichtigem Grund ist dabei stets schriftlich, unter Angabe des Kündigungsgrundes und unter Einhaltung einer Kündigungserklärungsfrist von 14 Tagen auszusprechen, die mit der Kenntnisnahme von den die Kündigung rechtfertigenden Umständen beginnt (§ 22 Abs. 3 bzw. Abs. 4 Satz 1 PflBG). Zudem ist das Benehmen mit der Pflegeschule herzustellen (§ 22 Abs. 3 Satz 2 PflBG), um ihr die Möglichkeit zu geben, gegebenenfalls zwischen dem Ausbildungsträger und dem Auszubildenden zu vermitteln und so zum Weiterbestehen des Ausbildungsverhältnisses beizutragen (Igl 2021, § 22 PflBG Rdnr. 14).

2.1.1.2 Rechtsstellung der Pflegeschulen

Ergänzt werden die Ausbildungsmaßnahmen des Ausbildungsträgers durch (theoretischen und praktischen) Pflegeunterricht, der an staatlichen bzw. staatlich genehmigten resp. anerkannten **Pflegeschulen** erteilt wird (§ 6 Abs. 2 Satz 1 PflBG). Zur Sicherstellung einer möglichst hohen Ausbildungsqualität müssen diese zu ihrem Betrieb bestimmte, in § 9 PflBG normierte Mindestanforderungen erfüllen. Hierzu gehören etwa Maßgaben zum Personalschlüssel oder zur Qualifikation der Lehrkräfte (hierzu Kostorz 2023a, 28 ff.).

Der **Pflegeunterricht** ist dabei in einem Umfang von mindestens 2.100 Stunden zu erteilen (§ 1 Abs. 2 Nr. 1 PflAPrV) (zur Anrechnung von Fehlzeiten siehe § 13 PflBG), wobei eine Stunde Unterricht wegen ihres schulrechtlichen Charakters mit (nur) 45 Minuten zu veranschlagen ist. Er gliedert sich (idealtypisch) in theoretischen und praktischen Unterricht.

Der theoretische Unterricht dient der Vermittlung von Fach- und Faktenwissen zum Erwerb primär theoretischer Kenntnisse zum Pflegeprozess, der praktische Unterricht der Vermittlung pflegerischen Könnens zum Erwerb in erster Linie praktischer Fertigkeiten.

Die zu vermittelnden **Unterrichtsinhalte** ergeben sich vor allem aus dem von der Pflegeschule zu erstellenden schulinternen Curriculum (§ 6 Abs. 2 PflBG und § 2 Abs. 3 PflAPrV), das auf dem empfehlenden und bundesweit geltenden Rahmenlehrplan basieren muss, der von einer Fachkommission auf Grundlage der Kompetenzen erarbeitet worden ist, die gemäß der *Pflegeberufe-Ausbildungs- und -Prüfungsverordnung* in der beruflichen Pflegeausbildung zu vermitteln sind (Fachkommission 2020). Daneben haben die Länder die Möglichkeit, unter Beachtung der Vorgaben der Ausbildungs- und Prüfungsverordnung einen verbindlichen Lehrplan als Grundlage für die Erstellung der schulinternen Curricula zu erlassen (§ 6 Abs. 2 Satz 3 PflBG).

Eine Besonderheit ergibt sich dann, wenn im Ausbildungsvertrag ein Vertiefungseinsatz im speziellen Bereich der pädiatrischen Versorgung oder im Bereich der Langzeitpflege vereinbart wurde und der Auszubildende von seinem **Wahlrecht** Gebrauch gemacht hat, statt einer generalistischen Pflegeausbildung einen Berufsabschluss in der Gesundheits- und Kinderkrankenpflege bzw. in der Altenpflege anzustreben (siehe hierzu näher Kap. 2.1.1.3). In diesem Fall ist die Pflegeschule verpflichtet, den theoretischen und praktischen Unterricht des letzten Ausbildungsdrittels an dem speziellen Ausbildungsziel der klientenspezifischen Pflegeausbildung auszurichten (§ 60 Abs. 2 Satz 2 bzw. § 61 Abs. 2 Satz 2 PflBG).

Zu den Pflichten der Pflegeschule gehört es zudem, die für den Unterrichtsbetrieb erforderlichen **Lehr- und Lernmittel** kostenlos bereit zu stellen (§ 9 Abs. 1 Nr. 3 PflBG) (zum Umfang und zur Unterscheidung Kostorz 2023a). Die gesetzlich vorgegebene Lernmittelfreiheit bedeutet dabei, dass entsprechende Medien und Materialien von der Schule unentgeltlich und ohne Eigenbeitrag der Auszubildenden zur Verfügung gestellt werden müssen; eine Ausnahme bilden lediglich Lernmittel im Sinne geringwertiger Gegenstände, die auch in außerschulischen Kontexten genutzt werden können (z.B. Schreibutensilien). Nicht in jedem Fall erforderlich ist dabei eine Übertragung des Eigentums an dem jeweiligen Lernmittel; eine leihweise Gebrauchsüberlassung nach §§ 598 ff. BGB erfüllt das Kriterium der Kostenfreiheit ebenso.

Wie im Schulsystem üblich, obliegt den Pflegeschulen und den an ihnen tätigen Lehrkräften zudem die **Leistungsbewertung** ihrer Auszubildenden bzw. Schülerinnen und Schüler. So ist ihnen nach § 6 Abs. 1 PflAPrV für jedes Ausbildungsjahr ein Zeugnis über die im (theoretischen und praktischen) Unterricht und in der praktischen Ausbildung erbrachten Leistungen zu erteilen, wobei für jeden dieser beiden Bereiche jeweils eine Note zu bilden ist. Die Note für den praktischen Teil der Ausbildung wird dabei von der Schule im Benehmen mit dem Ausbildungsträger festgelegt (§ 6 Abs. 3 PflAPrV). Grundlage hierfür sind vor allem die sog. qualifizierten Leistungseinschätzungen nach § 6 Abs. 2 PflAPrV, die von den Einrichtungen für die einzelnen Praxiseinsätze der Auszubildenden zu erstellen sind. Zum Ende des zweiten Ausbildungsjahres findet zudem eine nichtstaatliche **Zwischenprüfung** statt (§ 6 Abs. 5 PflBG), die sich auf sämtliche Kompetenzbereiche erstreckt, die in der Ausbildung bis dahin vermittelt worden sind (§ 7 i.V.m. Anlage 1 PflAPrV). Dabei ist ein Bestehen dieser Prüfung keine Voraussetzung für die Fortsetzung der Ausbildung: „Vielmehr handelt es sich um ein pädagogisches Instrument beziehungsweise Indikator [sic!] um bei einer Gefährdung des Ausbildungsziels geeignete Maßnahmen zu ergreifen“ (BT-Drucks. 19/2707, 93).

Schließlich sind die Pflegeschulen zur **Lernortkooperation** mit den Trägern der praktischen Ausbildung verpflichtet (§ 6 Abs. 4 PflBG sowie § 8 PflAPrV). Von besonderer Bedeutung ist insofern vor allem die **Praxisbegleitung** durch Lehrkräfte der Pflegeschule, die nach § 6 Abs. 3 Satz 4 PflBG der Unterstützung der praktischen Ausbildung dient und hierzu in angemessenem Umfang zu gewährleisten ist. Die konkreten Anforderungen an die von der Pflegeschule zu leistende Praxisbegleitung werden dabei in § 5 PflAPrV aufgestellt. Danach geht es bei der Praxisbegleitung darum, „die Auszubildenden insbesondere fachlich zu betreuen und zu beurteilen sowie die Praxisanleiterinnen und Praxisanleiter zu unterstützen" (§ 5 Satz 2 PflAPrV). Dies erfordert insgesamt eine regelmäßige Anwesenheit der Praxisbegleiterinnen und Praxisbegleiter in den Einrichtungen, in denen die praktische Ausbildung erfolgt. § 5 Satz 4 PflAPrV legt daher eine Mindestanzahl von Besuchen für jeden Auszubildenden in den Ausbildungseinrichtungen fest; erfolgen soll mindestens ein Besuch je Orientierungs-, Pflicht- und Vertiefungseinsatz (hierzu insgesamt Kostorz 2023c).

Bezogen auf die Rechtsstellung der Pflegeschulen heißt es im *Pflegeberufegesetz* und in der *Pflegeberufe-Ausbildungs- und -Prüfungsverordnung* an mehreren Stellen, dass Näheres durch Landesrecht zu regeln sei bzw. dass durch Landesrecht abweichende resp. ergänzende Regelungen getroffen werden könnten.

1. Listen Sie auf, hinsichtlich welcher Aspekte der Gesetz- bzw. Verordnungsgeber den Bundesländern einen eigenen Gestaltungsspielraum eingeräumt hat.
2. Recherchieren Sie, welche Regelungen in Ihrem Bundesland hierzu bestehen.

Das jeweils landesspezifische Recht zur beruflichen Pflegeausbildung stellt Arens (2022) in seiner entsprechenden Ordnungsmittelanalyse dar. Auf der Internetseite des *Bundesministeriums für Familie, Senioren, Frauen und Jugend* zur beruflichen Pflegeausbildung lassen sich zudem die entsprechenden gesetzlichen Grundlagen recherchieren (www.pflegeausbildung.net).

2.1.1.3 Rechtsstellung der Auszubildenden

Um eine Ausbildung zur Pflegefachkraft absolvieren zu können, müssen Bewerberinnen und Bewerber auf einen Ausbildungsplatz zunächst bestimmte **Einstellungs- bzw. Zugangsvoraussetzungen** erfüllen. Hierzu gehören neben den Anforderungen an deren bisherigen schulischen bzw. beruflichen Werdegang (§ 11 Abs. 1 PflBG) auch ihre Zuverlässigkeit zur späteren Berufsausübung, ihre hierzu erforderliche gesundheitliche Eignung sowie ausreichende Deutschkenntnisse (§ 11 Abs. 2 i.V.m. § 2 Nr. 2 bis 4 PflBG), wobei diese Bedingungen zum Absolvieren der Ausbildung bzw. zum Abschluss des Ausbildungsvertrages den Voraussetzungen zum Berufszugang entsprechen (siehe hierzu näher Kap. 2.2.1).

Mit dem Abschluss des Ausbildungsvertrages bewegen sich die angehenden Pflegefachkräfte in zwei sowohl sozialen als auch rechtlichen Rollen: Zum einen befinden sie sich als Auszubildende in einem Ausbildungsverhältnis zum Träger der praktischen Ausbildung, zum anderen stehen sie als Schülerinnen bzw. Schüler in einem Schulverhältnis mit der Pflegeschule. Die Ausbildungspflicht des Ausbildungsträgers (Kap. 2.1.1.1) und die Pflicht zu Erteilung des (theoretischen und praktischen) Unterrichts der Pflegeschule (Kap. 2.1.1.2) spiegelt sich dabei in der Verpflichtung der Auszubildenden bzw. der Schülerinnen und Schüler wider, sich möglichst aktiv um das Erreichen des Ausbildungsziels zu bemühen – ihnen obliegt im Ausbildungsprozess also eine **Mitwirkungspflicht**, die im Ausbildungsverhältnis dem Grunde nach ihre Hauptpflicht darstellt.

> ⚠ Auszubildende können sich nicht darauf ausruhen, dass die ausbildenden Akteure ihren jeweils spezifischen Ausbildungspflichten nachkommen, vielmehr müssen sie selbst gewisse Lernanstrengungen unternehmen.

So haben Auszubildende nach § 17 Satz 1 PflBG vor allem die Pflicht „sich zu bemühen, die in § 5 [PflBG] genannten Kompetenzen zu erwerben, die erforderlich sind, um das Ausbildungsziel zu erreichen". Diese sog. **Lernpflicht** erstreckt sich dabei sowohl auf die Einsätze in der praktischen Ausbildung als auch auf den theoretischen und praktischen Unterricht; während dieser Ausbildungsmaßnahmen haben die Auszubildenden aktiv und interessiert auf das Ausbildungsziel hinzuarbeiten. Ihre Ausprägungen findet diese allgemeine Lernpflicht einerseits in der **Schulbesuchspflicht** nach § 17 Satz 2 Nr. 1 PflBG und andererseits in der Pflicht nach § 17 Satz 2 Nr. 2 PflBG, die ihnen im Rahmen der Ausbildung übertragenen Aufgaben sorgfältig auszuführen, wobei sich der Umfang ihrer **Weisungsgebundenheit** vor allem aus den Grundsätzen des § 106 GewO und des § 611a Abs. 1 Satz 2 BGB ergibt (Kap. 2.3.2.1). Da diese Pflicht mit § 18 Abs. 2 PflBG korrespondiert, nach dem der Ausbildungsträger bzw. die hierzu berechtigten Personen Auszubildenden nur Aufgaben übertragen dürfen, die dem Ausbildungszweck und deren Ausbildungsstand entsprechen, gilt in diesem Zusammenhang auch, dass die Auszubildenden nicht ausbildungsrelevante Tätigkeiten nicht ausführen brauchen (sog. Tätigkeitsverweigerungsrecht) (Weiß et al. 2018, 175).

Über die praktische Ausbildung müssen die Auszubildenden schließlich einen schriftlichen oder elektronischen **Ausbildungsnachweis** führen (§ 17 Satz 2 Nr. 3 PflBG), der so angelegt sein muss, „dass sich aus ihm die Ableistung der praktischen Ausbildungsanteile und die Kompetenzentwicklung anhand der Lernangebote der Einsätze mit Blick auf das Ausbildungsziel nachweisen lassen" (Igl 2021, § 17 PflBG Rdnr. 8). Derartige sog. Berichtshefte sollten wöchentlich geführt und (mindestens) monatlich kontrolliert werden, wobei diese Kontrolle den Pflegeschulen obliegt (§ 10 Abs. 2 Satz 1 PflBG).

Mit dem Führen des Ausbildungsnachweises wird – entsprechend der durch § 1 PflBG geschützten Berufsbezeichnungen (Kap. 2.2.1) – zunächst die Ausbildung zur generalistisch qualifizierten *Pflegefachfrau* bzw. zum generalistisch qualifizierten *Pflegefachmann* dokumentiert. Davon abweichend wird einigen Auszubildenden mit den §§ 58 bis 62 PflBG, die sich als Ausnahmetatbestände gesetzessystematisch am Ende des *Pflegeberufegesetzes* befinden, unter bestimmten Voraussetzungen ein gewisses **Wahlrecht bei der Führung der Berufsbezeichnung** eingeräumt (hierzu ausführlich Kostorz 2019), das an den im Ausbildungsvertrag vereinbarten Vertiefungseinsatz anknüpft (Kap. 2.1.1.1). Danach können sich diejenigen Auszubildenden, die beim Abschluss des Ausbildungsvertrages mit dem Ausbildungsträger einen Vertiefungseinsatz im Bereich der pädiatrischen Versorgung oder im Bereich der Langzeitpflege (genauer: stationäre Langzeit-

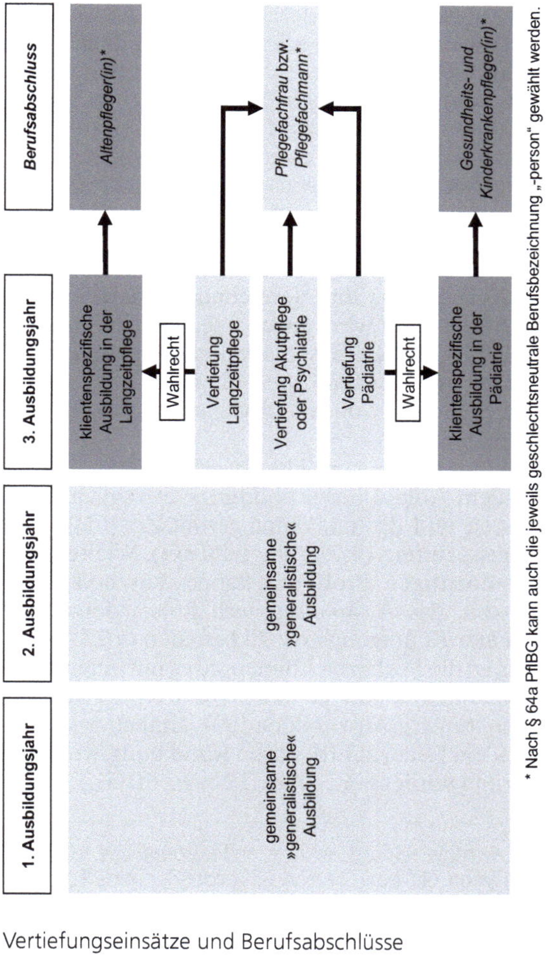

Abb. 4: Vertiefungseinsätze und Berufsabschlüsse

pflege oder ambulante Akut-/Langzeitpflege mit Ausrichtung auf die ambulante Langzeitpflege) vereinbart haben (§ 16 Abs. 2 Nr. 1 PflBG), entscheiden, ob sie ihre Ausbildung im letzten Ausbildungsdrittel generalistisch fortführen und beenden möchten oder sie sie fortan lieber klientenspezifisch in der Gesundheits- und

Kinderkrankenpflege bzw. in der Altenpflege absolvieren wollen, um nach dem Bestehen der staatlichen Prüfung dann die Erlaubnis zu erhalten, auch eine entsprechende Berufsbezeichnung zu führen (*Gesundheits- und Kinderkrankenpfleger[in]* bzw. *Altenpfleger[in]*) (§§ 58 und 59 Abs. 2 bzw. Abs. 3 PflBG). Der Gesetzgeber räumt diesen Auszubildenden damit ein sog. einseitiges Gestaltungsrecht ein – ein in irgendeiner Weise geartetes Mitsprache- oder Vetorecht des Ausbildungsträgers existiert in diesen Fällen nicht (Abb. 4).

Sofern Auszubqwildende ein ihnen zustehendes Wahlrecht ausüben, ist der Ausbildungsvertrag in schriftlicher Form dahingehend zu ändern, dass die Bezeichnung des Berufes, für den letztendlich ausgebildet wird, anzupassen bzw. zu ändern ist (§ 59 Abs. 5 Satz 3 PflBG). Zudem ist die weitere Ausbildung dem neuen Ausbildungsziel entsprechend speziell an der Pflege von Kindern und Jugendlichen bzw. von alten Menschen auszurichten (Kap. 2.1.1.1 und 2.1.1.2).

Die **Beendigung des Ausbildungsverhältnisses** erfolgt grundsätzlich mit dem Ablauf der ausbildungsvertraglich vereinbarten Ausbildungszeit und das unabhängig vom Zeitpunkt der staatlichen Abschlussprüfung (§ 21 Abs. 1 PflBG). Während der regelmäßig sechsmonatigen Probezeit haben Auszubildende jedoch die Möglichkeit, das Ausbildungsverhältnis jederzeit und ohne Einhaltung einer Kündigungsfrist zu beenden (§ 22 Abs. 1 PflBG); im Anschluss an die Probezeit können sie es mit einer Frist von vier Wochen (ordentlich) kündigen (§ 22 Abs. 2 Nr. 2 PflBG). Darüber hinaus haben (auch) Auszubildende – ähnlich wie die Ausbildungsträger – ein Recht zur fristlosen Kündigung, wenn hierfür ein wichtiger Grund vorliegt (§ 22 Abs. 2 Nr. 1 PflBG).

Ein wichtiger Grund für eine außerordentliche Kündigung liegt vor, wenn der bzw. dem Auszubildenden eine Fortsetzung des Ausbildungsverhältnisses selbst bis zum Ablauf der Kündigungsfrist nicht mehr zugemutet werden kann (Igl 2021, § 22 PflBG Rdnr. 9).

Recherchieren Sie in Kommentaren zum *Pflegeberufegesetz*, welche wichtigen Gründe einen Auszubildenden zur außerordentlichen, also fristlosen Kündigung des Ausbildungsvertrages berechtigen – und welche Gründe nicht.

Eine solche fristlose Kündigung aus wichtigem Grund ist dabei stets unter Angabe des Kündigungsgrundes und unter Einhaltung einer Kündigungserklärungsfrist von 14 Tagen auszusprechen (§ 22 Abs. 3 Satz 2 bzw. Abs. 4 Satz 1 PflBG). In jedem Fall muss eine (fristlose bzw. fristgemäße) Kündigung schriftlich erfolgen (§ 22 Abs. 3 Satz 1 PflBG).

Nach § 21 Abs. 2 PflBG kann das Ausbildungsverhältnis für Auszubildende, die die staatliche Prüfung nicht bestanden haben oder die Prüfung ohne eigenes Verschulden nicht vor Ablauf der Ausbildungszeit ablegen konnten, verlängert werden. Die Verlängerung der Ausbildungszeit muss von der bzw. dem Auszubildenden (lediglich) schriftlich verlangt werden. Die Verlängerungsmöglichkeit besteht dabei nur bis zur nächstmöglichen Wiederholungsprüfung, längstens jedoch für ein Jahr (hierzu insgesamt Kostorz 2023b).

2.1.1.4 Staatliche Prüfung

Zum Ende der beruflichen Pflegeausbildung wird regelmäßig eine **staatliche (Abschluss-)Prüfung** abgenommen (umgangssprachlich auch Staatsprüfung oder Staatsexamen genannt), mit der festgestellt werden soll, ob die Auszubildenden (oder nun besser: die Prüflinge bzw. Prüfungskandidaten) das Ausbildungsziel tatsächlich erreicht haben. Ist dies der Fall, ist eine der Grundvoraussetzungen erfüllt, ihnen die Erlaubnis zum Führen der Berufsbezeichnung *Pflegefachfrau* bzw. *Pflegefachmann* zu erteilen (§ 2 Nr. 1 PflBG) (Kap. 2.2.1).

Die **Zulassung zur Prüfung** muss nach § 11 Abs. 1 PflAPrV von den einzelnen Prüfungskandidaten beantragt werden. Zu den Zulassungsvoraussetzungen gehört zunächst die Vorlage eines Identitätsnachweises in amtlich beglaubigter Abschrift (§ 11 Abs. 2 Nr. 1 PflAPrV) sowie des vom Auszubildenden ordnungsgemäß geführten Ausbildungsnachweises nach § 3 Abs. 5 PflAPrV; zudem sind die drei Jahreszeugnisse nach § 6 Abs. 1 PflAPrV einzureichen (§ 11 Abs. 2 PflAPrV). Die Zulassung zur staatlichen Prüfung kann dabei nur dann erteilt werden, wenn die Durchschnittsnote der Jahreszeugniszensuren mindestens *ausreichend* beträgt und die im Laufe der Ausbildung angefallenen Fehlzeiten die nach § 13 PflBG i.V.m. § 1 Abs. 4 PflAPrV zulässigen Fehlstunden nicht überschreiten (§ 11 Abs. 3 PflAPrV).

Generelles **Ziel des Staatsexamens** ist die Überprüfung, ob der Prüfungskandidat bzw. die Prüfungskandidatin das Ausbildungsziel nach § 5 PflBG erreicht und die in der Ausbildungs- und Prüfungsverordnung beschriebenen Kompetenzen erworben hat (§ 9 Abs. 1 Satz 2 PflAPrV). Es gliedert sich in einen schriftlichen, einen mündlichen und einen praktischen Teil (§ 9 Abs. 1 Satz 1 PflAPrV), wobei diese drei **Prüfungsbestandteile** in den §§ 14 bis 16 PflAPrV näher beschrieben und konkretisiert werden (für die staatliche Prüfung in der Gesundheits- und Kinderkrankenpflege bzw. in der Altenpflege gelten abweichend die §§ 27 bzw. 29 PflAPrV). Der mündliche und schriftliche Teil der Prüfung ist dabei an der Pflegeschule abzulegen, an der der Prüfling den schulischen Teil der Ausbildung abschließt (§ 9 Abs. 3 Satz 1 PflAPrV); der praktische Teil der Prüfung wird i.d.R. in der Einrichtung abgelegt, in der der Vertiefungseinsatz durchgeführt worden ist (§ 9 Abs. 5 PflAPrV).

Der **schriftliche Teil** der staatlichen Prüfung besteht aus insgesamt drei Klausuren, den sog. Aufsichtsarbeiten, die sich thematisch vor allem auf die beiden Kompetenzbereiche *Pflegeprozesse und Pflegediagnostik* (Kompetenzbereich I der Anlage 2 PflAPrV) sowie *Kommunikation und Beratung* (Kompetenzbereich II der Anlage 2 PflAPrV) beziehen. Sie dauern jeweils 120 Minuten und sollen an drei aufeinanderfolgen Tagen geschrieben werden (§ 14 Abs. 3 PflAPrV). In allen drei Aufsichtsarbeiten haben die Prüflinge fallbezogene Aufgabe zu bearbeiten (§ 14 Abs. 2 Satz 1 PflAPrV); den Klausuren müssen also Fallsituationen zugrunde liegen, auf die sich die gestellten Fragen bzw. Aufgaben beziehen. Es geht mithin nicht ausschließlich darum, Wissen zu reproduzieren oder zu reorganisieren, sondern darum, erworbene Kompetenzen zu zeigen und anzuwenden. Dabei sollen die Fallsituationen der Klausuren bezogen auf drei Aspekte variieren (§ 14 Abs. 2 Satz 2 PflAPrV):

- Altersstufe der zu pflegenden Menschen (Kinder und Jugendliche, Erwachsene und alte Menschen)
- soziales und kulturelles Umfeld der zu pflegenden Menschen
- Bereiche der pflegerischen Versorgung (stationäre Akutpflege, stationäre Langzeitpflege, ambulante Akut- und Langzeitpflege)

Hierdurch soll – im Sinne der generalistisch ausgerichteten Ausbildung – gewährleistet werden, dass sich die vielfältigen Aufgaben der Pflege von Menschen unterschiedlicher Altersgruppen und in verschiedenen ambulanten und stationären Versorgungskontexten auch in der staatlichen Prüfung widerspiegeln.

Im **mündlichen Teil** der staatlichen Prüfung geht es nach § 15 Abs. 1 PflAPrV vornehmlich um die Prüfungs- bzw. Kompetenzbereiche *Kooperation und intra-/interprofessionelles Handeln* (Kompetenzbereich III der Anlage 2 PflAPrV), *Recht und Ethik* (Kompetenzbereich IV der Anlage 2 PflAPrV) sowie *Wissenschaft und Berufshaltung* (Kompetenzbereich V der Anlage 2 PflAPrV). Auch hier hat der Prüfling anwendungsbereite berufliche Kompetenzen nachzuweisen, was einem ausschließlichen Abfragen von Fachwissen nicht gerecht würde. Aus diesem Grund werden die drei Kompetenzbereiche der mündlichen Prüfung anhand einer komplexen Aufgabenstellung geprüft, die aus der Bearbeitung einer (einzelnen) Fallsituation besteht (§ 15 Abs. 2 Satz 1 und 2 PflAPrV). Die Prüfung kann dabei als Einzel- oder Tandemprüfung mit zwei Prüflingen abgenommen werden, wobei die Prüfungszeit zwischen 30 und 45 Minuten je Prüfling betragen soll (§ 15 Abs. 3 Satz 1 und 2 PflAPrV). Unmittelbar vor der Prüfung ist den Kandidaten eine angemessene Vorbereitungszeit zu gewähren (§ 15 Abs. 3 Satz 3 PflAPrV); als Orientierungsgröße für die Vorbereitungszeit können 20 bis 30 Minuten gelten.

Der **praktische Teil** der staatlichen Prüfung findet als Performanzprüfung in realen und komplexen Pflegesituationen statt, in denen der Prüfling mindestens zwei Personen selbständig, umfassend und prozessorientiert pflegerisch zu versorgen hat, von denen eine einen erhöhten Pflegebedarf aufweisen muss (§ 16 Abs. 4 Satz 1 und 2 sowie Abs. 2 Satz 1 PflAPrV). Das Kriterium der Prozessorientierung nimmt dabei Bezug auf das vierphasige Pflegeprozessmodell der WHO (Kap. 2.2.2): Der Prüfling muss den Pflegebedarf der zu versorgenden Personen erheben, die erforderlichen pflegerischen Interventionen planen, sie durchführen und anschließend evaluieren (§ 16 Abs. 2 Satz 2 PflAPrV); die Prüfung spiegelt auf diese Weise die späteren maßgeblichen beruflichen Tätigkeiten des Pflegeberufs wider. Nach § 16 Abs. 5 PflAPrV ist die praktische Prüfung vierphasig zu strukturieren; sie umfasst insofern

1. einen Vorbereitungsteil,
2. die Fallvorstellung,

3. die Durchführung der geplanten und situativ erforderlichen Pflegemaßnahmen sowie
4. ein Reflexionsgespräch.

Der Vorbereitungsteil dient dabei der Ausarbeitung des Pflegeplans, wofür dem Prüfling eine angemessene Vorbereitungszeit unter Aufsicht zu gewähren ist; als Orientierungsgröße können – orientiert an § 15 Abs. 2 Satz 2 KrPflAPrV mit einer Gesamtprüfungsdauer von sechs Stunden – 120 Minuten gelten. Für die Fallvorstellung und das Reflexionsgespräch sind jeweils maximal 20 Minuten vorgesehen, für die Durchführung der Pflege als Kern der Prüfung höchstens 200 Minuten, da die praktische Prüfung ohne den Vorbereitungsteil eine Dauer von insgesamt vier Zeitstunden nicht überschreiten soll (§ 16 Abs. 5 PflAPrV).

Anders als der mündliche Teil der Prüfung ist die praktische Prüfung als Einzelprüfung abzulegen (§ 16 Abs. 4 Satz 2 PflAPrV). Sie ist zudem in dem Versorgungsbereich zu absolvieren, in dem der Prüfling im Rahmen der praktischen Ausbildung seinen Vertiefungseinsatz nach § 6 Abs. 3 Satz 2 PflBG abgeleistet hat (§ 16 Abs. 3 Satz 1 PflAPrV).

Grundvoraussetzung für das **Bestehen der staatlichen Prüfung** ist zunächst, dass sowohl die drei Aufsichtsarbeiten als auch der mündliche und der praktische Teil der Prüfung mit ausreichend benotet worden sind (§ 14 Abs. 6, § 15 Abs. 6 und § 16 Abs. 8 PflAPrV). Aus diesen Noten werden dann unter Berücksichtigung der Vornoten nach § 13 PflAPrV die sog. Gesamtnoten für die drei Prüfungsteile generiert, wobei sich die Vornoten aus den Noten auf den drei Jahreszeugnissen nach § 6 PflAPrV ergeben und zu 25 % in die Gesamtnoten einfließen (§ 14 Abs. 7, § 15 Abs. 7 und § 16 Abs. 9 PflAPrV). Das arithmetische Mittel der drei Gesamtnoten für die einzelnen Prüfungsteile bildet schließlich die Gesamtnote für die staatliche Prüfung (§ 19 Abs. 1 Satz 2 PflAPrV).

Im Falle des **Nichtbestehens der Prüfung** können sämtliche Prüfungsteile (genauer: jede Aufsichtsarbeit der schriftlichen Prüfung, die mündliche Prüfung und die praktische Prüfung), für die der Prüfungskandidat nicht mindestens die Note *ausreichend* erhalten hat, einmalig wiederholt werden (§ 19 Abs. 3 PflAPrV). In bestimmten Konstellationen ist eine Wiederholungsprüfung zudem an eine erneute bzw. verlängerte Ausbildung gebunden, ohne die eine zweite Prüfungszulassung nicht erfolgen darf (§ 19 Abs. 4

PflAPrV). Eine zusätzliche Ausbildung mit einer Gesamtdauer von maximal 12 Monaten einschließlich der Wiederholungsprüfung ist dabei obligatorisch, wenn der Prüfling durch alle drei schriftlichen Aufsichtsarbeiten und/oder den praktischen Teil der Prüfung gefallen ist (§ 19 Abs. 4 PflAPrV).

2.1.2 Hochschulische Pflegeausbildung

Bei der primärqualifizierenden Pflegeausbildung an Hochschulen handelt es sich um ein sog. duales Studium, bei dem in zeitlicher und curricularer Hinsicht die praktische Pflegeausbildung mit einem Hochschulstudium verknüpft wird. Wie bei der beruflichen Form der Pflegeausbildung kommt es also auch bei deren akademischer Variante zu einem aufgaben- und arbeitsteiligen Nebeneinander zweier zentraler Ausbildungsakteure: Während eine Gesundheitseinrichtung den praktischen Teil der Pflegeausbildung organisiert und verantwortet, obliegt der Hochschule – ähnlich wie der Pflegeschule in der beruflichen Pflegeausbildung – die Vermittlung vornehmlich theoretischer Lehrinhalte. Von besonderer, auch berufspolitischer Bedeutung ist dabei, dass die akademische Pflegeausbildung im Vergleich zu ihrem beruflichen Pendant zusätzliche (wissenschaftsbasierte) Kompetenzen und Berufsqualifikationen vermittelt, um die Absolventinnen und Absolventen unter anderem zu einer eigenverantwortlichen und selbständigen Ausübung von erweiterten heilkundlichen Tätigkeiten zu befähigen.

Die Besonderheiten der hochschulischen Pflegeausbildung nach Teil 3 des *Pflegeberufegesetzes* stellen ergänzend zu Kostorz (2023a, Kap. 7) umfassend Kostorz und Niehues (2024) dar.

2.1.2.1 Erweitertes Ausbildungsziel

Das **Ausbildungsziel** der hochschulischen Pflegeausbildung beschreibt § 37 PflBG, der sich an mehreren Stellen auf die Ziele der beruflichen Pflegeausbildung nach § 5 PflBG bezieht. So soll auch das Pflegestudium dazu befähigen, zu pflegende Menschen aller Altersstufen in den allgemeinen und speziellen Versorgungsbereichen der Pflege in akut und dauerhaft stationären sowie ambulanten Pflegesituationen unmittelbar zu versorgen; angestrebt wird also auch hier eine generalistische Ausbildung, die zur direkten Pflege „am Bett“ qualifiziert (Leuxner/von Schwanenflügel 2018, 206).

> „Die Ausbildungsziele der beruflichen Ausbildung bleiben damit der gemeinsame Nenner auch für die hochschulische Ausbildung“ (Igl 2017, 861) – diese stellt im Vergleich zur beruflichen Pflegeausbildung also insofern kein *aliud*, sondern ein *plus* dar, als das Studium „ein erweitertes Ausbildungsziel“ verfolgt (§ 37 Abs. 1 PflBG).

Dieses **erweiterte Ausbildungsziel** umfasst zunächst die – einem Studium dem Grunde nach stets immanente – Kompetenzvermittlung „auf wissenschaftlicher Grundlage und Methodik“ (§ 37 Abs. 2 Satz 1 PflBG). Um die Attraktivität der hochschulischen Pflegeausbildung zu erhöhen, wird dieses (erweiterte) Ausbildungsziel mit dem *Pflegestudiumstärkungsgesetz* zum Jahr 2025 nochmals ergänzt. In § 37 Abs. 2 Satz 2 PflBG wird es dann zusätzlich heißen (Hervorhebung durch d.V.): „Sie [die hochschulische Ausbildung zur Pflegefachperson] vermittelt zusätzlich die *zur eigenverantwortlichen und selbständigen Ausübung von erweiterten heilkundlichen Tätigkeiten* erforderlichen fachlichen und personalen Kompetenzen auf wissenschaftlicher Grundlage und Methodik in den Bereichen

[1.] diabetische Stoffwechsellage,
[2.] chronische Wunden und
[3.] Demenz.“

> Bitte informieren Sie sich anhand der von der Fachkommission [nach dem Pflegeberufegesetz] (2022) entwickelten Module G sowie W1 bis W4 über die Kompetenzen und Qualifikation, die zur eigenverantwortlichen und selbständigen Ausübung von heilkundlichen Tätigkeiten in diesen Bereichen erworben werden müssen.

Konkreter wird § 37 Abs. 3 PflBG, der grundsätzlich auf die (auch) in der beruflichen Pflegeausbildung zu vermittelnden **Kompetenzen** nach § 5 Abs. 3 PflBG verweist, dann aber im Vergleich dazu bestimmte Kompetenzen als erweitertes Qualifikationsziel der akademischen Pflegeausbildung benennt. Hierzu gehört zunächst:

1. Steuerung hochkomplexer Pflegeprozesse
2. Anwendung vertiefter pflegewissenschaftlicher Kenntnisse
3. Antizipation von Forschungsergebnissen
4. Entwicklung wissenschaftsbasierter Lösungsstrategien
5. Entwicklung von Qualitätsmanagementkonzepten

Mit besagtem *Pflegestudiumstärkungsgesetz* werden diese Aspekte zum Jahr 2025 dahingehend um neue Nummern 6 bis 9 ergänzt, dass sich die zusätzlichen, im Pflegestudium zu vermittelnden Befähigungen auch auf die erweiterten **heilkundlichen Kompetenzen** nach § 37 Abs. 2 Satz 2 PflBG in den Bereichen *diabetische Stoffwechsellage*, *chronische Wunden* und *Demenz* beziehen. Diese vier neuen Nummern umfassen konkret folgende Qualifikationsziele:

6. selbständige und eigenverantwortliche Übernahme von erweiterten heilkundlichen Tätigkeiten in den genannten Bereichen auch bei hochkomplexen Pflegebedarfen
7. Integration der eigenverantwortlich und selbständig ausgeübten erweiterten heilkundlichen Aufgaben in den drei genannten Bereichen in den Pflege- und Therapieprozess
8. Verabreichung von Infusionstherapien und Injektionen sowie Verordnung von und Versorgung mit Medizinprodukten und Hilfsmitteln in den drei genannten Bereichen
9. Auseinandersetzung mit einem professionellen Berufs- und Rollenverständnis in Bezug auf die selbständige und eigenverantwortliche Ausübung erweiterter heilkundlicher Tätigkeiten

Damit erwerben hochschulisch ausgebildete Pflegefachkräfte künftig erstmals die Befähigung, **heilkundliche Tätigkeiten** i.S.d. § 1 Abs. 2 HeilprG (Kap. 2.4.1) **eigenverantwortlich und selbständig auszuführen**. Entsprechende, dem Grunde nach ärztliche Maßnahmen der Heilbehandlung müssten dann nicht mehr von ärztlicher Seite delegiert werden (Kap. 2.4.2); vielmehr könnten sie durch das Tätigwerden akademisch qualifizierter Pflegepersonen substituiert werden (Kostorz/Niehues 2024, 318 f.). Um diese Kompetenzen im Versorgungsgeschehen auch tatsächlich einbringen zu können, müssen die derart qualifizierten Pflegekräfte indes noch (sozialleistungs- bzw. leistungserbringerrechtlich) ermächtigt werden, heilkundliche Tätigkeiten auch tatsächlich selbständig und eigenverantwortlich ausführen zu dürfen (aus der *Befähigung* muss i.S.d. § 1 Abs. 1 HeilprG, nach dem die Ausübung der Heilkunde stets einer Erlaubnis bedarf, eine *Befugnis* werden). Hierzu plant der Gesetzgeber ein sog. **Pflegekompetenzgesetz**, das den hierzu erforderlichen rechtlichen Rahmen schaffen soll (Di Bella 2024).

2.1.2.2 Rechtsstellung der Hochschule

Im Rahmen des dualen Pflegestudiums haben die Hochschulen zunächst die Pflicht, entsprechend den gesetzlichen Vorgaben des § 38 Abs. 1 und 2 PflBG und des § 30 PflAPrV (theoretische und praktische) Lehrveranstaltungen auf Grundlage eines modularen Curriculums anzubieten (**Lehrpflicht**). Darüber hinaus tragen sie die Verantwortung für die Koordination ihrer Lehrveranstaltungen mit den Praxiseinsätzen (**Koordinationsverantwortung**) und haben in diesem Zusammenhang sicherzustellen, dass diese Praxiseinsätze rechtskonform angeboten werden (**Sicherstellungsverantwortung**). Hierzu haben sie Kooperationsverträge mit sog. Trägern des praktischen Teils der hochschulischen Pflegeausbildung abzuschließen (§ 38 Abs. 4 PflBG), die dann wiederum „die Verantwortung für die Organisation und Durchführung der Praxiseinsätze" zu übernehmen haben (Organisations- und Durchführungsverantwortung) (§ 38a Abs. 1 PflBG).

Im Rahmen ihres Koordinationsauftrags haben die Hochschulen auch die Pflicht zur **Lernortkooperation** mit den für den praktischen Teil der akademischen Pflegeausbildung zuständigen Praxiseinrichtungen (hierzu Dauer 2022). In institutionalisierter Form erfolgt diese Zusammenarbeit vor allem durch die von der Hochschule nach § 38 Abs. 3 Satz 4 PflBG und § 31 Abs. 2 PflAPrV in angemessenem Umfang zu gewährleistende **Praxisbegleitung**. Hierzu hat die Hochschule über den Kooperationsvertrag mit dem Träger der praktischen Ausbildung die Durchführung der Praxisbegleitung in den an der Ausbildung beteiligten Praxiseinrichtungen und die Zusammenarbeit mit dem dort für die Praxisanleitung zuständigen Personal (Kap. 2.1.2.3) zu regeln.

Schließlich obliegt der Hochschule im Verhältnis zum mit ihr kooperationsvertraglich verbundenen Träger des praktischen Teils der akademischen Pflegeausbildung eine gewisse **Kontrollaufgabe**: Um die praktische Ausbildung nicht dem Zufall zu überlassen, muss sie anhand eines vom Träger der praktischen Ausbildung zu erstellenden Ausbildungsplans erfolgen (Kap. 2.1.2.3). Aufgabe der Hochschule ist es in diesem Zusammenhang zu überprüfen, ob dieser Ausbildungsplan den Anforderungen des eigenen modularen Curriculums entspricht und insofern einen abgestimmten Theorie-Praxis-Transfer der Lehr- bzw. Ausbildungsinhalte ermöglicht. Sollte dies nicht der Fall sein, ist der Träger des praktischen Teils der Ausbildung verpflichtet, den Ausbildungsplan entsprechend anzupassen (§ 38 Abs. 4 Satz 3 und 4 PflBG).

2.1.2.3 Rechtsstellung des Trägers der praktischen Ausbildung

Wie auch als Ausbildungsträger in der beruflichen Pflegeausbildung kommen als **Träger des praktischen Teils der akademischen Pflegeausbildung** lediglich zur Versorgung zugelassene Krankenhäuser, Pflegeheime und Pflegedienste in Betracht (Kap. 4.1.2.1 bzw. 4.1.1.1), die zudem entweder selbst eine Hochschule betreiben (sog. Trägeridentität) oder die mit mindestens einer Hochschule einen Kooperationsvertrag über die Durchführung der (theoretischen und praktischen) Lehrveranstaltungen geschlossen haben (§ 38a Abs. 2 i.V.m. § 7 Abs. 1 PflBG). Kraft ihrer **Organisations- und Durchführungsverantwortung** (Kap. 2.1.2.2) obliegt es ihnen, die erforderlichen Praxiseinsätze so zu planen und zu gestalten, dass das Ausbildungsziel in der vorgesehenen Zeit erreicht werden kann (§ 38a Abs. 1 PflBG) (**Ausbildungspflicht**).

Gegenüber den auszubildenden Studierenden ergibt sich diese Pflicht auch aus dem mit ihnen für die gesamte Studiendauer abzuschließen **Ausbildungsvertrag**, auf den die Vorschriften zum Ausbildungsvertrag in der beruflichen Pflegeausbildung nach Teil 2 Abschnitt 2 des *Pflegeberufegesetzes* (§§ 16 ff. PflBG) entsprechend anzuwenden sind (§ 38b Abs. 1 PflBG). Hierbei handelt es sich im Wesentlichen um die Maßgaben zu den Mindestinhalten des Ausbildungsvertrages, zu den Rechten und Pflichten der Vertragsparteien, zur Probezeit und zur Beendigung des Ausbildungsverhältnisses (Kap. 2.1.1.1).

Informieren Sie sich in Kap. 2.1.1.1 dieses Buches über die genauen rechtlichen Maßgaben, die sich für Auszubildende in der Pflege aus dem Abschluss des Ausbildungsvertrages ergeben. Welche davon können gemäß § 38b Abs. 1 PflBG auf Pflegestudierende nach § 37 Abs. 1 PflBG entsprechend angewendet werden?

Um die praktische Ausbildung dabei nicht betrieblichen Arbeitserfordernissen unterzuordnen, hat der Träger des praktischen Teils der akademischen Pflegeausbildung auch die Pflicht, orientiert an den curricularen Vorgaben der Hochschule, für jede studierende Person einen strukturierten **Ausbildungsplan** zu erstellen, auf dessen Grundlage die Praxiseinsätze durchzuführen sind (§ 38 Abs. 3 Satz 2 PflBG). Er ist insofern verbindlich, als von ihm nicht ohne Not abgewichen werden darf – die Planmäßigkeit der praktischen Ausbildung hat mithin auch hier Vorrang vor anderen, gegebenenfalls arbeitsorganisatorischen Erwägungen (Kap. 2.1.1.1).

Wesentlicher Bestandteil der Praxiseinsätze ist die von den Einrichtungen zu gewährleistende **Praxisanleitung**, die mindestens 10 % der während eines jeden Praxiseinsatzes abzuleistenden Ausbildungszeit betragen muss (§ 38 Abs. 3 Satz 3 PflBG sowie § 31 Abs. 1 Satz 1 PflAPrV). Auch hierin liegt eine Parallele zur beruflichen Pflegeausbildung (Kap. 2.1.1), allerdings muss die Praxisanleitung im Rahmen der hochschulischen Pflegeausbildung regelmäßig durch akademisch qualifiziertes Pflegepersonal erfolgen (§ 31 Abs. 1 Satz 2 PflAPrV) (Kostorz/Niehues 2024, 316).

Aus § 38b Abs. 2 PflBG ergibt sich schließlich die Pflicht des Trägers der praktischen Ausbildung, dem auszubildenden Studenten bzw. der auszubildenden Studentin während der gesamten Dauer des Vertragsverhältnisses eine angemessene monatliche **Ausbildungsvergütung** zu zahlen (zum Begriff der Angemessenheit Kostorz 2023a, 87 ff.).

2.1.2.4 Rechtsstellung der Studierenden

Mit der Aufnahme des dualen Pflegestudiums stehen die Studierenden in einem Rechtsverhältnis zur Hochschule und in einer rechtlichen Beziehung zum Träger des praktischen Teils der Ausbildung: Die **Immatrikulation** an einer staatlichen Hochschule begründet dabei ein öffentlich-rechtliches Mitgliedschaftsverhältnis; mit einer privaten Hochschule wird ein privatrechtlicher **Studienvertrag** geschlossen (hierzu und zu den Zugangsvoraussetzungen zum Studium Kostorz 2023a, 214 f.). Darüber hinaus erlangen die Studierenden mit dem **Abschluss des Ausbildungsvertrages** den Status einer Arbeitnehmerin bzw. eines Arbeitnehmers (§ 38b Abs. 3 PflBG).

Mit dem Abschluss des Ausbildungsvertrages können sich Pflegestudierende in den Praxiseinsätzen auf sämtliche, auch für Auszubildende geltende Schutzvorschriften des Arbeitsrechts berufen; sie unterliegen aber auch den entsprechenden synallagmatischen Pflichten des Arbeitsrechts (Kap. 2.3).

Das wiederum hat Auswirkungen auf den **sozialversicherungsrechtlichen Status** der Studierenden: Als (auch) Auszubildende sind sie versicherungspflichtig in allen fünf Zweigen der Sozialversicherung (Kostorz/Niehues 2024, 317).

Schließlich sind die Studierenden nach § 38b Abs. 1 Satz 2 i.V.m. § 17 PflBG zur **aktiven Mitwirkung am Erreichen des Ausbildungsziels** verpflichtet. So haben sie insbesondere an den vorgeschriebenen Lehrveranstaltungen der Hochschule teilzunehmen und die ihnen im Rahmen der Ausbildung übertragenen Aufgaben sorgfältig auszuführen. Erstaunlich ist in diesem Zusammenhang, dass bei der akademischen Pflegeausbildung – im Gegensatz zur beruflichen Variante – sowohl im *Pflegeberufegesetz* als auch in der *Pflegeberufe-Ausbildungs- und -Prüfungsverordnung* von expliziten **Fehlzeitenregelungen** abgesehen worden ist – wohl im Hinblick auf die bei dieser Ausbildungsvariante möglichen entsprechenden eigenen (satzungsrechtlichen) Regelungen der Hochschulen. Insgesamt gilt jedoch der allgemeine Grundsatz, dass Fehlzeiten das Erreichen des Ausbildungsziels nicht gefährden dürfen (§ 30 Abs. 6 PflAPrV).

Bitte recherchieren Sie in einer exemplarischen Studien- und Prüfungsordnung bzw. einem Studienvertrag zur primärqualifizierenden Pflegeausbildung an einer Hochschule die dort festgeschriebenen Fehlzeitenregelungen.

2.1.2.5 Staatliche Prüfung

Anders als die berufliche Pflegeausbildung endet die hochschulische Variante nicht mit Zeitablauf zum Ende der mit dem Ausbildungsträger vertraglich vereinbarten Ausbildungszeit (und das unabhängig davon, ob bzw. wann die staatliche Prüfung abgelegt bzw. bestanden worden ist), sondern mit der **Verleihung des akademischen Grades** durch die Hochschule, also erst nach bzw. mit dem erfolgreich absolvierten Examen. Dementsprechend obliegt es auch den Hochschulen, das Erreichen des (im Vergleich zur beruflichen Ausbildung erweiterten) Ausbildungsziels zu überprüfen (§ 39 Abs. 1 PflBG).

Der **Prüfungsgegenstand** der von der Hochschule abzunehmenden staatlichen Prüfung ergibt sich im Wesentlichen aus dem in § 37 PflBG formulierten Ausbildungsziel (Kap. 2.1.2.1) (§ 32 Abs. 1 PflAPrV i. V. m. § 39 Abs. 2 Satz 1 PflBG). Auch hier umfasst die Prüfung einen schriftlichen, einen mündlichen und einen praktischen Teil; in den hierzu erlassenen §§ 35 bis 37 PflAPrV werden die Prüfungsinhalte näher spezifiziert. Die einzelnen Prüfungsteile folgen dabei dem modularen Curriculum des Pflegestudiums: Gemäß § 39 Abs. 3 PflBG und § 32 Abs. 4 PflAPrV legt die Hochschule mit Zustimmung der jeweils zuständigen Landesbehörde die Module fest, deren Modulabschlussprüfungen zugleich als Aufsichtsarbeiten bzw. als mündlicher und praktischer Prüfungsteil des Staatsexamens gelten; diese sollen zum Ende des Studiums erfolgen (§ 32 Abs. 4 PflBG). Die Prüfungen aller weiteren Module des Studiums sind – wie etwa auch die Bachelorthesis als Abschlussarbeit des Studiums – Bestandteil der hochschulischen Prüfung, nicht jedoch der staatlichen Prüfung durch die Hochschule.

Der **schriftliche Teil** der staatlichen Prüfung besteht nach § 35 PflAPrV aus insgesamt vier Aufsichtsarbeiten mit einer Dauer von jeweils mindestens 120 Minuten, in denen fallbezogene Aufgaben zu bearbeiten sind. Eine von ihnen muss sich thematisch auf die eigenverantwortliche und selbstständige Ausübung von heilkundlichen Tätigkeiten in den Bereichen diabetische Stoffwechsellage, chronische Wunden bzw. Demenz beziehen. Der schriftliche Teil der staatlichen Prüfung wird an der Hochschule abgelegt, an der der Prüfungskandidat die hochschulische Pflegeausbildung abschließt.

Im **mündlichen Teil** nach § 36 PflAPrV werden die im Studium erworbenen Kompetenzen anhand von komplexen Aufgabenstellungen in Form von Fallsituationen geprüft. Er besteht aus zwei Sequenzen: In einer Prüfungssequenz von 30 bis 45 Minuten soll der Prüfungskandidat seine Fachkompetenz und die zur Ausübung des Pflegeberufs erforderliche personale Kompetenz einschließlich seiner Sozialkompetenz und seine Selbständigkeit nachweisen; in einer zweiten, 15- bis 30-minütigen Sequenz geht es erneut um die eigenverantwortliche und selbstständige Ausübung von heilkundlichen Tätigkeiten in den Bereichen diabetische Stoffwechsellage, chronische Wunden und Demenz. Auch dieser Prüfungsteil wird an der Hochschule abgelegt, an der der Prüfungskandidat die hochschulische Pflegeausbildung abschließt.

Der **praktische Teil** der staatlichen Prüfung nach § 37 PflAPrV findet in realen und hochkomplexen Pflegesituationen statt und erstreckt sich auf die Versorgung verschiedener Pflegeadressaten, von denen einer einen erhöhten Pflegebedarf aufweisen muss. Auch dieser Prüfungsteil besteht aus zwei Sequenzen, die beide in der Einrichtung abgelegt werden, in der der Prüfungskandidat seinen Vertiefungseinsatz hatte.

Die erste Sequenz besteht aus einer **Aufgabe der selbständigen, umfassenden und prozessorientierten Pflege** und bezieht sich insbesondere auf die vorbehaltenen Tätigkeiten nach § 4 PflBG (Kap. 2.2.2). Dabei hat der Prüfungskandidat auch seine Kompetenz unter Beweis zu stellen, sein Pflegehandeln wissenschaftsbasiert bzw. -orientiert zu begründen und zu reflektieren. Die Prüfung besteht aus der Ausarbeitung eines Pflegeplans, wofür eine angemessene Vorbereitungszeit unter Aufsicht zu gewähren ist, einer Fallvorstellung mit einer Dauer von maximal 20 Minuten, der Durchführung der geplanten und situativ erforderlichen Pflegemaßnahmen und einem Reflexionsgespräch mit einer Dauer von maximal 20 Minuten; ohne den Vorbereitungsteil soll die Prüfung einschließlich des Reflexionsgesprächs eine Dauer von 240 Minuten nicht überschreiten.

Die zweite Sequenz besteht aus einer **Aufgabe zur Ausübung erweiterter heilkundlicher Tätigkeiten**. Der Prüfungskandidat hat hier alle Aufgaben zu übernehmen, die Gegenstand der Behandlung sind, und dabei auch seine Kompetenz unter Beweis zu stellen, seine Diagnose- und Behandlungsmaßnahmen erläutern und begründen sowie die Prüfungssituation reflektieren zu können. Diese Prüfungssequenz besteht aus mindestens einer Fallvorstellung mit einer Dauer von insgesamt maximal 20 Minuten, der Durchführung der heilkundlichen Tätigkeiten und schließlich einem Prüfungsgespräch mit einer Dauer von maximal 20 Minuten; insgesamt soll die Prüfung einschließlich des Prüfungsgesprächs nicht länger als 180 Minuten dauern.

Wie in der beruflichen Pflegeausbildung sind die vier Aufsichtsarbeiten sowie der mündliche und der praktische Teil der **Prüfung bestanden**, wenn alle Bestandteile mindestens mit der Note *ausreichend* bewertet worden sind (§ 35 Abs. 7, § 36 Abs. 7 und § 37 Abs. 8 PflAPrV). Die so ermittelte Note für die mündliche und praktische Prüfung ist zugleich die Gesamtnote für diese beiden Prüfungsteile; beim schriftlichen Teil wird sie aus den Noten für die vier Klausuren gebildet, wobei sie unterschiedlich gewichtet werden können, wenn die ihnen zugrundeliegenden Module im Curriculum des Studiums hinsichtlich ihres Arbeitsaufwands unterschiedlich bewertet werden (§ 35 Abs. 8 PflAPrV). Anders als in der staatlichen Prüfung im Rahmen der beruflichen Pflegeausbildung fließen in die Examensnoten der Staatsprüfung im Anschluss an die hochschulische Pflegeausbildung also keine Vornoten in die Leistungsbewertung ein. Aus dem arithmetischen Mittel der Noten für die drei Prüfungsteile wird schließlich die Gesamtnote für die staatliche Prüfung gebildet (§ 39 Abs. 2 Satz 2 PflAPrV).

Die hochschulische Pflegeausbildung kann nur dann erfolgreich beendet werden, wenn sowohl der hochschulische als auch der staatliche Teil der Prüfung bestanden worden ist. Die Studierenden können also ohne das **Bestehen der staatlichen Prüfungsanteile** keinen akademischen Grad erwerben; ebenso wenig können sie eine Erlaubnis zum Führen der Berufsbezweichnung *Pflegefachfrau* bzw. *Pflegefachmann* erhalten, wenn sie zwar das staatliche Examen bestanden haben, nicht jedoch den hochschulischen Teil der Prüfung (§ 40 Abs. 1 PflAPrV).

2.2 Berufsrecht

Mit dem Absolvieren der Pflegeausbildung und dem Bestehen der staatlichen Prüfung sind die zentralen Voraussetzungen zur Erteilung der Erlaubnis zum Führen der Berufsbezeichnung *Pflegefachfrau* bzw. *Pflegefachmann* erfüllt, was wiederum eine Grundbedingung für den Zugang zum Pflegeberuf und damit letztendlich dafür darstellt, in einem Krankenhaus oder einer Pflegeeinrichtung berufsmäßig in der Versorgung und Unterstützung von Menschen mit Pflegebedarf tätig werden zu können. Zuständig für die Erlaubniserteilung sind die nach Landesrecht entsprechend ermächtigten Behörden, die zudem befugt sind, die Erlaubnis unter bestimmten Voraussetzungen zurückzunehmen, zu widerrufen oder ruhen zu lassen. Mit dem Berufszugang verbunden sind sodann bestimmte berufsspezifische Rechte, wie etwa das Recht, der Pflege vorbehaltene Tätigkeiten ausüben zu dürfen, oder die Pflicht, Mitglied einer berufsständischen Kammer zu werden. Die Erlaubnis zum Führen der Berufsbezeichnung ist dabei ebenso im *Pflegeberufegesetz* (PflBG) geregelt, wie die sog. Vorbehaltsaufgaben; das Recht der Pflegekammern unterliegt der Gesetzgebungskompetenz der einzelnen Bundesländer.

PflBG

2.2.1 Führen der Berufsbezeichnung

„Wer die Berufsbezeichnung ‚Pflegefachfrau' oder ‚Pflegefachmann' führen will, bedarf der Erlaubnis" (§ 1 Satz 1 PflBG) (alternativ kann nach § 64a PflBG auch die geschlechtsneutrale Berufsbezeichnung *Pflegefachperson* gewählt werden); die hierfür zu erfüllenden Voraussetzungen ergeben sich aus § 2 PflBG. So setzt die **Erlaubnis zum Führen der Berufsbezeichnung** zunächst voraus, dass die sie beantragende Person die vorgeschriebene **Ausbildung** absolviert und die **staatliche Abschlussprüfung** bestanden hat (§ 2 Nr. 1 PflBG) (Kap. 2.1).

Eine weitere Voraussetzung ist, dass der Antragsteller „sich nicht eines Verhaltens schuldig gemacht hat, aus dem sich die Unzuverlässigkeit zur Ausübung des Berufs ergibt" (§ 2 Nr. 2 PflBG). Diese Maßgabe der **Zuverlässigkeit** hat vor allem präventiven Charakter und dient der Abwehr von Gefahren für die zu versorgenden Patienten und Pflegebedürftigen.

> „Die Reinhaltung des Berufsstandes ist nicht nur bei den Ärzten, sondern auch beim Pflegepersonal besonders wichtig, weil Kranke wegen ihrer Schmerzen und Gebrechen und der damit nicht selten verbundenen Hilflosigkeit ihr ganzes Vertrauen nicht nur in den Arzt, sondern auch in das Pflegepersonal setzen und deshalb in diesem Vertrauen vor einem Missbrauch durch unzuverlässige Pflegekräfte geschützt werden müssen." (Bay VGH vom 25.09.1996 [Az. 7 B 95.2642])

Das Merkmal der Zuverlässigkeit bzw. Unzuverlässigkeit zur Berufsausübung ist dabei rechtlich unbestimmt, sodass hier jeweils auf die Umstände des Einzelfalls und auf die Spezifika des Pflegeberufs abzustellen ist (Kreutz, in: Kreutz/Opolony 2019, § 2 Rdnr. 6). Bei der Beurteilung kommt es zudem darauf an, ob das deviante bzw. delinquente Verhalten auch künftig zu erwarten ist oder prognostisch mit einer Besserung gerechnet werden kann (Weiß et al. 2018 sowie Dielmann 2022, § 2 PflBG Rdnr. 7 ff.).

Eine ausreichende Sicherheit für eine ordnungsgemäße Berufsausübung ist regelmäßig *nicht* gegeben, wenn belegbare Tatsachen die Annahme rechtfertigen, dass der Betreffende die berufsspezifischen Vorschriften und Pflichten einer Pflegefachkraft nicht ausreichend beachten bzw. erfüllen wird (Igl 2021, § 2 PflBG Rdnr. 14).

Recherchieren Sie in Kommentaren zum *Pflegeberufegesetz*, welche Aspekte eine Unzuverlässigkeit zur Berufsausübung nach § 2 Nr. 2 PflBG und damit das Versagen der Erlaubnis zum Führen der Berufsbezeichnung *Pflegefachfrau* bzw. *Pflegefachmann* begründen können.

Zudem dürfen Personen, die eine Berufsbezeichnung nach dem *Pflegeberufegesetz* führen möchten, „nicht in gesundheitlicher Hinsicht zur Ausübung des Berufs ungeeignet" sein (§ 2 Nr. 3

PflBG). Ob sie diese **gesundheitliche Eignung** aufweisen, ist in jedem Einzelfall zu prüfen. Auf die Art einer eventuell bestehenden (psychischen oder physischen) Beeinträchtigung kommt es dabei nicht an; entscheidend ist vielmehr, dass sie im Zweifel die Ausübung des Pflegeberufs weitgehend oder sogar ganz ausschließt. Eine eventuell bestehende gesundheitliche Ungeeignetheit ist dabei ausschließlich an den Anforderungen des Pflegeberufes (i.S.d. nach § 5 Abs. 3 PflBG auszuführenden Aufgaben) zu bemessen. Erkrankungen bzw. Behinderungen, die eine Person nur an der Vornahme einzelner, bestimmter Tätigkeiten des Aufgabenspektrums in der Pflege hindern, sie aber nicht schlechthin für eine Tätigkeit in der Pflege ungeeignet werden lassen, stehen der gesundheitlichen Eignung damit grundsätzlich nicht entgegen (Weiß et al. 2018, 121).

Recherchieren Sie in Kommentaren zum *Pflegeberufegesetz*, welche Krankheitsbilder eine gesundheitliche Eignung zur Berufsausübung nach § 2 Nr. 3 PflBG ausschließen und damit das Versagen der Erlaubnis zum Führen der Berufsbezeichnung *Pflegefachfrau* bzw. *Pflegefachmann* begründen können.

Schließlich muss die Person über die zur Berufsausübung erforderlichen **Kenntnisse der deutschen Sprache** verfügen (§ 2 Nr. 4 PflBG), da es gerade im Pflegebereich unabdingbar ist, „dass sich das Pflegepersonal mit den zu betreuenden Personen, mit deren Angehörigen, im Kollegenkreis und auch mit anderen in den Pflegeprozess eingebundenen Berufsgruppen verständigen kann. Missverständnisse, die durch unzureichende Kenntnisse der deutschen Sprache entstehen, können fatale Folgen nach sich ziehen" (BT-Drucks. 18/1723, 64). Die geforderten Sprachkenntnisse sollten sich grundsätzlich am Sprachniveau B2 des sog. *Gemeinsamen Europäischen Referenzrahmens für Sprache* (GER) orientieren (BT-Drucks. 18/7823, 65):

> „Kann die Hauptinhalte komplexer Texte zu konkreten und abstrakten Themen verstehen; versteht im eigenen Spezialgebiet auch Fachdiskussionen. Kann sich so spontan und fließend verständigen, dass ein normales Gespräch mit Muttersprachlern ohne größere Anstrengung

auf beiden Seiten gut möglich ist. Kann sich zu einem breiten Themenspektrum klar und detailliert ausdrücken, einen Standpunkt zu einer aktuellen Frage erläutern und die Vor- und Nachteile verschiedener Möglichkeiten angeben." (Sprachniveau B2 des GER)

Das Vorliegen der genannten Voraussetzungen ist von der Person, die die Erlaubnis zum Führen der Berufsbezeichnung beantragt, zu belegen. Zum Nachweis des Kriteriums der Zuverlässigkeit zur Ausübung des Pflegeberufs ist die zuständige Landesbehörde daher regelmäßig berechtigt, sich vom Antragsteller ein Führungszeugnis vorlegen zu lassen. Ähnliches gilt bei der Voraussetzung der gesundheitlichen Eignung für die Berufsausübung; hier ist es der Behörde gestattet, sich die Berufseignung durch eine ärztliche Bescheinigung belegen zu lassen. Die geforderten Sprachkenntnisse können beispielsweise durch ein entsprechendes Sprachzertifikat nachgewiesen werden.

Wird die Erlaubnis zum Führen der Berufsbezeichnung erteilt, wird hierüber von der zuständigen Behörde eine entsprechende Urkunde ausgestellt (§ 1 Abs. 2 PflBG und § 42 PflAPrV). Diese enthält vor allem die Berufsbezeichnung, die geführt werden darf (*Pflegefachfrau* bzw. *Pflegefachmann*, bei einer klientenspezifischen Ausbildung *Altenpfleger[in] bzw. Gesundheits- und Kinderkrankenpfleger[in]* [Kap. 2.1.1] [nach § 64a PflBG mit der Endung *-person* auch in einer jeweils geschlechtsneutralen Bezeichnung]), bei Absolventinnen und Absolventen der hochschulischen Ausbildung zur *Pflegefachfrau* bzw. zum *Pflegefachmann* (oder zur *Pflegefachperson*) darüber hinaus den erworbenen akademischen Grad.

Der Schutz des Wohls und der Sicherheit der Patienten und Pflegebedürftigen gebietet es, die **Bestandskraft der Erlaubniserteilung** bei Bedarf zu überprüfen und gegebenenfalls zu revidieren, wenn Anhaltspunkte dafür bestehen, dass eine Pflegekraft eine Berufsbezeichnung nach dem *Pflegeberufegesetz* zu Unrecht führt. Das Gesetz unterscheidet insofern die Rücknahme der Erlaubnis zum Führen einer solchen Berufsbezeichnung von deren Widerruf (Tab. 3); hinzu kommt die Möglichkeit eines Ruhenstellens der Erlaubniserteilung.

Tab. 3: Verlust der Erlaubnis zum Führen der Berufsbezeichnung

Rücknahme der Erlaubnis beim Fehlen einer der Voraussetzungen ex ante (§ 3 Abs. 1 PflBG)	**Voraussetzungen für die Erlaubniserteilung (§ 2 PflBG)**	**Widerruf der Erlaubnis beim Wegfall einer der Voraussetzungen ex post (§ 3 Abs. 2 PflBG)**
„muss" (Pflicht der Behörde)	Ausbildung und Prüfung	[Regelung nicht erforderlich]
„muss" (Pflicht der Behörde)	Zuverlässigkeit	„muss" (Pflicht der Behörde)
„kann" (Ermessen der Behörde)	gesundheitliche Eignung	„kann" (Ermessen der Behörde)
„kann" (Ermessen der Behörde)	ausreichende Deutschkenntnisse	[Regelung nicht erforderlich]

Eine **Rücknahme einer bereits erteilten Erlaubnis** zum Führen der Berufsbezeichnung *muss* gemäß § 3 Abs. 1 Satz 1 PflBG erfolgen, wenn die entsprechende Person zum Zeitpunkt der Erlaubniserteilung keine bzw. eine nur defizitäre Ausbildung genossen resp. die staatliche Prüfung nicht bestanden hat oder sie für den Beruf der Pflegefachkraft bereits im Vorhinein ungeeignet war. Die Rücknahme erfolgt dabei verschuldensunabhängig und *ex tunc*, also mit Wirkung für die Vergangenheit (Kreutz, in: Kreutz/Opolony 2019, § 3 Rdnr. 2 und 4). Demgegenüber *kann* die Erlaubniserteilung nach § 3 Abs. 1 Satz 2 PflBG zurückgenommen werden, wenn die zuständige Behörde zu ihrem Zeitpunkt ursprünglich irrtümlich davon ausgegangen ist, dass die gesundheitliche Eignung zur Berufsausübung und/oder die erforderlichen Kenntnisse der deutschen Sprache vorgelegen haben, und sie erst später erkennt, dass dies nicht der Fall gewesen ist. Der Behörde wird also ausdrücklich ein Ermessensspielraum eingeräumt, so dass diese Form der Erlaubnisrücknahme – anders als die nach § 3 Abs. 1 Satz 1 PflBG – nicht zwingend ist. Sie kann beispielsweise dadurch verhindert werden, dass eine ursprüngliche gesundheitliche Beeinträchtigung durch therapeutische Maßnahmen beseitigt wird oder die erforderlichen Sprachkenntnisse nachträglich erworben werden.

Während die Rücknahme der Erlaubnis zum Führen der Berufsbezeichnung an Tatsachen anknüpft, die der Erlaubniserteilung bereits ursprünglich entgegenstanden, aber erst nach deren Erteilung festgestellt werden, erfolgt ein **Widerruf der Erlaubnis** in den Fällen, in denen erst nach der Erlaubniserteilung Umstände eintreten und bemerkt werden, die einen Widerruf rechtfertigen. Dementsprechend wirkt der Erlaubniswiderruf – anders als die Erlaubnisrücknahme – nicht rückwirkend (*ex tunc*), sondern für die Zukunft (*ex nunc*) (Kreutz, in: Kreutz/Opolony 2019, § 3 Rdnr. 7). § 3 Abs. 2 PflBG regelt dabei den Widerruf bei Unzuverlässigkeit und einem Fehlen der gesundheitlichen Eignung für den Pflegeberuf. Danach *muss* die Erlaubnis zum Führen der Berufsbezeichnung zurückgenommen werden, wenn nachträglich bekannt wird, dass die Zuverlässigkeit zur Berufsausübung nicht (mehr) gegeben ist (§ 3 Abs. 2 Satz 1 PflBG). Erforderlich ist dabei der Nachweis eines Verhaltens, „das nach Art, Schwere und Zahl von Verstößen gegen Berufspflichten die zu begründende Prognose rechtfertigt, der Betroffene biete aufgrund der begangenen Verfehlungen nicht die Gewähr, in Zukunft die berufsspezifischen Vorschriften und Pflichten zu beachten" (OVG Lüneburg vom 23.12.2004 [Az. 8 ME 169/04]). Ist die gesundheitliche Eignung für den Pflegeberuf nachträglich weggefallen, *kann* die Erlaubnis zum Führen der Berufsbezeichnung widerrufen werden (§ 3 Abs. 2 Satz 2 PflBG); es handelt sich hier also um eine Ermessensentscheidung, bei der die zuständige Behörde insbesondere den Grundsatz der Verhältnismäßigkeit zu beachten hat (Kreutz, in: Kreutz/Opolony 2019, § 3 Rdnr. 8). Entscheidendes Kriterium ist dabei der Gesundheitsschutz der Patienten und Pflegebedürftigen nach Art. 2 Abs. 2 Satz 1 GG (Kap. 3.1.1), der insofern gegen das Recht auf Berufs(ausübungs)freiheit der Pflegefachkraft nach Art. 12 GG abgewogen werden muss.

§ 3 Abs. 3 Satz 1 PflBG bestimmt schließlich, dass die zuständige Behörde ein **Ruhen der Erlaubnis** zum Führen der Berufsbezeichnung anordnen kann, wenn gegen die betreffende Person wegen des Verdachts einer Straftat, aus der sich die Unzuverlässigkeit zur Berufsausübung in der Pflege ergeben würde, ein Strafverfahren eingeleitet worden ist. Die Entscheidung, die entsprechende Erlaubnis (vorerst) ruhen zu lassen, steht dabei im Ermessen der Behörde, die auch hier wieder zwischen dem Gut des Schutzes der Patienten bzw. Pflegebedürftigen und der Berufs(ausübungs)-freiheit der betroffenen Pflegekraft abwägen muss (BT-Drucks. 18/7823, 66). Die Anordnung des Ruhens ist nach § 3 Abs. 3 Satz 2

PflBG von Amts wegen aufzuheben, wenn ihre Voraussetzungen nicht mehr vorliegen, also vor allem dann, wenn das Strafverfahren eingestellt worden ist oder mit einem Freispruch endete (Kreutz, in: Kreutz/Opolony 2019, § 3 Rdnr. 10).

2.2.2 Vorbehaltsaufgaben in der Pflege

Während in den früheren Berufsgesetzen der Pflege lediglich die jeweiligen Berufsbezeichnungen geschützt wurden, legt das *Pflegeberufegesetz* mit seinem § 4 erstmals sog. **vorbehaltene Tätigkeiten** als besonderen Verantwortungs- und Aufgabenbereich examinierter Pflegefachkräfte fest, die außer von Pflegefachkräften von keiner anderen Berufsgruppe ausgeübt werden dürfen (Klie/Krautz 2021, 419 f.).

> „Die Regelung bedeutet eine merkliche Aufwertung des Pflegeberufs und setzt ein deutliches Zeichen, dass die charakteristischen Kernaufgaben der beruflichen Pflege durch zielgerichtet ausgebildetes Personal mit den erforderlichen Kompetenzen wahrgenommen werden müssen." (BT-Drucks. 18/7823, 66)

Mit den juristischen Aspekten der Vorbehaltsaufgaben in der Pflege befassen sich vor allem Klie (2023), Klie und Krautz (2021), Opolony (2020) sowie Büscher et al. (2020). Zudem existiert seit 2021 der interdisziplinäre Arbeitskreis *Think Tank Vorbehaltsaufgaben*, der sich regelmäßig trifft und über grundlegende Fragen der Bedeutung sowie Umsetzung der pflegerischen Vorbehaltsaufgaben austauscht und Beiträge zum Diskurs beisteuert (www.vorbehaltsaufgaben-pflege.de/think-tank).

Entsprechende Vorbehaltsaufgaben dürfen nach § 4 Abs. 1 PflBG nur von Personen mit einer Erlaubnis nach § 1 Abs. 1 PflBG (Kap. 2.2.2), also grundsätzlich nur von examinierten Pflegefachkräften durchgeführt werden. Der Vorbehalt besteht dabei ausweislich des Wortlauts der Vorschrift nur bei **beruflicher Durchführung** der Aufgaben. Nicht erfasst werden damit also Tätigkeiten, die etwa von pflegenden Angehörigen i. S. d. § 19 SGB XI erbracht werden (Opolony 2020, 491 f.), wohl aber Tätigkeiten, die im beruflichen Kontext von Angehörigen anderer Gesundheitsberufe (wie etwa von Ärztinnen und Ärzten oder von Pflegeassistentinnen und -assistenten) durchgeführt werden sollen (Haage 2019, § 4 PflBG Rdnr 1).

Näher bestimmt werden die Vorbehaltsaufgaben in § 4 Abs. 2 PflBG, der sich im Wesentlichen an das **Pflegeprozessmodell der WHO** mit den vier Schritten des Pflegeassessments, der Pflegeplanung, der pflegerischen Intervention und der Evaluation der Pflegemaßnahme anlehnt (Kostorz 2023b, 227). Danach umfassen die vorbehaltenen Tätigkeiten

1. die Erhebung und Feststellung des individuellen Pflegebedarfs (einschließlich der Planung der Pflege),
2. die Organisation, Gestaltung und Steuerung des Pflegeprozesses sowie
3. die Analyse, Evaluation, Sicherung und Entwicklung der Qualität der Pflege.

Ausgenommen aus dem Katalog der Vorbehaltsaufgaben ist damit lediglich die Durchführung pflegerischer Interventionen als eigenständiger Phase des Modells der WHO (nebst deren Dokumentation), auch wenn es sich hierbei um den Kern der Berufstätigkeit von examinierten Pflegefachkräften handelt. Hintergrund ist, dass diese Maßnahmen (insbesondere in stabilen Pflegesituationen) durchaus auch von (i.d.R. einjährig qualifizierten) Pflegeassistentinnen und -assistenten übernommen werden können, so dass sie nicht den mindestens dreijährig ausgebildeten Pflegefachkräften vorbehalten sein müssen (Klie/Krautz 2021, 420).

Zu den Vorbehaltsaufgaben im Einzelnen: Gemäß § 4 Abs. 2 Nr. 1 PflBG gehört zu ihnen zunächst die **Erhebung und Feststellung des individuellen Pflegebedarfs** (Pflegeassessment).

> Aus pflegewissenschaftlicher Sicht meint Pflegebedarf dabei „die Gesamtheit der pflegerischen Interventionen […], die als geeignet und erforderlich gelten, um pflegerisch relevante Problemlagen zu bewältigen" (Wingenfeld 2014, 263).

Nach dem ausdrücklichen Wortlaut der Vorschrift geht es dabei zunächst ausschließlich um dessen Erhebung und Feststellung, wobei hierunter indes nicht die Feststellung der Pflegebedürftigkeit nach §§ 14 und 15 sowie 18 SGB XI fällt. Zwar wird im Rahmen des pflegeversicherungsrechtlichen Begutachtungsassessments (Kap. 3.3.1.1.1) auch der individuelle Pflegebedarf des Versicherten festgestellt, doch dient dies als rein verwaltungsrechtlicher Verfahrensschritt vornehmlich der Klärung und Bestimmung sozial- bzw. pflegeversicherungsrechtlicher Leistungsansprüche, so dass Pflegebedürftigkeit im Sinne des Pflegeversicherungsrechts auch durch Personen beurteilt werden kann, die keine Erlaubnis zum Führen der Berufsbezeichnung *Pflegefachfrau* bzw. *Pflegefachmann* haben (Igl 2021, § 4 PflBG Rdnr. 27 sowie Opolony 2020, 492).

Darüber hinaus umfasst die Vorbehaltsaufgabe nach § 4 Abs. 2 Nr. 1 PflBG auch die **Pflegeplanung**. Zwar wird sie in dieser Vorschrift nicht explizit genannt (hier ist nur von der „Erhebung und Feststellung des individuellen Pflegebedarfs" die Rede), doch setzt § 5 Abs. 3 Nr. 1 lit. a PflBG, auf den sich § 4 Abs. 2 Nr. 1 PflBG unmittelbar bezieht, dieses Pflegeassessment mit der „Planung der Pflege" in Beziehung. Dass die Formulierungen in den beiden Vorschriften nicht deckungsgleich sind, hängt vermutlich mit einem Versehen des Gesetzgebers zusammen, der bei den Vorbehaltsaufgaben dem Grunde nach den gesamten Pflegeprozess (einschließlich der Planung der Pflege) in den Blick nehmen wollte (Igl 2021, § 4 PflBG Rdnr. 45 sowie Opolony 2020, 492).

> „Eine systematische Auslegung des § 4 Abs. 2 PflBG im Kontext des WHO-Konzepts des Pflegeprozesses lässt es nicht zu, den Schritt der Pflegeplanung aus den Vorbehaltsaufgaben der Pflege herauszunehmen […]. Insofern ist der Schritt Planung integraler und unverzichtbarer Bestandteil des Pflegeprozesses und, im Rahmen der nach § 4 Abs. 2 Nr. 2 PflBG unter Vorbehalt stehenden Gesamtverantwortung für den Pflegeprozess, in die Vorbehaltsaufgaben zu inkludieren […]."
> (Klie/Krautz 2021, 420)

Die **Organisation, Gestaltung und Steuerung des Pflegeprozesses** wird in § 4 Abs. 2 PflBG als zweite Vorbehaltsaufgabe benannt. Bei dieser übergeordneten pflegerischen Aufgabe geht es um den Pflegeprozess als Ganzes und nicht etwa um dessen einzelne Schritte, weshalb sie auch nicht idealtypisch dem WHO-Modell zugeordnet werden kann (Dielmann 2022, § 4 PflBG Rdnr. 14).

„Die Gesamtverantwortung für den Pflegeprozess umfasst alle Maßnahmen, die auf dessen inhaltliche Ausgestaltung und die Bereitstellung der hierfür erforderlichen Ressourcen ausgerichtet sind“ (Opolony 2020, 492).

Hierzu gehört etwa „die Organisation des Personaleinsatzes und die Festlegung der Zuständigkeiten für die jeweiligen pflegerischen Maßnahmen“ (Igl 2021, § 5 PflBG Rdnr. 36). Dies hat auch Auswirkungen auf innerbetriebliche Weisungsstrukturen. So muss der Arbeitgeber, dem grundsätzlich das Weisungsrecht nach § 106 GewO und § 611a Abs. 1 BGB obliegt (Kap. 2.3.2.1), Organisationsstrukturen schaffen, in denen sichergestellt ist, dass tatsächlich Pflegefachpersonen die individuellen Pflegeprozesse organisieren und steuern (Opolony 2020, 493). Nur sie dürfen beispielsweise pflegerische Tätigkeiten anordnen bzw. deren Durchführung an Dritte, wie etwa Pflegeassistentinnen und Pflegeassistenten, delegieren; in letzter Konsequenz bedeutet das auch, dass selbst ein Arzt bzw. eine Ärztin entsprechende Anweisungen nicht mehr erteilen darf (Igl 2021, § 4 PflBG Rdnr. 46).

Als dritte Vorbehaltsaufgabe benennt § 4 Abs. 2 Nr. 3 PflBG die **Analyse, Evaluation, Sicherung und Entwicklung der Qualität der Pflege**. Es handelt sich hierbei nach dem Pflegeassessment, der Pflegeplanung und den pflegerischen Interventionen um die vierte Phase des Pflegeprozessmodells der WHO. Dabei sind auch die hier bezeichneten Aufgaben „streng patientenbezogen zu verstehen“ (Igl 2021, § 4 PflBG Rdnr. 47). Aus diesem Grund beziehen sich die genannten Arbeitsschritte ausschließlich auf einzelne pflegerische Interventionen an individuellen Patienten bzw. Pflegebedürftigen; ausdrücklich nicht erfasst wird von der Vorschrift das allgemeine pflegebezogene Qualitätsmanagement etwa nach dem SGB XI oder dem SGB V, weshalb dieses Qualitätsmanagement auch weiterhin von Personen übernommen werden kann, die keine Pflegefachkräfte sind (Opolony 2020, 493; hierzu kritisch bzw. a.A. Dielmann 2022, § 4 PflBG Rdnr. 16).

Für die **klientenspezifischen Berufsabschlüsse** in der Gesundheits- und Kinderkrankenpflege sowie in der Altenpflege ordnet § 58 Abs. 3 PflBG eine *entsprechende Anwendung* des § 4 PflBG an. Unklar ist, ob *Gesundheits- und Kinderkrankenpfleger(innen)* bzw. *Altenpfleger(innen)* die Vorbehaltstätigkeiten damit in allen

Versorgungsbereichen für zu pflegende Menschen aller Altersgruppen ausüben dürfen oder nur im engeren Bereich der Gesundheits- und Kinderkrankenpflege bzw. der Altenpflege (Kreutz, in: Kreutz/Opolony 2019, § 58 Rdnr. 5 sowie Klie/Krautz 2021, 424). Vor dem Hintergrund der Intention des Gesetzgebers, mit den klientenspezifischen Abschlüssen mehr oder minder eigenständige Berufsbilder zu schaffen bzw. zu erhalten, und aufgrund der Tatsache, dass sich auch die durch die staatliche Prüfung festgestellten Kompetenzen auf diese besonderen Personengruppen beziehen, ist diesbezüglich im Ergebnis davon auszugehen, dass die klientenspezifischen Abschlüsse nur zur Ausübung der Vorbehaltsaufgaben hinsichtlich der jeweiligen Personengruppen befähigen. Hier besteht also nur eine klientenspezifisch beschränkte Befugnis zur Übernahme vorbehaltener Tätigkeiten (Kostorz 2023a, 230 m.W.n.).

2.2.3 Pflegekammern und Berufsordnungen

Während das Recht der Berufs*zulassung* mit dem *Pflegeberufegesetz* auf Bundesebene geregelt ist, fällt das Recht der Berufs*ausübung* in der Pflege in die Zuständigkeit der einzelnen Bundesländer, die es entweder unmittelbar durch eigene Landesvorschriften unter der direkten Aufsicht staatlicher Behörden regeln oder dessen Ausgestaltung dem Berufsstand der Pflege selbst überlassen können. Letzteres geschieht vor allem durch **Pflegekammern**, die auf Landesebene als Körperschaften des öffentlichen Rechts und damit als Institutionen der mittelbaren Staatsverwaltung errichtet werden können und dann das **Berufsausübungsrecht** in der Pflege als eigene Angelegenheiten in Form der berufsständischen Selbstverwaltung ausgestalten dürfen (Müller/Schabbeck 2018, 383 ff.). Dabei obliegt es auch der Entscheidung des Landesgesetzgebers, welche konkreten Aufgaben der Pflegekammer zugewiesen werden; in Betracht kommt insofern eine Zuständigkeit für die Abnahme der staatlichen Prüfung, die Erteilung bzw. den Entzug der Berufszulassung, die Fort- und Weiterbildung sowie die Überwachung der Berufsausübung, wie etwa der Einhaltung berufsspezifischer Pflichten (Siefarth 2023, 132). Exemplarisch kann auf § 6 Abs. 1 HeilBerG NRW verwiesen werden, der (neben anderen) folgende Aufgaben der Pflegekammer auflistet:

- Wahrnehmung der durch das *Pflegeberufegesetz* zugewiesenen Aufgaben im Bereich der Berufsbildung
- Erhaltung eines hochstehenden Berufsstandes und Überwachung der Berufspflichten der Kammerangehörigen sowie Beseitigung berufsrechtswidriger Zustände
- Wahrnehmung der beruflichen Belange der Kammerangehörigen
- Errichtung von Stellen zur Begutachtung von Pflegefehlern
- Schlichtung von Streitigkeiten zwischen Kammerangehörigen und externen Dritten
- Förderung der beruflichen Fortbildung der Kammerangehörigen
- Förderung der Qualitätssicherung in der Pflege
- Abgabe berufsbezogener Stellungnahmen und Fachgutachten sowie Benennung von Sachverständigen auf Verlangen der Aufsichtsbehörde
- Information der Kammerangehörigen und der Öffentlichkeit über die Tätigkeit der Pflegekammer und andere berufsbezogene Themen

Um diese oder ähnliche Aufgaben wahrnehmen zu können, gehören einer Pflegekammer grundsätzlich alle Pflegefachpersonen an, die in dem jeweiligen Land ihren Beruf ausüben oder dort ihren gewöhnlichen Aufenthalt haben (**Pflichtmitgliedschaft**) (exemplarisch § 2 Abs. 1 i.V.m. § 1 Satz 1 HeilBerG NRW); zudem unterliegen die Kammermitglieder einer **Beitragspflicht** (exemplarisch § 6 Abs. 4 HeilBerG NRW). Das Nähere hierzu haben die Kammern in ihren autonom zu verabschiedenden **Satzungen** zu regeln.

1. Informieren Sie sich, ob in Ihrem Bundesland (bereits) eine Pflegekammer besteht bzw. bestanden hat oder ob deren Errichtung gegebenenfalls geplant ist.
2. Recherchieren Sie die konkreten Aufgaben Ihrer Pflegekammer, sofern sie in Ihrem Bundesland (bereits) errichtet worden ist. Schauen Sie sich alternativ die Aufgaben einer Pflegekammer in einem anderen Bundesland an.
3. Die Errichtung von Pflegekammern ist berufspolitisch umstritten. Welche Argumente sprechen für, welche gegen die Errichtung einer solchen berufsständischen Kammer? Nutzen Sie zur Beantwortung der Frage die in den gängigen Fachzeitschriften erschienenen einschlägigen Aufsätze.

Darüber hinaus gelten in einigen Bundesländern pflegespezifische **Berufsordnungen**, die entweder vom jeweiligen Landesgesetz- bzw. -verordnungsgeber oder von der Pflegekammer verabschiedet worden sind. In ihnen werden regelmäßig die Aufgaben, die Pflichten sowie das angemessene Verhalten von Pflegefachkräften beschrieben und Sanktionen benannt, die bei Verstößen gegen Berufspflichten in der Pflege verhängt werden können (Weiß 2020, 26). Angelehnt sind diese Berufsordnungen zumeist an die *Rahmenberufsordnung für professionell Pflegende* des *Deutschen Pflegerates*, die zunächst das ihr zugrundeliegende Pflegeverständnis formuliert (Präambel) und dann ihren personellen Geltungsbereich (§ 1), die Aufgaben von Pflegefachkräften (§ 2 Punkt III) sowie deren Berufspflichten (§ 2 Punkt I und II sowie § 3) beschreibt. Zu letzteren gehören unter anderem:

- Schweigepflicht
- Aufklärungspflicht bei geplanten Pflegemaßnahmen
- Pflicht zur Beratung von Patienten und Pflegebedürftigen über gesundheitsfördernde und gesundheitserhaltende Maßnahmen, Methoden und Verhaltensweisen
- Dokumentationspflicht
- Pflicht zur Berufshaftpflichtversicherung
- Pflicht zur Berufsausübung entsprechend dem allgemein anerkannten Stand pflegewissenschaftlicher, medizinischer und weiterer bezugswissenschaftlicher Erkenntnisse
- Pflicht zur Information über die für die Berufsausübung geltenden Vorschriften und die Pflicht zu deren Beachtung

Die **Aufsicht** über die Einhaltung der berufsrechtlichen Vorschriften liegt bei der jeweils zuständigen Landesbehörde, die im Falle eines groben Verstoßes gegen die Berufspflichten auch die Erlaubnis zum Führen der Berufsbezeichnung *Pflegefachfrau* bzw. *Pflegefachmann* entziehen kann (Kap. 2.2.1).

1. Informieren Sie sich, ob in Ihrem Bundesland (bereits) eine Berufsordnung besteht oder ob deren Verabschiedung gegebenenfalls geplant ist.
2. Recherchieren Sie die konkreten Aufgaben und Berufspflichten, die Ihnen Ihre gegebenenfalls bestehende Berufsordnung zuweist. Welche Regelungen enthält sie für den Fall eines Verstoßes gegen die aufgestellten Verhaltensregeln? Sollte in Ihrem Bundesland keine Berufsordnung bestehen, schauen Sie hilfsweise in die Berufsordnung eines anderen Landes.

2.3 Arbeitsrecht

Von wenigen Ausnahmen abgesehen üben Pflegefachkräfte ihre Berufstätigkeit als abhängig beschäftigte Arbeitnehmerinnen und Arbeitnehmer aus. Das Arbeitsrecht dient dabei in erster Linie dem Schutz dieses Personenkreises: Obwohl *Pflegefachmänner* und *Pflegefachfrauen* aufgrund des Fachkräftemangels in der Pflege eine verhältnismäßig starke Position auf dem Arbeitsmarkt für Gesundheitsberufe haben, sollen sie vor einer Übervorteilung und einer Überbeanspruchung durch die Arbeitgeberseite bewahrt werden. Typisch für eine abhängige, also fremdbestimmte Beschäftigung in einem Arbeitsverhältnis sind dabei eine Tätigkeit nach Weisungen des Dienstherrn und eine Eingliederung in die Arbeitsorganisation dieses Weisungsgebers (§ 611a Abs. 1 BGB und § 7 Abs. 1 SGB IV); demzufolge fallen Selbständige und freie Mitarbeiter grundsätzlich nicht unter den Schutz des Arbeitsrechts. Insgesamt ist das Arbeitsrecht auf eine Vielzahl von Rechtsquellen verteilt, so dass es sich keinem (einheitlichen bzw. zusammenfassenden) Arbeitsgesetz zuordnen lässt (maßgebliche Vorschriften zum Arbeitsrecht finden sich indes vor allem im *Bürgerlichen Gesetzbuch* [BGB]).

BGB

Eine systematische Einführung in das Arbeitsrecht speziell für die Pflegebranche bieten Großkopf und Schanz (2021) sowie Siefarth (2020); ältere, aber immer noch lesenswerte Fachbücher zum Arbeitsrecht in der Pflege wurden von Bachstein (2007) und Weber (2007) verfasst.

2.3.1 Zustandekommen des Arbeitsverhältnisses

Üblicherweise kommt das Arbeitsverhältnis zustande, nachdem sich eine Pflegekraft auf eine ausgeschriebene Stelle (i.d.R. schriftlich) beworben hat, sie daraufhin zu einem Vorstellungsgespräch eingeladen und ihr – bei einem positiven Verlauf des Gesprächs – alsdann der Abschluss eines Arbeitsvertrages angetragen worden ist, mit dem sie sich schließlich mittels Abgabe einer entsprechenden Willenserklärung für einverstanden erklärt.

Von besonderer Bedeutung ist insofern zunächst das **Bewerbungsgespräch** zwischen der stellensuchenden Pflegekraft und dem potentiellen neuen Arbeitgeber. Juristisch betrachtet handelt es sich bei der Einladung zu einem solchen Gespräch um einen Auftrag des Arbeitgebers an die Bewerberin bzw. den Bewerber, sich bei ihm persönlich vorzustellen (Auftrag i.S.d. § 662 BGB). Nach § 670 BGB hat der Arbeitgeber als Auftraggeber daher die im Rahmen des Vorstellungsgesprächs anfallenden **Kosten** zu tragen, wie etwa die Kosten der Anreise oder einer eventuell erforderlichen Übernachtung. Dabei ist zum einen zu beachten, dass der Arbeitgeber seine Kostenerstattungspflicht durch eine entsprechende (wichtig: vorherige) Erklärung ausschließen kann; zum anderen kann der Bewerber als Auftragnehmer nur Kosten in Rechnung stellen, die er den Umständen nach tatsächlich für erforderlich halten durfte.

Bei der Bewerbung um eine Stelle als Pflegefachkraft gilt normalerweise die Anreise in der 2. Klasse eines öffentlichen Verkehrsmittels bzw. eine Wegstreckenentschädigung nach steuerrechtlichen Vorschriften resp. den Maßgaben des jeweiligen Landesreisekostengesetzes als angemessen. Unterkunftskosten erfüllen dieses Kriterium nur, wenn eine An- und Abreise am gleichen Tag nicht zugemutet werden kann und wenn die Übernachtung bestenfalls in einem Mittelklassehotel erfolgt.

Bei einer Einladung zum Vorstellungsgespräch sollte der Arbeitgeber bereits mit dem Einladungsschreiben klarstellen, ob und gegebenenfalls welche Reisekosten er genau übernimmt. Der Bewerber um die freie Stelle ist gehalten, keine unverhältnismäßig hohen Kosten zu verursachen; sicherheitshalber sollte er im Vorfeld erfragen, welche Kosten im Endeffekt übernommen werden können.

Im Vorstellungsgespräch selbst ist der **Gesprächsverlauf** häufig von einer gewissen Diskrepanz zwischen den Interessen des Bewerbers und denen des Arbeitgebers geprägt: Während der Arbeitgeber möglichst viele Informationen von seinem potentiellen neuen Arbeitnehmer erhalten möchte, ist dieser vielmehr bestrebt, nicht unbedingt seine ganze Persönlichkeit, seine kompletten Lebensverhältnisse und seine vollständige Biografie in allen Details darlegen zu müssen. Die Rechtsprechung löst dieses Problem dahingehend, dass im Vorstellungsgespräch Fragen der Arbeitgeberseite nur dann zulässig sein sollen, wenn diese an deren wahrheitsgemäßen Beantwortung ein berechtigtes, billigenswertes und schutzwürdiges Interesse hat und die Beantwortung der Frage für den angestrebten Arbeitsplatz bzw. die zu verrichtende Tätigkeit von gewisser Bedeutung ist (BAG vom 07.06.1984 [Az. 2 AZR 270/83]).

Im Zusammenhang mit der Gesprächsführung im Vorstellungsgespräch stellt sich regelmäßig die Frage nach der Zulässigkeit von Fragen zu folgenden Aspekten:

- Schwangerschaft und Kinderwunsch
- Religions- bzw. Partei- oder Gewerkschaftszugehörigkeit
- Vorstrafen
- Vermögensverhältnisse bzw. Schulden
- Krankheiten bzw. gesundheitliche Einschränkungen
- Partnerschaft und Familienverhältnisse
- Ausbildung und berufliche Qualifikationen
- (Schwer)Behinderung

Bitte schätzen Sie zunächst ein, welche entsprechenden Fragen nach dem genannten Urteil des Bundesarbeitsgerichts zulässig sein könnten und welche nicht. Recherchieren Sie anschließend in der einschlägigen arbeitsrechtlichen Literatur, ob Ihre Einschätzung der geltenden Rechtslage bzw. Rechtsprechung entspricht.

Die Rechtsprechung zur **Zulässigkeit und Unzulässigkeit von Fragen** im Vorstellungsgespräch führt zusammen mit der Möglichkeit, auf eine Frage wahrheitsgemäß oder wahrheitswidrig zu antworten, zu vier möglichen Konstellationen:

- Beantwortet der Bewerber eine *zulässige* Frage *wahrheitsgemäß*, so stellt das den Normallfall dar und bedarf insofern keiner weiteren rechtlichen Würdigung.
- Bei einer *unzulässigen* Frage besteht ein „Recht zur Lüge", weshalb der Bewerber *wahrheitswidrig* antworten kann; rechtliche Konsequenzen hat er insofern nicht zu befürchten.
- Gibt der Bewerber auf eine *zulässige Frage* eine *wahrheitswidrige* Antwort und wird daraufhin bzw. deshalb eingestellt, hat der Arbeitgeber die Möglichkeit, sich wieder von seinem neuen Beschäftigten zu trennen. Die beste Möglichkeit hierzu bietet sich aus seiner Sicht mit der Anfechtung des Arbeitsvertrages wegen einer arglistigen Täuschung des Bewerbers nach § 123 Abs. 1 BGB; in diesem Fall ist das Beschäftigungsverhältnis als von Anfang an nichtig anzusehen, so dass es als nicht eingegangen gilt (§ 142 Abs. 1 BGB).
- Wird der Bewerber aufgrund einer *wahrheitsgemäßen* Antwort auf eine *unzulässige* Frage nicht beschäftigt, kann dies eine unzulässige Benachteiligung nach § 7 Abs. 1 AGG mit der Folge darstellen, dass der Arbeitgeber verpflichtet ist, dem Bewerber für die Nichteinstellung einen Schadensersatz von bis zu drei Monatsgehältern zu zahlen (§ 15 Abs. 2 AGG).

Bilden Sie zu jeder der insgesamt vier Konstellationen der wahrheitsgemäßen bzw. wahrheitswidrigen Beantwortung einer zulässigen bzw. unzulässigen Frage im Vorstellungsgespräch ein eigenes Beispiel.

Kommt der Arbeitsvertrag zustande, ist dieser grundsätzlich unbefristet, auch wenn nach § 622 Abs. 3 BGB eine **Probezeit** von bis zu einem halben Jahr vereinbart werden kann. Hiervon abweichend sieht das Gesetz zwei Möglichkeiten einer zeitlichen **Befristung eines Arbeitsverhältnisses** vor, die beide im *Teilzeit- und Befristungsgesetz* (TzBfG) normiert sind.

TzBfG

So kann der Arbeitsvertrag zum einen *zweckbefristet* werden, wenn die Befristung durch einen sachlichen Grund gerechtfertigt ist, wie etwa bei einer Einstellung zur zeitweisen Vertretung eines anderen Arbeitnehmers oder wenn der betriebliche Bedarf an der Arbeitsleistung nur vorübergehend besteht (hierzu etwa Müller/ Schabbeck 2018, 12 f.); § 14 Abs. 1 TzBfG enthält in diesem Zusammenhang eine abschließende Aufzählung an Gründen, die eine sog. **Zweckbefristung** rechtfertigen können.

Die Vertretung eines anderen Arbeitnehmers kann etwa wegen einer längerdauernden Krankheit oder der Beantragung von Elternzeit erforderlich werden; ein nur vorübergehender betrieblicher Bedarf an der Arbeitsleistung ist z. B. bei einem ambulanten Pflegedienst gegeben, der in der Urlaubszeit ein höheres Maß an Verhinderungs- bzw. Kurzzeitpflege erbringen muss.

Ohne einen solchen sachlichen Grund kann ein Arbeitsverhältnis zum anderen *kalendermäßig* bis zu einer Dauer von zwei Jahren befristet werden. Hier gilt einschränkend, dass innerhalb der zwei Jahre höchstens eine dreimalige Verlängerung erfolgen darf; zudem ist eine derartige **Zeitbefristung** dann ausgeschlossen, wenn mit dem Arbeitgeber bereits zuvor ein (befristetes oder unbefristetes) Beschäftigungsverhältnis bestanden hat (§ 14 Abs. 2 TzBfG). In jedem Fall bedarf die Befristung zu ihrer Wirksamkeit der Schriftform (§ 14 Abs. 4 TzBfG); sie endet automatisch mit Ablauf der vereinbarten Zeit bzw. mit der Zweckerreichung (§ 15 Abs. 1 und 2 TzBfG).

Wird ein Arbeitsverhältnis rechtsfehlerhaft befristet oder wird der Arbeitnehmer im Anschluss an die Befristung vom Arbeitgeber weiter beschäftigt, wandelt sich das befristete Arbeitsverhältnis automatisch in ein unbefristetes um (§ 16 bzw. § 15 Abs. 5 TzBfG).

Bei der **Form** und der Ausgestaltung der **Inhalte des Arbeitsvertrages** sind die Arbeitsvertragsparteien grundsätzlich autonom (sog. Vertragsfreiheit). So kann ein Arbeitsvertrag – auch wenn dies in der Pflege eher unüblich sein dürfte – nicht nur schriftlich, sondern auch mündlich abgeschlossen werden. Hinsichtlich des Vertragsinhalts gibt § 2 Abs. 1 Satz 2 NachwG bestimmte **Mindestinhalte** eines Arbeitsvertrages vor; hierzu gehören vor allem:

- Name und Anschrift der Vertragsparteien
- Zeitpunkt des Beginns des Arbeitsverhältnisses
- Enddatum des Arbeitsverhältnisses bei einer befristeten Beschäftigung
- Arbeitsort
- Charakterisierung bzw. Beschreibung der vom Arbeitnehmer zu leistenden Tätigkeit
- Dauer einer eventuell vereinbarten Probezeit
- Zusammensetzung und Höhe des Arbeitsentgelts sowie dessen Fälligkeit und die Art der Auszahlung
- Arbeitszeit, vereinbarte Ruhepausen und Ruhezeiten (bei Schichtarbeit auch das Schichtsystem, der Schichtrhythmus und die Voraussetzungen für Schichtänderungen)
- Möglichkeiten der Anordnung von Überstunden
- Dauer des jährlichen Erholungsurlaubs
- Modalitäten der Kündigung des Arbeitsverhältnisses
- Hinweis auf die auf das Arbeitsverhältnis anwendbaren Tarifverträge, Betriebs- oder Dienstvereinbarungen

Zudem müssen sich die Bestimmungen des Arbeitsvertrages – dem sog. **Rangordnungsprinzip** zwischen einzelnen Rechtsquellen entsprechend (Kap. 1.1.2) – an höherrangigerem Recht, also vor allem an den Bestimmungen des Arbeits(schutz)rechts orientieren und dürfen diesen nicht widersprechen; eine Besserstellung der Beschäftigten durch den Arbeitsvertrag ist vor dem Hintergrund des Zwecks des Arbeitsrechts als Schutzrecht für Arbeitnehmerinnen und Arbeitnehmer hingegen ohne weiteres möglich (sog. **Günstigkeitsprinzip**).

§ 3 Abs. 1 EFZG sieht im Falle der Erkrankung eines Arbeitnehmers eine Entgeltfortzahlungspflicht des Arbeitgebers von i. d. R. sechs Wochen vor (Kap. 2.3.2.1). Dieser Anspruch auf Entgeltfortzahlung im Krankheitsfall kann im Arbeitsvertrag zwar nicht verkürzt (Rangordnungsprinzip), wohl aber verlängert werden (Günstigkeitsprinzip).

2.3.2 Rechte und Pflichten im Arbeitsverhältnis

Mit dem Abschluss des Arbeitsvertrages gehen Arbeitgeber und Arbeitnehmer bestimmte gegenseitige Rechte und Pflichten ein, die sich vor allem aus § 611a BGB ergeben (sog. **Hauptpflichten**). Danach ist der Arbeitnehmer „zur Leistung weisungsgebundener, fremdbestimmter Arbeit in persönlicher Abhängigkeit verpflichtet" (§ 611a Abs. 1 Satz 1 BGB); der Arbeitgeber ist ihm gegenüber also weisungsbefugt (Kap. 2.3.2.1). Dieser wiederum ist „zur Zahlung der vereinbarten Vergütung verpflichtet" (§ 611a Abs. 2 BGB) (Kap. 2.3.2.1), wofür der Arbeitnehmer ein Recht auf eine entsprechende Beschäftigung geltend machen kann.

Über die Hauptpflichten hinaus treffen Arbeitgeber und Arbeitnehmer zudem bestimmte **Nebenpflichten**, die auf Arbeitnehmerseite unter dem Begriff der Treuepflicht (z.B. Schweigepflicht, Obhut über das Eigentum des Arbeitgebers oder Konkurrenzverbot) und auf Arbeitgeberseite unter dem der Fürsorgepflicht zusammengefasst werden. Zur Fürsorgepflicht des Arbeitgebers gehört dabei (neben der Zahlung von Sozialversicherungsbeiträgen oder der Haftungserleichterung bei bestimmten vom Arbeitnehmer verursachten Schäden [Kap. 2.5.1.4]) vor allem der (soziale) Arbeitsschutz, wie er sich etwa im *Arbeitszeitgesetz* (Regulierung der Arbeitszeit), im *Bundesurlaubsgesetz* (Pflicht zur Gewährung von Erholungsurlaub) oder im *Mutterschutzgesetz* (Schutz schwangerer und vom Kind entbundener Frauen) niedergeschlagen hat (Kap. 2.3.2.2 bis 2.3.2.4). Eine besondere Rolle in der Pflege spielt zudem die Möglichkeit, sich nach dem *Pflege*- und dem *Familienpflegezeitgesetz* zur Pflege naher Angehöriger von der Pflicht zur Arbeitsleistung freistellen zu lassen (Kap. 2.3.2.5).

2.3.2.1 Weisungsrecht und Entgeltzahlungspflicht des Arbeitgebers

Das **Weisungsrecht** des Arbeitgebers bezieht sich vor allem auf den Inhalt, den Ort und die Zeit der zu erbringenden Arbeitsleistung (§ 611a Abs. 1 Satz 2 BGB und § 106 Satz 1 GewO), wobei es stellvertretend für den Arbeitgeber auch von bei ihm beschäftigten Dienstvorgesetzen ausgeübt werden kann (Pflegedirektion, Pflegedienstleitung, Stations- bzw. Bereichsleitung etc.). Mit dem **Inhalt der Arbeitsleistung** ist vor allem die Art (das *Was*) und die Weise (das *Wie*) der zu erbringenden Tätigkeit gemeint, wobei Pflegefachkräften – sofern sich aus dem einzelnen Arbeitsvertrag nichts anderes ergibt – alle Tätigkeiten zugewiesen werden können, die dem **Berufsbild** einer *Pflegefachfrau* bzw. eines *Pflegefachmanns* entsprechen (exemplarisch Großkopf/Schanz 2021, 85); hierfür maßgebliche Kriterien können sich aus § 5 Abs. 3 PflBG oder einer einschlägigen Berufsordnung ergeben (Kap. 2.2.3).

> Der Arbeitgeber kann Pflegefachkräften – unter Beachtung der Maßgaben zu den Vorbehaltsaufgaben nach § 4 PflBG (Kap. 2.2.2) – also grundsätzlich vorschreiben, welche pflegerischen Interventionen bei welchen Patienten bzw. Pflegebedürftigen durchzuführen sind. Dagegen können sie nicht dauerhaft zur Reinigung der Sanitäranlagen verpflichtet werden, wohl aber dann, wenn bei einer kurzfristigen Verschmutzung einer Patiententoilette eine zeitnahe Reinigung erforderlich ist, Reinigungskräfte aber vorübergehend bzw. nicht schnell genug zur Verfügung stehen (Müller/Schabbeck 2018, 14 und 17).

Der **Ort der Arbeitsleistung** ergibt sich regelmäßig aus den entsprechenden Vereinbarungen im Arbeitsvertrag, in dem häufig eine bestimmte Gesundheitseinrichtung oder sogar eine konkrete Station als Dienstort angegeben wird. Enthält der Arbeitsvertrag keine entsprechende Regelung, kann der Arbeitnehmer (grundsätzlich ohne geographische Einschränkungen) in allen Einrichtungen des Arbeitgebers eingesetzt werden, wobei im Einzelfall auszuschließen ist, dass der Arbeitnehmer hierdurch nicht unverhältnismäßig belastet wird (sehr ausdifferenziert Großkopf/Schanz 2021, 85 ff.).

Schließlich erstreckt sich das Weisungsrecht des Arbeitgebers auf den **Zeitpunkt der Arbeitsleistung**. Hiermit ist in erster Linie die Befugnis zur Erstellung des Dienstplans gemeint, in dem etwa die Verteilung der vertraglich vereinbarten Arbeitszeit auf die einzelnen Wochentage, die Festlegung des Beginns und des Endes der täglichen Dienstzeit sowie die Lage der Ruhepausen geregelt wird; dabei sind vor allem die Maßgaben des *Arbeitszeitgesetzes* zu berücksichtigen (Kap. 2.3.2.2).

In der Praxis strittig ist häufig die Frage, wann der **Dienstplan** spätestens zu erstellen und dem Arbeitnehmer die genaue Lage seiner Arbeitszeit bekannt zu geben ist. Liegt hierzu weder eine tarifvertragliche Bestimmung noch eine entsprechende Betriebsvereinbarung vor, kann die Regelung des § 12 Abs. 2 TzBfG analog angewendet werden, nach der die konkrete Lage der Arbeitszeit mindestens vier Tage im Voraus mitgeteilt werden muss. Mit seiner Bekanntgabe wird der Dienstplan rechtlich verbindlich und kann kurzfristig grundsätzlich nur noch in beiderseitigem Einvernehmen geändert werden. Eine Änderung bis zur genannten Ankündigungsfrist bleibt aber weiterhin möglich (Siefarth 2020, 371).

Einen guten Überblick über die rechtlichen Maßgaben zur Arbeitszeit- und Dienstplangestaltung in der Pflege bietet Hergenröder (2022), eine ausführlichere Darstellung Müller (2021).

Als Gegenleistung für die erhaltene Arbeitsleistung ist der Arbeitgeber zur **Zahlung des Arbeitsentgelts** verpflichtet. Dessen Höhe ergibt sich entweder direkt aus dem Arbeits-, häufig aber auch aus einem Tarifvertrag, der für tarifgebundene Arbeitnehmer und Arbeitgeber unmittelbar gilt (§ 3 TVG), darüber hinaus aber auch im Arbeitsvertrag für anwendbar erklärt werden kann. Beispiele für Tarifverträge in der Pflege sind dabei der *Tarifvertrag für den öffentlichen Dienst* (TVöD) (Besondere Teile Krankenhäuser bzw. Pflege- und Betreuungseinrichtungen) oder der *Tarifvertrag der Länder* (TV-L). Hat ein Arbeitnehmer keinen Anspruch auf ein Tarifentgelt, steht ihm ein Mindestlohn nach der jeweils aktuellen *Pflegearbeitsbedingungenverordnung* (z.Z. 6. PflegeArbbV) zu.

TVöD TV-L 6. PflegeArbbV

Recherchieren Sie in dem für Sie geltenden Tarifvertrag die dort vereinbarten Vergütungsregelungen. Sollte für Sie kein Tarifvertrag gelten, schauen Sie hilfsweise in den *Tarifvertrag für den öffentlichen Dienst* oder den *Tarifvertrag der Länder*.

Da das Arbeitsentgelt grundsätzlich erst nach erbrachter Arbeitsleistung zu zahlen ist (§ 614 BGB), gilt das Prinzip *Ohne Arbeit kein Geld!*

Von dem Grundsatz *Ohne Arbeit kein Geld!* macht das Gesetz aus Gründen des Schutzes von Arbeitnehmerinnen und Arbeitnehmern allerdings einige Ausnahmen; zu den wohl praxisrelevantesten zählt diesbezüglich die **Entgeltfortzahlung im Krankheitsfall** nach den Bestimmungen des *Entgeltfortzahlungsgesetzes* (EFZG).

EFZG

Weitere Anlässe für Freistellungsansprüche, die grundsätzlich *mit* einem Anspruch auf Entgeltfortzahlung verbunden sind, sind etwa:

- vorübergehende Arbeitsverhinderung (§ 616 BGB)
- Erholungsurlaub (§ 1 BUrlG) (Kap. 2.3.2.3)
- Bildungsurlaub (Weiterbildungsgesetze der Länder)
- kurzzeitige Arbeitsverhinderung in akut auftretenden Pflegesituationen (§ 2 PflZG) (Kap. 2.3.2.5)
- Beschäftigungsverbote nach dem Mutteschutzrecht (§§ 3 und 16 MuSchG) (Kap. 2.3.2.4)
- Beaufsichtigung und Pflege eines erkrankten Kindes (§ 45 Abs. 3 und 4 SGB V)

Ein Freistellungsanspruch prinzipiell *ohne* Anspruch auf Entgeltfortzahlung besteht darüber hinaus etwa in folgenden Fällen:

- Pflegezeit (§ 2 PflZG) bzw. Familienpflegezeit (§ 3 FPflZG) (Kap. 2.3.2.5)
- Elternzeit (§ 15 BEEG)
- Freizeit zur Stellensuche (§ 629 BGB [hier aber i. V. m. § 616 BGB!])

Nach § 3 Abs. 1 EFZG haben Beschäftigte im Fall einer (nicht selbst verschuldeten) **krankheitsbedingten Arbeitsunfähigkeit** einen Anspruch auf Fortzahlung des Arbeitsentgelts für eine Zeit von insgesamt bis zu sechs Wochen für dieselbe Krankheit; der Anspruch gilt also für das erstmalige Auftreten einer Erkrankung und alle Folgeerkrankungen, die auf dem ursprünglichen, latent weiterbestehenden Grundleiden beruhen (Sievers, in: Boecken et al. 2016, § 3 EFZG Rdnr. 113 ff.). Ein erneuter voller Anspruch auf weitere sechs Wochen Entgeltfortzahlung (auch für Arbeitsunfähigkeitszeiten wegen derselben Grunderkrankung) entsteht dann, wenn entweder zwischen der erneuten Arbeitsunfähigkeit und einer vorhergehenden Arbeitsunfähigkeit wegen derselben Grunderkrankung mindestens sechs Monate liegen oder seit dem Beginn der erstmaligen Arbeitsunfähigkeit wegen derselben Krankheit eine Zeit von zwölf Monaten vergangen ist.

Eine Pflegefachkraft ist wegen eines andauernden Magenleidens innerhalb von 14 Monaten insgesamt viermal arbeitsunfähig (AU 1 bis AU 4, Abb. 5).

Da der Entgeltfortzahlungsanspruch von sechs Wochen bereits mit der AU 1 ausgeschöpft worden ist und zwischen der AU 2 und der AU 1 sowie der AU 3 und der AU 2 jeweils nicht mindestens sechs Monate liegen, ist der Arbeitgeber nicht verpflichtet, das Arbeitsentgelt während der Zeit der AU 2 und der AU 3 fortzuzahlen; hier kann der Arbeitnehmer vielmehr einen Anspruch auf Krankengeld gegen seine Krankenkasse geltend machen (§§ 44 ff. SGB V). Bei der Beurteilung der Entgeltfortzahlungspflicht während der Zeit der AU 4 ist demgegenüber zu berücksichtigen, dass seit dem erstmaligen Auftreten des Magenleidens mehr als zwölf Monate vergangen sind. Mit der AU 4 entsteht daher ein neuer Anspruch auf weitere sechs Wochen Entgeltfortzahlung, auch wenn zwischen der AU 4 und der AU 3 weniger als sechs Monate liegen.

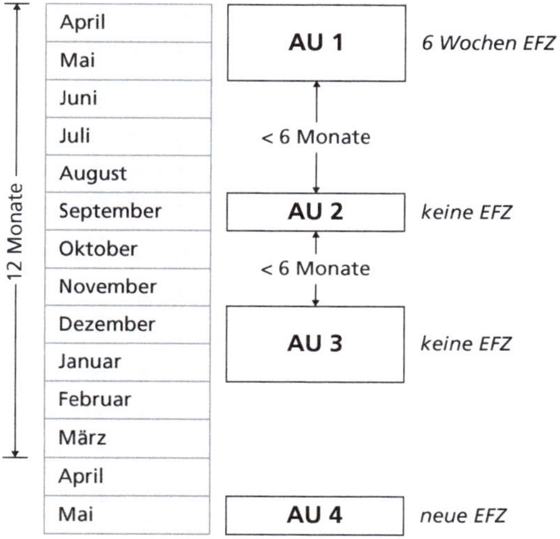

Abb. 5: Entgeltfortzahlung im Krankheitsfall

Dabei sind Beschäftigte verpflichtet, dem Arbeitsgeber die Arbeitsunfähigkeit und deren voraussichtliche Dauer unverzüglich, d.h. ohne schuldhaftes Zögern mitzuteilen (**Meldepflicht** nach § 5 Abs. 1 EFZG). Da das Gesetz hierzu keine Formvorschrift enthält, ist dies persönlich, mittels eines Telefonanrufs oder in elektronischer Form möglich (etwa per Kurzmittelung mittels eines Mobiltelefons oder per E-Mail) (Sievers, in: Boecken et al. 2016, § 3 EFZG Rdnr. 13). Dauert die Arbeitsunfähigkeit länger als drei Kalendertage, hat der Arbeitnehmer das Bestehen der Arbeitsunfähigkeit sowie deren voraussichtliche Dauer spätestens an dem darauffolgenden Arbeitstag ärztlich feststellen und bescheinigen zu lassen, wobei der Arbeitgeber berechtigt ist, diese ärztliche Feststellung sowohl generell als auch im Einzelfall früher zu verlangen. Dauert die Arbeitsunfähigkeit länger als in der Bescheinigung angegeben, ist der Arbeitnehmer verpflichtet, den Arbeitgeber hierüber unverzüglich zu informieren und den Fortbestand der Arbeitsunfähigkeit ärztlich nachzuweisen. Kommt der Arbeitnehmer diesen Meldepflichten nach § 5 Abs. 1 und 1a EFZG nicht nach, hat der Arbeitgeber das Recht, die Fortzahlung des Arbeitsentgelts zu verweigern (§ 7 EFZG).

2.3.2.2 Regelungen zur Arbeitszeitgestaltung

Grundsätzlich unterliegt die Bestimmung der Dauer und der Lage der Arbeitszeit eines Beschäftigten dem Weisungsrecht des Arbeitgebers (Kap. 2.3.2.1), der sich bei der Ausübung seines Direktionsrechts indes an die Maßgaben des *Arbeitszeitgesetzes* (ArbZG) halten muss. Danach darf die werktägliche **Arbeitszeit** grundsätzlich acht Stunden nicht überschreiten (§ 3 ArbZG); eine längere Dienstzeit von bis zu zehn Stunden ist nur vorübergehend und nur bei einem entsprechenden Ausgleich an anderen Arbeitstagen möglich.

ArbZG

Werden die Tage von Montag bis Samstag als Werktage berücksichtigt, ergibt sich so eine regelmäßige wöchentliche Arbeitszeit von grundsätzlich maximal 48 Stunden. In den meisten Tarifverträgen wurde indes eine deutlich geringere regelmäßige wöchentliche Arbeitszeit vereinbart; nach dem TvÖD beträgt sie beispielsweise 39 Stunden pro Woche, im TV-L wird nach Bundesländern differenziert.

Als *Arbeitszeit* gilt dabei die Zeit vom Beginn bis zum Ende des Dienstes ohne die Ruhepausen (§ 2 Abs. 1 Satz 1 ArbZG).

Nicht zur Arbeitszeit gehört damit grundsätzlich die **Wegezeit**, also die Zeit für das Zurücklegen des Weges von der Wohnung des Arbeitnehmers zum Dienstort und zurück. Zeiten für den Weg zwischen der Arbeitsstätte und den außerhalb dieser Stätte liegenden Einsatzstellen gehören hingegen zur Arbeitszeit; dies betrifft vor allem die Beschäftigung im Bereich der ambulanten Pflege (Weber 2007, 212).

Fährt der Arbeitnehmer von zu Hause zunächst zur Betriebsstätte des Pflegedienstes und dann zum ersten Klienten, zählt erst die Fahrt zum ersten Pflegeeinsatz als Arbeitszeit; fährt er dagegen direkt von seinem Wohnort zum ersten Pflegeeinsatz, beginnt die Arbeitszeit mit dem Eintreffen beim Patienten.

Seit einem Urteil des *Bundesarbeitsgerichts* vom 06.09.2017 (Az. 5 AZR 382/16) gehört darüber hinaus auch die **Umkleidezeit**, also die Zeit für das An- und Ausziehen der Dienstkleidung in der Pflegebranche unstreitig zur Arbeitszeit.

Nach § 4 ArbZG ist die Arbeitszeit durch im Voraus feststehende **Ruhepausen** zu unterbrechen.

Eine *Ruhepause* stellt einen Zeitraum dar, in dem der Arbeitnehmer von jeglicher Arbeitsleistung freigestellt ist und er grundsätzlich frei entscheiden kann, wo und wie er die Zeit verbringen möchte (BAG vom 05.05.1988 [Az. 6 AZR 658/85] bzw. BAG vom 27.02.1992 [Az. 6 AZR 478/90]).

Die Dauer der Ruhepause richtet sich nach der Dauer der werktäglichen Arbeitszeit: Bei einer Arbeitszeit von mehr als sechs Stunden muss die Pause mindestens 30 Minuten, bei einer Arbeitszeit von mehr als neun Stunden mindestens 45 Minuten betragen; länger als sechs Stunden am Stück dürfen Arbeitnehmerinnen und Arbeitnehmer mithin nicht ohne Ruhepause beschäftigt werden. Die Pausenzeit darf dabei in Zeitabschnitte von jeweils 15 Minuten aufgeteilt werden. Unterbricht ein Arbeitnehmer die Arbeitszeit für weniger als 15 Minuten (etwa für einen Toilettengang), handelt es sich nicht um eine Ruhepause, sondern um eine Arbeitsunterbrechung (Weber 2007, 214 f.). Aus der gesetzlichen Bestimmung, dass die Arbeitszeit durch Pausen zu unterbrechen ist, ergibt sich, dass die Ruhepausen nicht an den Anfang oder das Ende der täglichen Arbeitszeit gelegt werden dürfen. Zudem muss die Lage der Pausen im Voraus feststehen, wobei die Festlegung eines Pausenfensters bzw. Zeitrahmens für die Pause ausreichend ist; zwingend erforderlich ist es aber, dass zu Beginn der Pause deren Dauer feststeht (Weber 2007, 215).

Im Bereich der Pflege ist es vielfach üblich, dass alle Pflegekräfte einer Station gemeinsam Pause machen und eine von ihnen bei Bedarf die Arbeit (vorübergehend) wieder aufnimmt. Dies entspricht nicht dem Erfordernis, dass Arbeitnehmer während ihrer Pause nicht zur Arbeit herangezogen werden dürfen und sie sich auch nicht im Zustand der Arbeitsbereitschaft halten müssen, weshalb eine derartige Pausengestaltung nicht den Vorgaben des § 4 ArbZG entspricht (BAG vom 27.02.1991 [Az. 6 AZR 478/90]); dies ist dem Grunde nach nur dann gewährleistet, wenn die Mitarbeitenden abwechselnd bzw. nacheinander Pause machen.

Eine weitere Regelung des *Arbeitszeitgesetzes* betrifft die **Ruhezeit**. Grundsätzlich beträgt diese Ruhezeit mindestens elf Stunden; in der Pflege kann sie – bei einem entsprechenden Ausgleich – qua Gesetz auf zehn Stunden (§ 5 ArbZG) und durch einen Tarifvertrag um bis zu zwei Stunden verkürzt werden (§ 7 Abs. 1 Nr. 3 ArbZG).

Als *Ruhezeit* wird die Zeit zwischen dem Ende eines Dienstes und dem Wiederbeginn des nächsten Dienstes (am nächsten Arbeitstag) bezeichnet (BAG vom 23.11.1960 [Az. 4 AZR 257/59]), in der Beschäftigte keinen arbeitsrechtlichen Verpflichtungen unterliegen, die sie daran hindern könnten, frei und ohne Unterbrechung ihren eigenen Freizeitinteressen nachzugehen (EuGH vom 09.09.2003 [Az. C-151/02]).

Schließlich bestimmt § 10 Abs. 1 Nr. 3 ArbZG, dass Arbeitnehmerinnen und Arbeitnehmer in Krankenhäusern und ambulanten sowie stationären Pflegeeinrichtungen – abweichend vom Grundsatz der **Sonn- und Feiertagsruhe** (§ 9 ArbZG) – auch an diesen Tagen beschäftigt werden dürfen. Zu berücksichtigen sind dabei allerdings die Maßgaben des Freizeitausgleichs nach §§ 11 und 12 ArbZG (hierzu ausführlicher Weber 2007).

Recherchieren Sie in dem für Sie geltenden Tarifvertrag die dort vereinbarten Arbeitszeitregelungen. Sollte für Sie kein Tarifvertrag gelten, schauen Sie hilfsweise in den *Tarifvertrag für den öffentlichen Dienst* oder den *Tarifvertrag der Länder*.

2.3.2.3 Anspruch auf Erholungsurlaub

Sofern der Arbeits- oder ein geltender Tarifvertrag keinen weitergehenden **Urlaubsanspruch** gewährt, haben Beschäftigte einen Anspruch auf bezahlten Erholungsurlaub nach dem *Bundesurlaubsgesetz* (BUrlG) von jährlich 24 Werktagen, also vier Wochen im Kalenderjahr (§ 3 BUrlG); **Pflegekräfte** mit einer 5-Tage-Woche haben darüber hinaus einen **Anspruch auf Mehrurlaub** von neun Tagen im Kalenderjahr nach der jeweils aktuellen *Pflegearbeitsbedingungenverordnung* (§ 4 PflegeArbbV; verteilt sich die regelmäßige Arbeitszeit im Jahresdurchschnitt auf mehr oder weniger als fünf Tage in der Woche, erhöht oder verringert sich der Anspruch auf Mehrurlaub entsprechend).

BUrlG

6. PflegeArbbV

Dieser (volle) Anspruch entsteht erstmalig nach einer Wartezeit von sechs Kalendermonaten (§ 4 BUrlG). Wird der Arbeitnehmer erst nach dem 30. Juni eines Jahres eingestellt, so kann er die Wartezeit im Kalenderjahr des Beschäftigungsbeginns nicht erfüllen; in diesem Fall erwirbt er einen (sofortigen) Urlaubsanspruch von einem Zwölftel des Jahresurlaubs für jeden Monat der Beschäftigung in diesem Kalenderjahr (§ 5 Abs. 1 lit. a BUrlG) (Weber 2007, 257 f.).

Nach § 7 Abs. 1 Satz 1 BUrlG sind bei der zeitlichen Festlegung der Urlaubstage die **Wünsche der Arbeitnehmerinnen und Arbeitnehmer** zu berücksichtigen, sofern ihnen keine dringenden betrieblichen Belange oder Urlaubswünsche anderer Kolleginnen und Kollegen entgegenstehen, die unter sozialen Gesichtspunkten den Vorrang verdienen.

Da etwa Pflegeeinrichtungen auch im Sommer ihren Versorgungsauftrag erfüllen müssen und hier (wegen der vermehrten Inanspruchnahme von Verhinderungs- und Kurzzeitpflege [Kap. 3.3.1.2.4]) unter Umständen sogar ein höherer Personalbedarf als üblich besteht, kann es beispielsweise aus betrieblichen Gründen gerechtfertigt sein, wenn den beschäftigten Pflegefachkräften in dieser Zeit nur im Ausnahmefall Urlaub gewährt wird. Zu den Gesichtspunkten, die bei der Urlaubsgewährung zu berücksichtigen sind, wenn nicht allen Urlaubswünschen gleichzeitig entsprochen werden kann, gehören etwa Schließungszeiten von Kindergärten bzw. Ferienzeiten von schulpflichtigen Kindern, die Berufstätigkeit des Ehepartners oder die Nichtberücksichtigung von Urlaubswünschen im letzten Jahr.

Dabei soll der Urlaub grundsätzlich zusammenhängend gewährt werden; ist das nicht möglich, muss einer der **Urlaubsteile** mindestens zwei Wochen betragen (§ 7 Abs. 2 BUrlG). Zudem ist der Urlaub im laufenden Kalenderjahr zu gewähren und zu nehmen; nur wenn dringende betriebliche oder persönliche Gründe des Arbeitnehmers dies rechtfertigen, ist eine **Übertragung des Urlaubs** auf das folgende Kalenderjahr statthaft. In diesem Fall muss der Urlaub grundsätzlich bis zum 31. März des Folgejahres gewährt und genommen werden, andernfalls verfällt der Urlaubsanspruch (§ 7 Abs. 3 BUrlG) (zu [weiteren] Ausnahmetatbeständen Müller/Schabbeck 2018, 39).

Nach § 8 BUrlG dürfen Arbeitnehmerinnen und Arbeitnehmer während des Urlaubs keiner **Erwerbstätigkeit** nachgehen, die dessen Erholungszweck widerspricht. Dies dient zum einen dem Schutz der Beschäftigten, die die Zeit des Urlaubs zur Regeneration nutzen sollen, zum anderen aber auch den Interessen des Arbeitgebers, der von seinen Mitarbeitern erwarten kann, dass sie ihre Arbeitsleistung erholt und konzentriert erbringen. Dabei sind indes nicht ausnahmslos alle (körperlich oder geistig anstrengenden) Tätigkeiten während des Urlaubs unzulässig. § 8 BUrlG knüpft diesbezüglich klar an Erwerbstätigkeiten an, die dem Urlaubszweck zuwiderlaufen (ausführlicher Weber 2007 sowie Müller/Schabbeck 2018, 38 f.).

Nicht zulässig wäre es beispielsweise, wenn eine in einem Pflegeheim vollzeitbeschäftigte Pflegefachkraft ihren Erholungsurlaub darauf verwenden möchte, mehr in ihrer Nebentätigkeit bei einem Pflegedienst zu arbeiten. Möglich wäre es hingegen, wenn diese Pflegeperson einer sog. bezahlten Ausgleichstätigkeit nachginge, die einer Erholung von der Pflegetätigkeit dient.

Bei einer **Erkrankung** des Arbeitnehmers während des Erholungsurlaubs werden die durch ein ärztliches Attest nachgewiesenen Tage der Arbeitsunfähigkeit nicht auf den Urlaubsanspruch angerechnet (§ 9 BUrlG). Dennoch ist der Arbeitnehmer – sofern nichts anderes vereinbart worden ist – gehalten, nach dem ursprünglich festgelegten Urlaubsende seine Arbeit wieder aufzunehmen. Die Dauer des Urlaubs verlängert sich also nicht automatisch: Auf keinen Fall ist der Arbeitnehmer berechtigt, die Urlaubstage, die durch die Erkrankung nicht als solche genutzt werden konnten, an den zuvor vom Arbeitgeber genehmigten Urlaubszeitraum anzuhängen; eine solche sog. Selbstbeurlaubung berechtigt den Arbeitgeber vielmehr zu einer Abmahnung oder nach den Umständen des Einzelfalls sogar zu einer Kündigung des Arbeitsverhältnisses (Kap. 2.3.3.1) (Müller/Schabbeck 2018, 40).

2.3.2.4 Mutterschutz

Aus Gründen des Gesundheitsschutzes bestehen für schwangere Frauen und Wöchnerinnen zahlreiche **Beschäftigungsverbote**. Das *Mutterschutzgesetz* (MuSchG) unterscheidet insofern zwischen individuellen und generellen Beschäftigungsverboten; letztere lassen sich noch nach arbeitszeitbezogenen Beschäftigungsverboten und Beschäftigungsverboten während der Schutzfristen unterscheiden. Hinzu kommt das Gebot, den Arbeitsplatz schwangeren- bzw. stillgerecht auszugestalten, sowie das Verbot, die schwangere bzw. stillende Arbeitnehmerin bestimmte Tätigkeiten ausführen zu lassen (Abb. 6).

MuSchG

Die **individuellen Beschäftigungsverbote** richten sich nach § 16 MuSchG. Danach dürfen schwangere Arbeitnehmerinnen nicht beschäftigt werden, soweit ihre Gesundheit oder die des ungeborenen Kindes nach einem ärztlichen Zeugnis bei Fortdauer der Beschäftigung gefährdet ist (§ 16 Abs. 1 MuSchG). Das Attest kann sich dementsprechend auf das gesamte Aufgabenspektrum einer Pflegefachkraft oder auch nur auf einzelne Tätigkeiten beziehen. Frauen, die in den ersten Monaten nach der Entbindung nach ärztlichem Attest nicht voll leistungsfähig sind, dürfen darüber hinaus nicht zu Tätigkeiten herangezogen werden, die ihre Leistungsfähigkeit übersteigen (§ 16 Abs. 2 MuSchG). Während eines individuellen Beschäftigungsverbotes besteht für den Arbeitgeber eine Pflicht zur Fortzahlung des Arbeitsentgelts (sog. Mutterschaftslohn nach § 18 MuSchG).

Zu den generellen Beschäftigungsverboten zählen vor allem die **Beschäftigungsverbote während der Schutzfristen** vor und nach der Entbindung gemäß § 3 MuSchG (hierzu Siefarth 2020, 588). Die Schutzfrist vor der Entbindung umfasst dabei die letzten sechs Wochen vor dem voraussichtlichen Entbindungstermin (§ 3 Abs. 1 MuSchG). Hierbei handelt es sich insofern um ein sog. *relatives* Beschäftigungsverbot, als sich die schwangere Frau durch eine ausdrückliche Erklärung zur weiteren Erbringung ihrer Arbeitsleistung bereit erklären kann. Nach der Geburt beginnt dann die grundsätzlich achtwöchige Schutzfrist mit einem dem Grunde nach *absoluten* Beschäftigungsverbot für die Wöchnerin (§ 3 Abs. 2 MuSchG). Während der Schutzfristen nach § 3 MuSchG erhält die Arbeitnehmerin Mutterschaftsgeld in Höhe von regelmäßig 13 € je Kalendertag (§ 19 MuSchG i.V.m. § 24i SGB V), welches durch einen Zuschuss des Arbeitgebers auf die Höhe des entgangenen Arbeitsentgelts aufgestockt wird (§ 20 MuSchG).

Neben den Schutzfristen vor und nach der Entbindung gibt es **weitere generelle Beschäftigungsverbote** für schwangere und stillende Arbeitnehmerinnen, die sich auf die zeitliche Lage der Arbeitszeit beziehen. Es handelt sich dabei um das Verbot der Mehrarbeit, das Verbot der Planung einer zu kurzen Ruhezeit

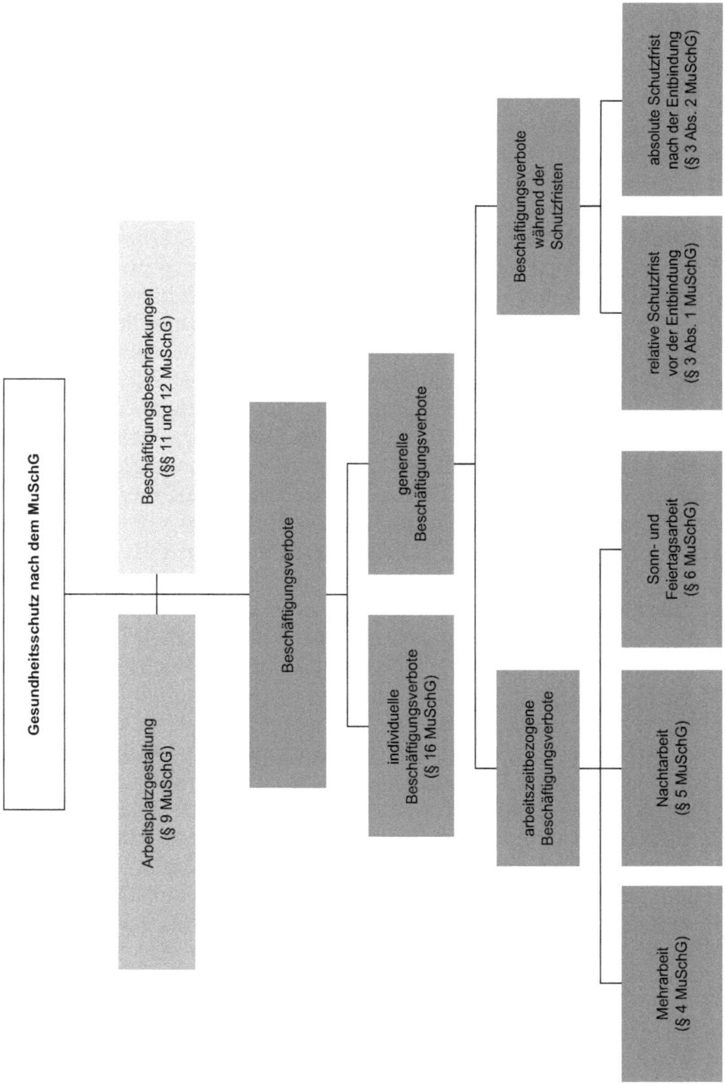

Abb. 6: Gesundheitsschutz nach dem Mutterschutzgesetz

zwischen zwei aufeinanderfolgenden Diensten, das Verbot der Nachtarbeit sowie um das Verbot der Sonn- und Feiertagsarbeit (§§ 4 bis 6 MuSchG).

In Form einer Generalklausel enthält § 9 MuSchG das Gebot, die **Arbeitsbedingungen** der schwangeren bzw. stillenden Arbeitnehmerin so zu gestalten, dass eine Gefährdung der physischen und psychischen Gesundheit ihrer Person oder der ihres Kindes nach Möglichkeit vermieden wird. Zudem gelten nach §§ 11 und 12 MuSchG bestimmte Tätigkeiten für schwangere bzw. stillende Frauen als derart gefährlich, dass sie von ihnen (ohne jede Ausnahme) nicht ausgeführt werden dürfen. Es handelt sich hierbei vor allen Dingen um den Umgang mit unterschiedlichsten Gefahrstoffen und um Tätigkeiten, bei denen die Arbeitnehmerin erheblichen physikalischen Einwirkungen, belastenden Arbeitsbedingungen oder körperlichen Belastungen bzw. mechanischen Einwirkungen ausgesetzt ist (hierzu v.a. Ochmann/Wicker 2013).

Im Alltag der Pflege führen das Gebot der schwangerschaftsgerechten Ausgestaltung der Arbeitsbedingungen und das Verbot der Ausführung bestimmter, gesundheitsgefährdungsgeneigter Tätigkeiten dazu, dass schwangere Pflegekräfte eine ganze Reihe an Aufgaben nicht mehr übernehmen dürfen. Andere Aufgaben dürfen dagegen weiterhin erledigt werden, sofern sie nicht aufgrund eines individuellen Beschäftigungsverbotes unzulässig sind (Tab. 4).

Damit eine schwangere Arbeitnehmerin ihre Rechte nach dem Mutterschutzgesetz geltend machen und der Arbeitgeber diese entsprechend gewähren kann, ist sie gehalten, dem Arbeitgeber die Schwangerschaft und den voraussichtlichen Entbindungstag mitzuteilen, sobald ihr bekannt ist, dass eine Schwangerschaft besteht (**Anzeigepflicht** nach § 15 Abs. 1 MuSchG). Bei dieser Obliegenheit handelt es sich hinsichtlich ihres Rechtscharakters um eine nachdrückliche Empfehlung, von der in begründeten Ausnahmefällen mit Rücksicht auf das Persönlichkeitsrecht der schwangeren Frau jedoch abgewichen werden darf (Jacobsen, in: Boecken et al. 2016, § 5 MuSchG Rdnr. 3).

Denkbar ist daher etwa eine Anzeige der Schwangerschaft erst nach Ablauf von zwölf Wochen, wenn das generelle Risiko einer Fehgeburt signifikant gesunken ist (Ebbers 2018, 47).

Tab. 4: (Un)zulässige Tätigkeiten in der Pflege während einer Schwangerschaft (nach Ebbers 2018, 48)

generell unzulässig	grundsätzlich weiter zulässig
• regelmäßiges Lagern, Heben und Bewegen von mehr als 5 kg schweren Lasten (etwa von Patienten bzw. Pflegebedürftigen, Betten oder Gerätschaften) ohne Hilfe • Umgang mit (möglicherweise) infektiösen Patienten bzw. Pflegebedürftigen und deren Ausscheidungen (z. B. Dialysepatienten mit dem Risiko einer Hepatitisinfektion) sowie entsprechenden Materialien • Tätigkeiten mit stechenden oder schneidenden Instrumenten, wie etwa Kanülen oder Skalpellen • Tätigkeiten mit erhöhter Unfallgefahr, z. B. Rutschgefahr (etwa in Bädern und Duschen) oder Sturzgefahr (Begleitung gangunsicherer Patienten bzw. Pflegebedürftiger), sowie der Umgang mit aggressiven bzw. herausfordernden Patienten bzw. Pflegebedürftigen • Umgang mit krebserzeugenden oder fruchtschädigenden bzw. erbgutverändernden Substanzen (z. B. Virustatika oder Zytostatika) • Umgang mit Strahlen oder der Aufenthalt in Strahlenbereichen (z. B. Röntgenabteilung) • Notfalltätigkeiten (z. B. im Operationssaal, auf der Intensivstation oder in Ambulanzen)	• administrative Tätigkeiten • Vorbereitung und Verwaltung der Medikamente (mit Ausnahme von Zytostatika und anderen kritischen Substanzen) • Mahlzeiten vorbereiten, austeilen und abräumen • Anamnese- und Aufklärungsgespräche bei nicht infektiösen Patienten (nicht jedoch auf der Aufnahmestation oder einer Ambulanz) • Sonographie • Grundpflege unter Einhaltung der Hygienevorschriften (z. B. Schutzhandschuhe, Schutzbrille, Mundschutz) und Vermeidung körperlicher Anstrengung

2.3.2.5 Arbeitsbefreiung bei Pflegezeit und Familienpflegezeit

Um Beschäftigten die Möglichkeit zu geben, pflegebedürftige nahe Angehörige in häuslicher Umgebung zu versorgen und so die Vereinbarkeit von Beruf und familiärer Pflege zu verbessern, sehen das *Pflegezeitgesetz* (PflZG) und das *Familienpflegezeitgesetz* (FPflZG) für Arbeitnehmerinnen und Arbeitnehmer bestimmte Ansprüche auf eine Freistellung von der Arbeit vor. Die beiden Gesetze unterscheiden insofern die Arbeitsbefreiung bei einer kurzzeitigen, pflegebedingten Arbeitsverhinderung, die Pflegezeit und die Familienpflegezeit (Tab. 5)

PflZG FPflZG

Tab. 5: Freistellungsarten nach dem *Pflegezeitgesetz* und dem *Familienpflegezeitgesetz*

	kurzzeitige Arbeitsverhinderung	**Pflegezeit**	**Familienpflegezeit**
Rechtsgrundlage	PflZG	PflZG	FPflZG
Betriebsgröße	Anspruch unabhängig von der Betriebsgröße	Arbeitgeber mit i. d. R. mehr als 15 Beschäftigten	Arbeitgeber mit i. d. R. mehr als 25 Beschäftigten
Dauer	max. 10 Tage	max. 6 Monate	max. 24 Monate
Ankündigungsfrist	keine Ankündigungsfrist	10 Tage	8 Wochen
Arbeitszeit	vollständige Arbeitsfreistellung	vollständige oder teilweise Arbeitsfreistellung	Arbeitszeit min. 15 Std. wöchentlich
Vergütung	Entgeltfortzahlung oder Pflegeunterstützungsgeld	ggf. Entgeltzahlung und zinsfreies Darlehen auf Antrag	Entgeltzahlung und zinsfreies Darlehen auf Antrag

Als *nahe Angehörige* gelten dabei unter anderem Großeltern, Eltern, Schwiegereltern, Ehegatten, Lebenspartner, Geschwister, Kinder und Enkelkinder (§ 7 Abs. 3 PflZG); der Begriff der *Pflegebedürftigkeit* deckt sich mit dem der sozialen Pflegeversicherung (§ 7 Abs. 3 PflZG i. V. m. §§ 14 und 15 SGB XI) (Kap. 3.3.1.1.2).

Im Rahmen der **kurzzeitigen Arbeitsverhinderung** haben Beschäftigte zunächst das Recht, für bis zu zehn Arbeitstage der Arbeit fernzubleiben, wenn diese Arbeitsunterbrechung erforderlich ist, um für einen pflegebedürftigen nahen Angehörigen in einer akut aufgetretenen Pflegesituation eine bedarfsgerechte Pflege zu organisieren oder in dieser Zeit dessen pflegerische Versorgung sicherzustellen (§ 2 Abs. 1 PflZG).

Eine akute Pflegesituation kann z. B. infolge eines Sturzereignisses auftreten. In diesem Fall bietet sich Angehörigen im Rahmen der kurzzeitigen Arbeitsverhinderung die Möglichkeit, sich etwa über Pflegeleistungsangebote zu informieren (Kap. 3.3.1.2) und die notwendigen Schritte der (weiteren) pflegerischen Betreuung einzuleiten. So kann die Arbeitsbefreiung dazu genutzt werden, die Versorgung durch einen ambulanten Pflegedienst oder den Umzug in eine stationäre Pflegeeinrichtung zu organisieren; denkbar ist aber auch, den pflegebedürftigen Angehörigen zunächst kurzfristig selber zu Hause zu versorgen.

In der Zeit der kurzzeitigen Arbeitsverhinderung ist der Arbeitgeber nach § 616 BGB grundsätzlich verpflichtet, das Arbeitsentgelt fortzuzahlen. Ist diese Pflicht durch den Arbeits- oder einen geltenden Tarifvertrag (teilweise) ausgeschlossen, wird von der Pflegekasse des nahen Angehörigen ein sog. **Pflegeunterstützungsgeld** in Anlehnung an das Krankengeld gezahlt, das im Regelfall 90 % des entgangenen Nettoentgelts beträgt (§ 2 Abs. 3 PflZG i.V.m. § 44a Abs. 3 SGB XI).

Ein Anspruch auf **Pflegezeit** besteht nach § 3 Abs. 1 Satz 1 PflZG dann, wenn der Beschäftigte einen pflegebedürftigen nahen Angehörigen in häuslicher Umgebung pflegt. Er besteht für eine Zeit von bis zu sechs Monaten, in denen sich der Arbeitnehmer vollständig oder teilweise von der Arbeit freistellen lassen kann (§§ 3 f. PflZG). Bei einer teilweisen Arbeitsbefreiung wird das Entgelt für die tatsächlich geleistete Arbeitszeit gezahlt. Zum Ausgleich der Einkommenseinbußen können Beschäftigte beim *Bundesamt für Familie und zivilgesellschaftliche Aufgaben* ein zinsfreies Darlehen beantragen, das grundsätzlich in Höhe der Hälfte der Einkommenseinbußen monatlich ausgezahlt wird und nach Beendigung der Pflegezeit in entsprechender Höhe monatlich zurückzuzahlen ist (§§ 3 ff. FPflZG).

Demgegenüber ist die **Familienpflegezeit** für eine Dauer von bis zu 24 Monaten möglich, wenn die sechsmonatige Pflegezeit für die häusliche Pflege des nahen Angehörigen nicht ausreicht; dabei dürfen die Pflegezeit und die Familienpflegezeit gemeinsam eine Gesamtdauer von 24 Monaten nicht überschreiten (§ 2 Abs. 1 und 2 FPflZG). Anders als bei der Pflegezeit kann die Arbeitszeit bei der Familienpflegezeit nur reduziert werden; die verringerte Arbeitszeit muss wöchentlich mindestens 15 Stunden betragen (§ 2 Abs. 2 PflZG). Auch hier wird das Arbeitsentgelt (nur) für die vereinbarte Arbeitszeit (fort)gezahlt. Einkommenseinbußen können – wie bei der Pflegezeit – über ein zinsloses Darlehen des *Bundesamtes für Familie und zivilgesellschaftliche Aufgaben* abgefedert werden (§§ 3 ff. FPflZG).

2.3.3 Beendigung des Arbeitsverhältnisses

Auch wenn das Arbeitsverhältnis dem Grunde nach auf Dauer angelegt ist, kann es von beiden Arbeitsvertragsparteien auf unterschiedliche Arten beendet werden. In Betracht kommen insofern vor allem folgende Beendigungsmöglichkeiten:

- Kündigung (§§ 622 und 626 BGB)
- Zeitablauf bzw. Zweckerreichung bei befristeten Arbeitsverträgen (§ 15 Abs. 1 und 2 TzBfG) (Kap. 2.3.1)
- Aufhebungsvertrag (§ 311 Abs. 1 i.V.m. § 623 BGB)
- Anfechtung (vor allen nach § 123 Abs. 1 BGB) (Kap. 2.3.1)
- Tod des Arbeitnehmers (§ 613 BGB)

In der arbeitsrechtlichen Praxis spielt die Kündigung eines Arbeitsverhältnisses die wohl größte Rolle (Kap. 2.3.3.1). Sie kann sowohl vom Arbeitgeber als auch vom Arbeitnehmer ausgehen und ist zum einen ordentlich (§ 622 BGB), also unter Einhaltung einer Kündigungsfrist, und zum anderen außerordentlich (§ 626 BGB), also in aller Regel fristlos möglich.

In beiden Fällen muss die Kündigung schriftlich, also mit einer eigenhändigen Unterschrift versehen erfolgen (§ 623 i.V.m. § 126 BGB); zudem muss sie als sog. einseitige empfangsbedürftige Willenserklärung der anderen Vertragspartei zugehen, diese muss sie also tatsächlich erhalten bzw. die Möglichkeit der Kenntnisnahme haben. Bei einer Kündigung durch den Arbeitgeber sind darüber hinaus gegebenenfalls bestimmte (allgemeine bzw. besondere) Kündigungsschutzvorschriften zu beachten (Kap. 2.3.3.2).

Den letzten Akt des Arbeitsverhältnisses bildet schließlich die Erteilung eines Arbeits- bzw. Dienstzeugnisses. Zu unterscheiden sind insofern einfache und erweiterte bzw. qualifizierte Zeugnisse (§ 630 BGB und § 109 GewO) (Kap. 2.3.3.3).

2.3.3.1 Kündigung

Ein Arbeitsverhältnis kann – wie jedes andere Dauerschuldverhältnis auch – von beiden Vertragsparteien durch eine **ordentliche Kündigung** beendet werden. Von Ausnahmen abgesehen sind dabei lediglich bestimmte Kündigungsfristen zu beachten; eines besonderen Grundes für die Kündigung bedarf es grundsätzlich nicht. Besonderheiten ergeben sich jedoch bei der Kündigung von Arbeitnehmerinnen und Arbeitnehmern, die sich auf die Regelungen des (allgemeinen bzw. besonderen) Kündigungsschutzes berufen können (Kap. 2.3.3.2).

> Eine ordentliche Kündigung kann sowohl von Seiten des Arbeitsgebers als auch von Seiten des Arbeitnehmers grundsätzlich ohne Angabe oder Vorliegen eines besonderen Grundes erklärt werden.

Die einzuhaltenden **Kündigungsfristen** ergeben sich dabei aus § 622 BGB, in dem insgesamt fünf unterschiedliche Fristen unterschieden werden:

- **Abs. 1, regelmäßige Kündigungsfrist:** Die regelmäßige Kündigungsfrist beträgt vier Wochen; mit dieser Frist kann das Beschäftigungsverhältnis zum 15. oder zum Ende eines Kalendermonats gekündigt werden, wobei der Tag, an dem die Kündigung ausgesprochen wird, bei der Fristberechnung unberücksichtigt bleibt (§ 187 Abs. 1 BGB).
- **Abs. 2, verlängerte Kündigungsfrist:** Für eine Kündigung durch den Arbeitgeber verlängert sich die Kündigungsfrist in Abhängigkeit von der Dauer des Beschäftigungsverhältnisses. Sie beträgt zwischen einem Monat (bei einem Arbeitsverhältnis von mindestens zwei Jahren) und sieben Monaten (bei einem Arbeitsverhältnis von mindestens zwanzig Jahren), jeweils zum Ende eines Kalendermonats.
- **Abs. 3, Kündigungsfrist in der Probezeit:** Sofern eine Probezeit vereinbart worden ist (für maximal sechs Monate; sie ist jedoch keinesfalls zwingend), kann das Arbeitsverhältnis in dieser Zeit mit einer Frist von zwei Wochen gekündigt werden, wobei der Tag, an dem die Kündigung ausgesprochen wird, bei der Fristberechnung unberücksichtigt bleibt (§ 187 Abs. 1 BGB).
- **Abs. 4, tarifvertragliche Kündigungsfrist:** Durch einen Tarifvertrag können (kürzere und längere) Kündigungsfristen für Arbeitgeber und Arbeitnehmer vereinbart werden; für eine Kündigung durch den Arbeitnehmer darf die Kündigungsfrist aber nicht länger sein als für eine Kündigung durch den Arbeitgeber.
- **Abs. 5, arbeitsvertragliche Kündigungsfrist:** Durch den Arbeitsvertrag darf grundsätzlich nur eine längere Kündigungsfrist vereinbart werden (Ausnahmen bestehen für Aushilfen und Kleinbetriebe); für eine Kündigung durch den Arbeitnehmer darf die Kündigungsfrist aber nicht länger sein als für eine Kündigung durch den Arbeitgeber.

Im Gegensatz dazu erfolgt eine **außerordentliche Kündigung** nach § 626 Abs. 1 BGB fristlos. Sie ist nur beim Vorliegen eines sog. wichtigen Grundes zulässig.

Ein wichtiger Grund für eine fristlose Kündigung ist gegeben, wenn Tatsachen vorliegen, auf Grund derer dem Kündigenden die Fortsetzung des Dienstverhältnisses bis zum Ablauf der Kündigungsfrist oder bis zu der vereinbarten Beendigung des Dienstverhältnisses nicht zugemutet werden kann (Bachstein 2007, 183).

Derart wichtige Gründe können dabei sowohl von der Arbeitgeberseite als auch von der Arbeitnehmerseite vorgebracht werden (Tab. 6). Eine außerordentliche Kündigung kann also durchaus auch von Beschäftigten ausgesprochen werden.

Tab. 6: Wichtige Gründe für eine außerordentliche Kündigung

Wichtige Gründe für eine außerordentliche Kündigung …	
… durch den Arbeitgeber	**… durch den Arbeitnehmer**
• Straftaten des Arbeitnehmers mit Auswirkungen auf das Beschäftigungsverhältnis • Straftaten des Arbeitnehmers gegenüber Patienten • Verletzung der Verschwiegenheitspflicht des Arbeitnehmers • Arbeitsverweigerung des Arbeitnehmers • Selbstbeurlaubung des Arbeitnehmers • Ankündigung künftiger Arbeitsunfähigkeiten	• Straftaten des Arbeitgebers mit Auswirkungen auf das Beschäftigungsverhältnis • Entzug vertraglich vereinbarter Aufgaben bzw. Tätigkeiten durch den Arbeitgeber • Mobbing oder sexuelle Belästigung durch den Arbeitgeber • Verzug bei der Zahlung des Arbeitsentgelts (über einen längeren Zeitraum oder mit einem nicht unerheblichen Betrag)

Dabei gilt es zu beachten, dass auch beim Vorliegen eines solchen wichtigen Grundes eine außerordentliche Kündigung nur erfolgen kann, wenn diese „unter Berücksichtigung aller Umstände des Einzelfalles und unter Abwägung der Interessen beider Vertragsteile“ (§ 626 Abs. 1 BGB) als Ultima Ratio tatsächlich unumgänglich ist.

> „Auch im Bereich der außerordentlichen Kündigung folgt aus dem Ultima-Ratio-Prinzip, dass regelmäßig eine Abmahnung der außerordentlichen Kündigung vorausgehen soll [Kap. 2.3.3.2]. Die Abmahnung ist jedoch entbehrlich, wenn der Verstoß derart gravierend ist, dass der Arbeitnehmer damit rechnen muss, dass das Vertrauen des Arbeitgebers endgültig zerstört ist." (Großkopf/Schanz 2021, 199)

Gerichtlich wurde etwa die außerordentliche Kündigung einer Nachtwache für zulässig erachtet, die während eines Dienstes vorsätzlich die Betten zweier Bewohnerinnen eines Pflegeheimes von der Notklingel weggeschoben hatte, um selber ungestört schlafen zu können (LAG Rheinland-Pfalz vom 16.04.2015 [Az. 5 Sa 637/14]). Demgegenüber wurde die außerordentliche Kündigung einer Pflegefachkraft in einer Zentralen Notaufnahme für unzulässig erachtet, die sich verbotswidrig an für den Rettungsdienst bereitgestellten belegten Brötchen bedient hatte; dies sei zwar als Diebstahl gegenüber dem Krankenhausträger zu werten, doch wäre vor allem aufgrund der langen und beanstandungsfreien Beschäftigung der Mitarbeiterin über eine Dauer von mehr als zwanzig Jahren eine Abmahnung ausreichend gewesen, um im Sinne einer Interessensabwägung eine Wiederholung des Verstoßes zu vermeiden und das beschädigte Vertrauen wiederherzustellen (AG Hamburg vom 01.07.2025 [Az. 27 Ca 87/15]).

Zwar erfolgt eine außerordentliche Kündigung regelmäßig fristlos, doch ist sie gemäß § 626 Abs. 2 Satz 1 und 2 BGB an eine sog. Kündigungs*erklärungs*frist gefunden. Danach kann sie nur innerhalb von zwei Wochen nach Kenntnis der die Kündigung rechtfertigenden Umstände ausgesprochen werden. Auf Verlangen der gekündigten Vertragspartei muss der Kündigende zudem schriftlich den Grund für die außerordentliche Kündigung mitteilen (§ 626 Abs. 3 Satz 3 BGB).

2.3.3.2 Kündigungsschutz

Im Arbeitsrecht werden Arbeitnehmerinnen und Arbeitnehmer in bestimmten Situationen vor einer Kündigung durch den Arbeitgeber geschützt. Zu unterscheiden ist insofern der allgemeine Kündigungsschutz nach dem *Kündigungsschutzgesetz* (KSchG) und der besondere Kündigungsschutz für bestimmte, besonders schutzbedürftige Beschäftigtengruppen.

KSchG

Der **allgemeine Kündigungsschutz** betrifft grundsätzlich alle Beschäftigten, die unter den Geltungsbereich des *Kündigungsschutzgesetzes* fallen. Dies ist beim Vorliegen von zwei zentralen Voraussetzungen der Fall: Zum einen genießen Arbeitnehmer nur dann Kündigungsschutz, wenn deren Arbeitsverhältnis bereits ununterbrochen länger als sechs Monate besteht (**persönliche Voraussetzung**) (§ 1 Abs. 1 KSchG). Zum anderen muss der Arbeitgeber grundsätzlich regelmäßig mehr als zehn Mitarbeiter in dem Betrieb des Arbeitnehmers beschäftigen (**betriebliche Voraussetzung**) (§ 23 Abs. 1 Satz 3 KSchG); in Kleinbetrieben gilt also grundsätzlich kein Kündigungsschutz (hierzu genauer Großkopf/Schanz 2021, 181 f.).

Ist das Kündigungsschutzgesetz anwendbar (Vorliegen der persönlichen und betrieblichen Voraussetzungen), ist eine Kündigung des Arbeitnehmers durch den Arbeitgeber nur dann möglich, wenn sie sozial gerechtfertigt ist. Gründe hierfür können in der Person oder im Verhalten des Arbeitsnehmers oder in dringenden betrieblichen Erfordernissen liegen (§ 1 Abs. 1 Satz 1 KSchG).

Bei einer **personenbedingten Kündigung** liegt der (sozial gerechtfertigte) Grund für die Entlassung des Arbeitnehmers in einer Leistungsstörung bei der Erfüllung seiner arbeitsvertraglichen Pflichten, die zu einer betrieblichen Störung beim Arbeitgeber führt. Diese Minderung (oder gar ein Ausfall) der Arbeitsleistung muss dabei auf die individuellen Befähigungen bzw. Eigenschaften des Arbeitnehmers zurückzuführen sein, die von diesem dem Grunde nach nicht beeinflusst werden können (Großkopf/Schanz 2021, 184). Dies ist beispielsweise dann der Fall, wenn eine Pflegefachkraft die Erlaubnis zum Führen ihrer Berufsbezeichnung (Kap. 2.2.1) oder ein Mitarbeiter eines ambulanten Pflegedienstes seine Fahrerlaubnis verliert (Müller/Schabbeck 2018, 117). Ein personenbedingter Grund für eine Kündigung kann darüber hinaus auch in einer Erkrankung des Arbeitnehmers liegen, wenn diese zu einer störenden Beeinträchtigung des Beschäftigungsverhältnisses führt (hierzu Hoß 1999).

> Entgegen einem weit verbreiteten Mythos kann auch eine Erkrankung ein (personenbedingter) Grund für die Entlassung eines Arbeitnehmers sein.

Bei einer **Kündigung wegen Krankheit** sind indes folgende drei Voraussetzungen zu prüfen (vgl. etwa Großkopf/Schanz 2021, 185), die – aufgrund der notwendigen individuellen Betrachtung – häufig Gegenstand einer Kündigungsschutzklage sind:

1. Es muss eine *negative Prognose* bezüglich des künftigen Gesundheitszustandes des Arbeitnehmers geben; weitere krankheitsbedingte Fehlzeiten müssen also aller Wahrscheinlichkeit nach zu erwarten sein.
2. Es muss aufgrund der Fehlzeiten zu erheblichen *Beeinträchtigungen beim Arbeitgeber* kommen (etwa Betriebsablaufstörungen oder wirtschaftliche Einbußen).
3. Eine *Abwägung der Interessen* von Arbeitgeber und Arbeitnehmer muss zulasten des erkrankten Arbeitnehmers ausgehen; dabei sind unter anderem folgende Punkte zu berücksichtigen: Dauer des ungestörten Bestandes des Beschäftigungsverhältnisses, Zumutbarkeit von Überbrückungsmaßnahmen, Ursache der Erkrankung, wirtschaftliche Situation des Arbeitgebers etc.

Im Gegensatz zur personenbedingten Kündigung sind die Gründe für die Entlassung eines Arbeitnehmers bei einer **verhaltensbedingten Kündigung** durch diesen steuer- und beeinflussbar; es handelt sich diesbezüglich also um (vorsätzlich oder fahrlässig begangene) Verletzungen arbeitsvertraglicher Pflichten. Als Kündigungsgründe kommen insofern vor allem in Betracht (nach Großkopf/Schanz 2021, 185):

- **Pflichtverletzungen im Leistungsbereich:** patientengefährdende Pflege, Unpünktlichkeit, Missachtung des Weisungsrechts des Arbeitgebers etc.

- **Verletzung betrieblicher Verhaltenspflichten:** Verstöße gegen ein Rauch- oder Alkoholverbot oder gegen Hygienevorschriften, Nicht-Tragen der Dienstkleidung etc.
- **Verletzung von arbeitsvertraglichen Nebenpflichten:** Verletzung der Schweigepflicht, Missachtung von Meldepflichten im Krankheitsfall etc.

Da auch die verhaltensbedingte Kündigung dem Ultima-Ratio-Prinzip folgt und der Arbeitnehmer vor einer für ihn überraschenden Entlassung geschützt werden soll, ist sie nur nach einer vorherigen **Abmahnung** möglich, die zu ihrer Wirksamkeit drei Aspekte umfassen muss (ausführlich Siefarth 2020, 193 ff.):

- **Hinweisfunktion:** Der Arbeitgeber muss den Arbeitnehmer umfassend und konkret auf das Fehlverhalten hinweisen.
- **Ermahnungsfunktion:** Der Arbeitgeber muss das Fehlverhalten des Arbeitnehmers ausdrücklich missbilligen und ihn dazu ermahnen, das Fehlverhalten künftig zu unterlassen.
- **Warnfunktion:** Der Arbeitgeber muss für den Fall einer wiederholten Pflichtverletzung mit einer (verhaltensbedingten) Kündigung drohen.

Eine Abmahnung muss dem Arbeitnehmer also insgesamt verdeutlichen, dass ein bestimmtes arbeitsvertragswidriges Verhalten nicht länger hingenommen wird. Wird trotz der Abmahnung ein gleichartiges Fehlverhalten erneut gezeigt, berechtigt das den Arbeitgeber schließlich zu einer Kündigung (BAG vom 13.12.2007 [Az. 2 AZR 816/06]).

Es gehört zu den schier unauslöschlichen Mythen des Arbeitsrechts, dass für die (verhaltensbedingte) Kündigung eines Arbeitnehmers drei Abmahnungen erforderlich sind. Dies ist schlichtweg falsch: Zeigt der Arbeitnehmer nach einer wirksamen Abmahnung erneut ein gleichartiges Fehlverhalten, kann ihm nach nur dieser einen Abmahnung gekündigt werden; ist er hingegen schon mehrfach wegen unterschiedlicher vertragsverletzender Verhaltensweisen abgemahnt worden, berechtigt das den Arbeitgeber bei einem erneut unterschiedlichen Verhaltensdefizit im Zweifel (immer noch) nicht zu einer Kündigung.

Verzehrt eine Pflegekraft eines Pflegeheims auf den für die Bewohner und Besucher zugänglichen Fluren Lebensmittel, verstößt sie damit – auch beim Fehlen spezieller Hygienevorschriften – gegen arbeitsvertragliche Pflichten, die eine strikte Trennung zwischen beruflichen und privaten Tätigkeiten bedingen. Verzehrt sie daraufhin trotz entsprechender Abmahnung ein weiteres Mal Lebensmittel auf einem Stationsflur, berechtigt das den Arbeitgeber zu einer verhaltensbedingten Kündigung (LAG Hamm vom 10.08.2006 [Az. 8 Sa 68/06]). Anders läge der Fall, wenn sie dieses Fehlverhalten nach erfolgter Abmahnung einstellt, dafür aber nacheinander verspätet aus der Pause kommt sowie das Weisungsrecht der Stationsleitung missachtet und dafür zwei weitere Abmahnungen erhält. Zeigt sie fortan kein weiteres Mal ein gleichartiges Fehlverhalten (Verzehr der Lebensmittel, Pausenzeitverletzung und Missachtung des Weisungsrechts), kann sie auch bei insgesamt drei Abmahnungen grundsätzlich nicht entlassen werden.

Bei einer **betriebsbedingten Kündigung** liegen die Gründe für die Entlassung eines Arbeitnehmers nicht in dessen Sphäre, sondern in der des Arbeitgebers. Es geht hier um dessen unternehmerische Entscheidung, wegen innerbetrieblicher (z.B. Schließung einer Krankenstation oder eines Wohnbereichs) oder außerbetrieblicher Faktoren (Entfall einer „Tour" eines ambulanten Pflegedienstes wegen Auftragsmangels) Personal abbauen zu wollen bzw. zu müssen (Müller/Schabbeck 2018, 135). Ist diese Entscheidung gefallen, geht es in einem zweiten Schritt um die Frage, *wem* aus der Belegschaft gekündigt werden soll. Hierzu sieht § 1 Abs. 3 Satz 1 KSchG eine sog. **Sozialauswahl** vor. Mit ihr ist zu ermitteln, welche(r) Arbeitnehmer auf den Erhalt des Arbeitsplatzes am wenigsten angewiesen ist/sind. Zu berücksichtigende Kriterien sind dabei die Dauer der Betriebszugehörigkeit, das Lebensalter, Unterhaltspflichten und eine Behinderung des Arbeitnehmers. In der Praxis wird in diesem Zusammenhang oft mit Punktetabellen gearbeitet (Tab. 7). Zu kündigen ist danach dem/den Arbeitnehmer(n) mit den wenigsten „Sozialpunkten".

Tab. 7: Punktetabelle für die Sozialauswahl (nach BAG vom 18.01.1990 [Az. 2 AZR 357/89])

Betriebs-zugehörigkeit	• je Dienstjahr • ab dem 11. Dienstjahr je Dienstjahr • bis max. zum 55. Lebensjahr	• 1 Punkt • 2 Punkte • max. 70 Punkte
Lebensalter	• für jedes volle Lebensjahr • bis max. zum 55. Lebensjahr	• 1 Punkt • max. 55 Punkte
Unterhalts-pflichten	• je unterhaltsberechtigtem Kind • verheiratet	• 4 Punkte • 8 Punkte
(Schwer)Be-hinderung	• bis 50% • über 50 % je 10 Prozentpunkte	• 5 Punkte • 1 Punkt
fakultativ		Abwägung weiterer Gesichtspunkte, wie etwa Pflegebedürftigkeit naher Angehöriger, Schwierigkeiten bei der Arbeitsvermittlung, Alleinverdienerschaft, soziale Härten im Einzelfall

Bei der Sozialauswahl sind alle Beschäftigten zu berücksichtigen, deren Tätigkeiten vergleichbar und die insofern bei der Dienstplangestaltung austauschbar sind (Großkopf/Schanz 2021, 192); nicht einzubeziehen in die soziale Auswahl sind hingegen Arbeitnehmer, „deren Weiterbeschäftigung, insbesondere wegen ihrer Kenntnisse, Fähigkeiten und Leistungen oder zur Sicherung einer ausgewogenen Personalstruktur des Betriebes, im berechtigten betrieblichen Interesse liegt“ (§ 1 Abs. 3 Satz 2 KSchG) – insofern handelt es sich bei der Sozialauswahl um eine *horizontale* Sozialauswahl.

> Kai Pirinja, Jim Tonic und Hans A. Pils arbeiten als Pflegefachmänner in einer stationären Pflegeeinrichtung mit insgesamt 27 Mitarbeitenden und sind dort ausschließlich und als einzige Kollegen im Bereich der Tagespflege tätig. Herr Pirinja ist 28 Jahre alt, verheiratet, ohne Kinder und seit fünf Jahren für die Einrichtung tätig. Herr Tonic ist 24 Jahre alt, verheiratet, ebenfalls kinderlos und seit einem Jahr im Betrieb. Er hat eine akademische Pflegeausbildung absolviert, die ihn in der Pflege besonders qualifiziert; zudem übt er die Funktion der Bereichsleitung aus. Herr Pils ist 40 Jahre alt und geschieden, er hat einen Sohn und ist seit drei Jahren für das Pflegeheim tätig. Da die Einrichtung das Angebot der Tagespflege einschränken möchte, möchte sie einen der drei genannten Mitarbeiter freisetzen.
>
> Bitte schätzen Sie ein, ob eine Kündigung von einem der dreien möglich ist und wer die Kündigung gegebenenfalls erhält. Begründen Sie Ihre Entscheidung und geben sie auch die entsprechende Kündigungsfrist an.

Zu beachten ist abschließend, dass eine Kündigung – selbst, wenn sie personenbedingt, verhaltensbedingt oder betriebsbedingt erfolgen soll – sozial ungerechtfertigt und damit unzulässig ist, wenn der Arbeitnehmer, dem die Kündigung droht, auf einem anderen Arbeitsplatz in demselben Betrieb weiterbeschäftigt werden kann (§ 1 Abs. 2 Satz 2 Nr. 1 bzw. Nr. 2 lit. b KSchG). Eine Versetzung geht einer Kündigung also vor.

Von dem allgemeinen Kündigungsschutz nach dem *Kündigungsschutzgesetz* ist der **besondere Kündigungsschutz** zu unterscheiden, auf den sich Arbeitnehmerinnen und Arbeitnehmer in sozial besonders schutzbedürftigen Situationen bzw. Funktionen berufen können (sog. Sonderkündigungsschutz). Hierzu gehören vor allem (ausführlicher Siefarth 2020, 683 ff.):

- schwerbehinderte Beschäftigte und ihnen gleichgestellte Arbeitnehmer (§§ 168 ff. SGB IX)
- schwangere Frauen und entbundene Mütter (§ 17 MuSchG)
- Arbeitnehmer in Elternzeit (§ 18 BEEG)
- Arbeitnehmer in Pflege- bzw. Familienpflegezeit (§ 5 PflZG bzw. § 2 Abs. 3 FPflZG)
- Auszubildende (§ 22 PflBG) (Kap. 2.1.1.1)
- betriebsverfassungsrechtliche Funktionsträger (§ 15 KSchG sowie § 103 BetrVG)

Recherchieren Sie in der einschlägigen arbeitsrechtlichen Literatur und den genannten gesetzlichen Vorschriften die genauen Modalitäten des jeweiligen Sonderkündigungsschutzes für die genannten Personenkreise.

2.3.3.3 Zeugniserteilung

Im Zusammenhang mit der Beendigung des Arbeitsverhältnisses kann jeder Arbeitnehmer von seinem Arbeitgeber ein Arbeitszeugnis (auch Dienstzeugnis genannt) verlangen. § 630 BGB und § 109 Abs. 1 GewO unterscheiden diesbezüglich zwischen einfachen und qualifizierten Arbeitszeugnissen, wobei der Arbeitnehmer zwischen den beiden Zeugnisarten wählen kann. In jedem Fall muss das Zeugnis maschinenschriftlich auf dem Geschäftspapier des Arbeitgebers ausgestellt werden und von diesem oder einem von ihm hierzu Bevollmächtigten unter Angabe des Datums unterschrieben werden (zu weiteren Kriterien etwa Siefarth 2020, 797 ff.).

Während ein **einfaches Arbeitszeugnis** auf Angaben zur Art und zur Dauer der Tätigkeit beschränkt ist, enthält ein **qualifiziertes Zeugnis** darüber hinaus auch Aussagen zu den Leistungen und zum Verhalten des Arbeitnehmers während des Beschäftigungsverhältnisses (zum Aufbau und zu den Inhalten eines solchen Zeugnisses vgl. etwa Smolibowski 2023, 73 ff.). In einem Urteil des *Bundesgerichtshofs* aus dem Jahr 1963 wurden dabei die Grundlagen für die Ausstellung eines qualifizierten Dienstzeugnisses gelegt, die bis heute Bestand haben:

> „Oberster Grundsatz ist, dass der Inhalt des Zeugnisses wahr sein muss; das heißt aber nicht, dass bei einem Zeugnis über Leitung und Führung die Verpflichtung zu schonungsloser offener Beurteilung von ungünstigen Vorkommnissen besteht. Das Zeugnis soll von verständigem Wohlwollen für den Arbeitnehmer getragen sein und ihm sein weiteres Fortkommen nicht erschweren." (BGH vom 26.11.1963 [Az. VI ZR 221/62])

Nach diesem Urteil muss das Zeugnis also sowohl wahrheitsgemäß als auch wohlwollend formuliert sein. In der Praxis stellt die Berücksichtigung der **Grundsätze der Wahrheit und des Wohlwol-**

lens insbesondere bei der Zeugniserteilung für Mitarbeiter mit unterdurchschnittlichen Leistungen und einem nicht optimalen Sozialverhalten eine gewisse Herausforderung dar. Aus diesem Grund haben sich im Laufe der Zeit bestimmte Standardformulierungen bzw. sprachliche Bewertungsskalen in Anlehnung an das Schulnotensystem etabliert (sog. **Zeugnissprache**), um die unterschiedlichen Grade der Zufriedenheit mit dem Arbeitnehmer unter Einbeziehung eines Zeitfaktors abbilden zu können (Groß-kopf/Schanz 2021, 219) (Tab. 8).

Tab. 8: Beispielhafte Formulierungen zur Gesamtzufriedenheit des Arbeitgebers mit einem Arbeitnehmer (in Anlehnung an Großkopf/Schanz 2021, 220)

	Zeitfaktor	**Zufriedenheitsfaktor**
Bewertung	Der Arbeitnehmer hat seine Aufgaben …	
sehr gut	stets/immer	zu unserer vollsten Zufriedenheit
gut	stets/immer	zu unserer vollen Zufriedenheit
befriedigend	(keine Angabe)	zu unserer vollen Zufriedenheit
ausreichend	(keine Angabe)	zu unserer Zufriedenheit
mangelhaft	meistens	zu unserer Zufriedenheit
	… erfüllt.	
ungenügend	(keine Angabe)	Der Arbeitnehmer hat sich bemüht, die ihm übertragenen Aufgaben zu unserer Zufriedenheit zu erledigen.

Zudem verbietet es das **Klarheitsgebot** des § 109 Abs. 2 GewO, Merkmale oder Formulierungen zu verwenden, „die den Zweck haben, eine andere als aus der äußeren Form oder aus dem Wortlaut ersichtliche Aussage über den Arbeitnehmer zu treffen".

Unzulässig wären danach Formulierungen wie *Er hat zur Verbesserung des Betriebsklimas beigetragen* (tatsächliche Bedeutung: *Er neigte – insbesondere bei Betriebsfeiern – zu übertriebenem Alkoholgenuss!*) oder *Sie bewies für die Belange der Belegschaft stets Einfühlungsvermögen* (tatsächliche Bedeutung: *Sie flirtete mit jedem und war ständig auf der Suche nach Sexualkontakten!*).

Ein Arbeitszeugnis muss stets wahr und wohlwollend sein und darf keine Verklausulierungen enthalten.

1. Recherchieren Sie im Internet nach Formulierungen in der Zeugnissprache, die in qualifizierten Arbeitszeugnissen zur Beurteilung der Leistungen und des Verhaltens des Arbeitnehmers genutzt werden.
2. Vergleichen sie diese Formulierungsbeispiele mit einem tatsächlich ausgestellten qualifizierten Zeugnis. Welche Schulnote wurde hier für welchen Bereich erteilt? Welche Gesamtnote hat der Arbeitnehmer erhalten?

2.4 Zusammenarbeit mit anderen Gesundheitsfachberufen

Das Spektrum der im Gesundheitswesen tätigen personellen Akteure ist ebenso breit wie bunt und reicht von *A* wie *Algesiologe* bis *Z* wie *Zytologieassistentin*. Wichtigster Vorteil dieser Arbeitsteilung im Gesundheitswesen ist dabei die Steigerung der Versorgungsqualität durch eine berufsspezialisierte und fachqualifizierte Professionalisierung der einzelnen Gesundheits(fach)berufe. Aufgabe von Pflegefachkräften ist es diesbezüglich, „interdisziplinär mit anderen Berufsgruppen fachlich zu kommunizieren und effektiv zusammenzuarbeiten und dabei individuelle, multidisziplinäre und berufsübergreifende Lösungen bei Krankheitsbefunden und Pflegebedürftigkeit zu entwickeln sowie teamorientiert umzusetzen" (§ 5 Abs. 3 Nr. 3 PflBG). Neben der interdisziplinären Zusammenarbeit von Pflegefachkräften mit Angehörigen anderer nicht-ärztlicher Gesundheits(fach)berufe spielt dabei das berufsrechtliche Verhältnis zu Ärztinnen und Ärzten eine besondere Rolle, da diese die Möglichkeit haben, bestimmte, dem Grunde nach ärztliche Maßnahmen an Pflegekräfte zu delegieren (vgl. § 5 Abs. 3 Nr. 2 PflBG).

Den Versuch einer Auflistung sämtlicher Gesundheits(fach)berufe nebst einer Beschreibung ihrer berufsspezifischen Qualifikation und ihrer möglichen Einsatzgebiete unternimmt Frodl (2018), der weit mehr als 300 (teils akademische) Berufe sowie Fachweiterbildungen nach Bundes- und Landesrecht unterscheidet.

2.4.1 Personelle Arbeitsteilung im Gesundheitswesen

Bei der personellen **Arbeitsteilung im Gesundheitswesen** wird im Allgemeinen zwischen der horizontalen Arbeitsteilung zwischen unterschiedlichen Berufsgruppen und der vertikalen Arbeitsteilung innerhalb einer Berufsgruppe unterschieden.

Während es bei der *horizontalen Arbeitsteilung* um ein gleichberechtigtes Nebeneinander der einzelnen Gesundheits(fach)berufe und ihrer Profession bzw. ihres qualifikations- und berufsspezifischen Tätigkeitsspektrums ohne ein Über-/Unterordnungsverhältnis geht, ist die *vertikale Arbeitsteilung* durch eine Hierarchie innerhalb der Angehörigen eines Gesundheitsberufs bzw. eines Berufsspektrums geprägt (Weiß 2020, 84).

So besteht eine **horizontale Arbeitsteilung** etwa zwischen den Angehörigen des Pflegeberufs und der einzelnen Therapieberufe, darüber hinaus aber auch zwischen Pflegekräften bzw. Therapeutinnen und Therapeuten sowie Ärztinnen und Ärzten, da letztere – zumindest, wenn sie (wie beispielsweise im Krankenhaus) abhängig beschäftigte Mitarbeiter desselben Arbeitgebers sind – nicht per se weisungsbefugt gegenüber dem nicht-ärztlichen Personal sind (Kostorz 2020, 78) (zu Ausnahmen Kap. 2.4.2). Da der Ärzteschaft gleichwohl eine besondere Bedeutung im Gesundheitssystem zukommt, sind deren Zuständigkeiten und Aufgaben klar vor allem von denen der Pflegekräfte abzugrenzen, „damit Pflegebedürftige und Patienten durch die Zusammenarbeit nicht zusätzlichen Risiken ausgesetzt sind“ (Weiß 2020, 56).

Anders als in vielen anderen (nicht-ärztlichen) Heil- bzw. Gesundheitsberufen ist der **Aufgabenbereich der Ärzteschaft** weder in einem einheitlichen Regelwerk oder gar einer zentralen Vorschrift zusammengefasst, noch in der Gesamtschau der insofern einschlägigen Rechtsquellen abschließend geregelt (hierzu insgesamt Hahn 2024).

Nach § 1 Abs. 1 BÄO bzw. MBO-Ä dienen Ärzte der Gesundheit der einzelnen Menschen und der gesamten Bevölkerung; nach § 1 Abs. 2 MBO-Ä ist es ihre Aufgabe, „das Leben zu erhalten, die Gesundheit zu schützen und wiederherzustellen, Leiden zu lindern, Sterbenden Beistand zu leisten und an der Erhaltung der natürlichen Lebensgrundlagen im Hinblick auf ihre Bedeutung für die Gesundheit der Menschen mitzuwirken“. Demgegenüber spricht § 2 Abs. 5 BÄO allgemeiner von der „Ausübung der Heilkunde“, welche im *Heilpraktikergesetz* legaldefiniert wird.

Ausübung der *Heilkunde* ist jede berufs- oder gewerbsmäßig vorgenommene Tätigkeit zur Feststellung, Heilung oder Linderung von Krankheiten, Leiden oder Körperschäden bei Menschen (§ 1 Abs. 2 HeilprG).

Noch kürzer gefasst kommt Ärztinnen und Ärzten damit die umfassende Aufgabe der medizinischen **Diagnostik und Therapie** zu, in deren Zusammenhang es – zumindest bei der Leistungserbringung im System der gesetzlichen Krankenversicherung – zudem einen sog. Arztvorbehalt gibt, der sich aus dem indirekten ärztlichen Berufsrecht des § 28 Abs. 1 bzw. des § 15 Abs. 1 SGB V ergibt (Prehm, in: Berchtold et al. 2018, § 15 SGB V Rdnr. 6 ff. sowie Barkow-von Creytz bzw. Nebendahl, in: Spickhoff 2022, § 15 SGB V Rdnr. 2 bzw. § 28 SGB V Rdnr. 3): „Die ärztliche Behandlung umfaßt die Tätigkeit des Arztes, die zur Verhütung, Früherkennung und Behandlung von Krankheiten nach den Regeln der ärztlichen Kunst ausreichend und zweckmäßig ist.“ „Sind Hilfeleistungen anderer [nicht-ärztlicher; d.V.] Personen erforderlich, dürfen sie nur erbracht werden, wenn sie vom Arzt […] angeordnet und von ihm verantwortet werden.“

Demgegenüber wird das **Aufgabenspektrum von Pflegefachkräften** in § 5 Abs. 3 PflBG verhältnismäßig detailliert umschrieben (Kostorz 2023a, 37 ff.). Danach sollen sie vor allem bestimmte pflegerische Tätigkeiten selbständig, also in eigener Verantwortung ausführen; hierzu gehören nach § 5 Abs. 3 Nr. 1 PflBG vor allem die folgenden Aufgaben:

- Erhebung und Feststellung des individuellen Pflegebedarfs und Planung der Pflege
- Organisation, Gestaltung und Steuerung des Pflegeprozesses
- Durchführung der Pflege und Dokumentation der angewendeten Maßnahmen
- Analyse, Evaluation, Sicherung und Entwicklung der Qualität der Pflege
- Bedarfserhebung und Durchführung präventiver und gesundheitsfördernder Maßnahmen
- Beratung, Anleitung und Unterstützung von zu pflegenden Menschen bei der individuellen Auseinandersetzung mit Gesundheit und Krankheit sowie bei der Erhaltung und Stärkung der eigenständigen Lebensführung und Alltagskompetenz
- Erhaltung, Wiederherstellung, Förderung, Aktivierung und Stabilisierung individueller Fähigkeiten der zu pflegenden Menschen insbesondere im Rahmen von Rehabilitationskonzepten
- Pflege und Betreuung von Personen mit eingeschränkten kognitiven Fähigkeiten

Dabei handelt es sich bei der *Erhebung und Feststellung des individuellen Pflegebedarfs*, der *Planung der Pflege*, der *Organisation, Gestaltung und Steuerung des Pflegeprozesses* sowie der *Analyse, Evaluation, Sicherung und Entwicklung der Qualität der Pflege* um sog. **Vorbehaltsaufgaben**, die im beruflichen Kontext ausschließlich von Pflegefachkräften und damit auch nicht von Ärztinnen und Ärzten durchgeführt werden dürfen (Kap. 2.2.2).

Zusammenfassend lässt sich daraus ableiten, dass – zumindest in idealtypischer Weise – die Ärzteschaft den Bereich der Diagnostik und Therapie und die ihm zugeordneten Maßnahmen der Behandlungs- bzw. speziellen oder medizinischen Pflege zu verantworten hat, während die Grund- bzw. allgemeine oder körperbezogene Pflege (mit bestimmten Vorbehaltsaufgaben!) in den originären Aufgabenbereich der Pflege fällt (Weiß 2020, 72).

Die *Grund-* bzw. *körperbezogene Pflege* umfasst dabei alle allgemeinen pflegerischen Maßnahmen nichtmedizinischer Art zur Befriedigung allgemeiner menschlicher Grundbedürfnisse (z. B. Körperpflege, Ernährung oder Mobilität), während sich die (medizinische) *Behandlungspflege* auf krankheitsspezifische Maßnahmen erstreckt, die dem Grunde nach zur ärztlichen Behandlung gehören, von Ärzten jedoch üblicherweise an Pflegekräfte delegiert und von diesen durchgeführt werden (z. B. Verbandwechsel oder das Injizieren von Arzneimitteln) (Kostorz 2020, 38).

Die **vertikale Arbeitsteilung** zeigt sich in der Pflege zunächst in dem hierarchischen Verhältnis zwischen einfachen Pflegekräften, der Stations- oder Bereichsleitung und der Pflegedienstleitung bzw. der Pflegedirektion, darüber hinaus aber auch in der Aufgabenverteilung zwischen dreijährig qualifizierten Pflege*fach*- und den nach unterschiedlichen landesrechtlichen Vorgaben i. d. R. einjährig ausgebildeten Pflege*hilfs*kräften (hierzu Jürgensen 2019). Beispielhaft kann hier die nordrhein-westfälische *Ausbildungs- und Prüfungsverordnung Pflegefachassistenz* genannt werden, nach der (ebenfalls generalistisch ausgebildete) *Pflegefachassistentinnen* und *Pflegefachassistenten* insbesondere dazu befähigt werden sollen, „Pflegefachpersonen bei der Erfüllung pflegerischer Aufgaben zu unterstützen, deren Anordnungen fachgerecht unter entsprechender Aufsicht durchzuführen" (§ 3 Abs. 1 Satz 1 PflfachassAPrV NRW) und „Menschen aller Altersstufen in stabilen Pflegesituationen, auf der Grundlage der individuellen Pflegeplanung von Pflegefachpersonen" zu pflegen und zu begleiten (§ 3 Abs. 2 Nr. 1 lit. a PflfachassAPrV NRW).

⚠ Pflegehilfskräfte können kaum eigenständig und alleinverantwortlich in der Pflege tätig werden und sind nur für eng umgrenzte Pflegetätigkeiten zumeist im Bereich der Grund- bzw. der allgemeinen Pflege qualifiziert (Weiß 2020, 64).

2.4.2 Delegation und Substitution von ärztlichen Tätigkeiten

Einen weiteren Aspekt der (vor allem) vertikalen Arbeitsteilung in der Pflege stellt die Übertragung dem Grunde nach ärztlicher (behandlungspflegerischer) Maßnahmen auf Pflegekräfte dar (Wiese 2014, Rdnr. 558), die mit dem Begriff der **Delegation** bezeichnet wird. So benennt es § 5 Abs. 3 Nr. 2 PflBG auch als eine

Aufgabe von Pflegefachkräften, „ärztlich angeordnete Maßnahmen eigenständig durchzuführen, insbesondere Maßnahmen der medizinischen Diagnostik, Therapie oder Rehabilitation".

Das bestehende Arztprivileg im Bereich der Diagnostik und Therapie von Krankheiten bedeutet nicht, dass diesbezüglich alle medizinischen Maßnahmen durch den Arzt höchstpersönlich durchgeführt werden müssen. Möglich ist vielmehr auch eine Delegation entsprechender Tätigkeiten an nicht-ärztliches Personal, wie etwa an Pflegefachkräfte.

Möglichkeiten und Grenzen einer Delegation ärztlicher Maßnahmen an Pflegefachkräfte diskutieren (neben den Autorinnen und Autoren der gängigen Lehrbücher zum Pflegerecht [Kap. 1.2.2]) etwa Achterfeld (2014), Bergmann (2009), Müller und Schabbeck (2014) oder Roßbruch (2003).

Trotz der insofern bestehenden berufsrechtlichen Möglichkeit einer solchen Delegation, die sich zum einen aus dem für die Pflege einschlägigen Berufsgesetz (§ 5 Abs. 3 Nr. 2 PflBG) und zum anderen aus dem ärztlichen Berufsrecht ergibt (§§ 15 Abs. 1 und 28 Abs. 1 SGB V) (Weiß 2020, 76 ff.), stellt sich hier indes die Frage nach deren arbeitsrechtlicher **Zulässigkeit**, da das Weisungsrecht gegenüber Pflegekräften grundsätzlich nur deren Arbeitgeber zusteht (Kap. 2.3.2.1), die in derselben Gesundheitseinrichtung (wie etwa in einem Krankenhaus) beschäftigten Ärztinnen und Ärzte diese Funktion aber gerade nicht innehaben (Kap. 2.4.1). In der Rechtspraxis wird dieses Problem regelmäßig dadurch gelöst bzw. umgangen, dass der (gemeinsame) Arbeitgeber das ihm insofern zustehende Weisungsrecht per Arbeitsvertrag oder mittels allgemeiner Dienstanweisung an die für ihn tätigen Ärzte überträgt, so dass diese dann gegebenenfalls entsprechende Handlungsanweisungen gegenüber den nicht-ärztlichen Mitarbeitern treffen können (Weiß 2020, 80 f.).

Dabei ist insgesamt zwischen nicht delegationsfähigen, im Einzelfall delegierbaren und generell delegationsfähigen Maßnahmen zu unterscheiden (hierzu etwa Großkopf/Klein 2020 sowie Müller/

Schabbeck 2018, 411 ff.). Bei den **nicht delegationsfähigen Maßnahmen** handelt es sich um Tätigkeiten, die aufgrund ihrer Komplikationsdichte und ihrer Gefährdungsnähe in jedem Fall einem Arzt bzw. einer Ärztin vorbehalten bleiben müssen (Tab. 9). Demgegenüber fallen unter die **generell delegationsfähigen Maßnahmen** diejenigen Tätigkeiten, für die die ausführende Pflegefachkraft nach den Maßgaben der Ausbildungs- und Prüfungsverordnung in ihrer Pflegeausbildung qualifiziert worden ist (Tab. 9). Da sie Ausbildungsbestandteil waren, kann hier davon ausgegangen werden, dass entsprechende Kompetenzen tatsächlich erworben worden sind; indiziell belegt werden kann das durch den Berufsabschluss bzw. die Erlaubnis zum Führen der Berufsbezeichnung (sog. formale Qualifikation).

Eine *formale Qualifikation* besteht, wenn die Pflegekraft die vorgeschriebene Ausbildung absolviert sowie die sich anschließende staatliche Prüfung bestanden hat und ihr daraufhin die Erlaubnis erteilt worden ist, eine entsprechende Berufsbezeichnung führen zu dürfen. Daraus kann abgeleitet werden, dass sie bestimmte Kompetenzen, deren Vermittlung Bestandteil der Ausbildung gewesen ist, tatsächlich erworben hat.

Etwas schwerer zu fassen sind die **im Einzelfall delegierbaren Maßnahmen.** Hier muss zunächst klar sein, dass die Maßnahme, die delegiert werden soll, insofern eine vertretbare Komplikationsdichte und Gefährdungsnähe aufweist, als sie aus medizinischer Sicht nicht unbedingt ein persönliches Tätigwerden eines Arztes bzw. einer Ärztin erfordert. Ist dies der Fall, kann bzw. darf die Maßnahme delegiert werden, allerdings nur an Pflegekräfte, die im Sinne individueller Fähig- und Fertigkeiten über eine ausreichende Qualifikation zur Durchführung der Maßnahme verfügen. Im Gegensatz zur Übertragung generell delegierbarer Maßnahmen reicht hier eine *formale* Qualifikation des Anordnungsadressaten (also kurzgefasst der Nachweis einer abgeschlossenen Pflegeausbildung) nicht aus, vielmehr muss der Ausführende auch ausreichend *materiell* qualifiziert sein, also tatsächlich über die zur Durchführung der entsprechenden Maßnahme erforderlichen Kompetenzen verfügen (Tab. 9). Hiervon hat sich der delegierende Arzt zu überzeugen und den Delegationsempfänger gegebenenfalls (zusätzlich bzw. zunächst) entsprechend anzuleiten. Zudem muss er die Durchführung der delegierten Maßnahme angemessen überwachen und für den Fall des Eintretens von Komplikationen eine gewisse Rufpräsenz zeigen.

Die *materielle Qualifikation* einer Pflegekraft ergibt sich aus deren tatsächlich vorhandenen beruflichen Kenntnissen, Fähigkeiten und Fertigkeiten, die unter Umständen auch erst als examinierte Kraft, also nach der Ausbildung und der staatlichen Prüfung durch Berufserfahrung und/oder die Teilnahme an Fort- bzw. Weiterbildungsmaßnahmen, erworben worden sind.

Tab. 9: Beispiele für (nicht) delegierbare ärztliche Maßnahmen an Pflegefachkräfte (nach Weiß 2020, 77 f.)

delegierbare Maßnahmen	im Einzelfall übertragbare Maßnahmen	nicht delegierbare Maßnahmen
• s.c.- und i.m.-Injektionen • Wechsel von Dauerkathetern • einfacher Verbandwechsel • Wundmanagement • Dekubitusprophylaxe/-behandlung	• i.v.-Injektionen • Infusionen • Blutentnahme	• operative Eingriffe • medizinische Untersuchungen zur Diagnostik • Entscheidungen über therapeutische Maßnahmen • Anlegen von PEK und ZVK • Applikation von Zytostatika

Informieren Sie sich über die Maßgaben zur Delegation von ärztlichen Maßnahmen an Pflegefachkräfte, die in der Gesundheitseinrichtung gelten, in der Sie tätig sind. Schätzen Sie ein, ob diese den entsprechenden rechtlichen Anforderungen genügen.

Aus Sicht des **Haftungsrechts** trägt der delegierende Arzt stets die *Anordnungs-* und die *Führungsverantwortung*, also die Schuldigkeit dafür, dass die richtige Maßnahme an die richtige Pflegekraft (vorhandene formale und ausreichende materielle Qualifikation) delegiert wird und dass diese gegebenenfalls korrekt angeleitet und überwacht worden ist. Die Pflegekraft trägt als Delegationsempfängerin zunächst die *Übernahmeverantwortung*, in deren Rahmen sie einschätzen muss, ob die delegierte Maßnahme fachlich korrekt ist und ob sie im Sinne einer kritischen Selbstreflexion tatsächlich in der Lage ist, diese fehlerfrei auszuführen. Sofern ihr dabei Bedenken kommen, hat sie die Pflicht bzw. das Recht zur sog. Remonstration, also zum Erheben von Einwendungen gegen die Delegation bzw. die delegierte Maßnahme. Zudem haftet sie im Rahmen der *Durchführungsverantwortung* dafür, dass die delegierte Maßnahme schlussendlich korrekt von ihr durchgeführt wird. Die Haftung des delegierenden Arztes bzw. des nicht-ärztlichen Delegationsempfängers wird dabei sowohl durch eine vorsätzliche, als auch durch eine fahrlässige Pflichtverletzung begründet (Kap. 2.5.1.3) (Abb. 7).

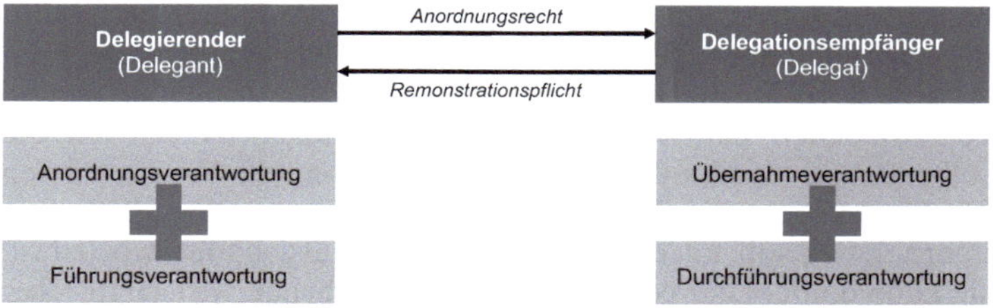

Abb. 7: Verantwortungsbeziehungen bei der Delegation ärztlicher Maßnahmen

Erläutern Sie am Beispiel einer bei einem Patienten erforderlichen intravenösen Injektion die Verantwortungsbeziehungen zwischen Arzt und Pflegefachkraft, wenn die Maßnahme als im Einzelfall übertragbare ärztliche Tätigkeit nicht von dem Arzt selbst durchgeführt, sondern an die Pflegefachkraft delegiert werden soll.

Von der Delegation ärztlicher Maßnahmen abzugrenzen ist deren (berufsrechtlich deutlich weitergehende) **Substitution**, also die Übertragung der eigenverantwortlichen Auswahl und Durchführung einer dem Grunde nach ärztlichen Tätigkeit auf nicht-ärztliches Personal. Eine solche Substitution ist derzeit nur im Rahmen von **Modellvorhaben** nach § 63 Abs. 3b und 3c sowie § 64d SGB V möglich; Substitutionsadressaten können danach ausschließlich Pflegefachkräfte sein.

Die Modalitäten einer Substitution ärztlicher Tätigkeiten durch die Berufsausübung von Pflegefachkräften im Rahmen von Modellvorhaben regeln vor allem die sog. *Heilmittelübertragungsrichtlinie* des *Gemeinsamen Bundesausschusses* (www.g-ba.de) sowie der sog. *Rahmenvertrag nach § 64d SGB V* zwischen dem *GKV-Spitzenverband* und der *Kassenärztlichen Bundesvereinigung* (www.kbv.de).

So können Pflegefachkräfte nach § 63 Abs. 3b SGB V unter anderem ermächtigt werden, die Verordnung von Verbandsmitteln und Pflegehilfsmitteln sowie die inhaltliche Ausgestaltung der häuslichen Krankenpflege einschließlich deren Dauer eigenständig vorzunehmen. Zudem können Modellvorhaben nach § 63 Abs. 3c SGB V (hierzu etwa Heberlein 2012) eine Übertragung von ärztlichen Tätigkeiten vorsehen, bei denen es sich um die selbständige Ausübung von Heilkunde handelt. Voraussetzung hierfür ist, dass die Pflegefachkraft, die die ärztliche Tätigkeit übernehmen soll, nach § 14 PflBG hierfür ausgebildet worden ist; sie kann dann entsprechend in eigener fachlicher, wirtschaftlicher und rechtlicher Verantwortung tätig werden. Hierzu wurde in der sog. *Heilkundeübertragungsrichtlinie* festgelegt, bei welchen Tätigkeiten eine Übertragung von heilkundlichen Maßnahmen auf Pflegefachkräfte erfolgen kann. Diesbezüglich wird zwischen diagnose- und prozedurenbezogenen Tätigkeiten unterschieden. Zu den in der Richtlinie gelisteten Diagnosen gehören beispielsweise Diabetes mellitus, chronische Wunden oder Demenz; zu den prozedurenbezogenen Tätigkeiten führt der Katalog etwa die Anlage und die Versorgung einer Magensonde oder die Versorgung und den Wechsel eines Blasenkatheters auf. In beiden Fällen werden in tabellarischer Form die Art und der Umfang der übertragbaren ärztlichen Tätigkeiten sowie die hierzu erforderlichen Zusatzqualifikationen nach § 14 PflBG benannt. Die Indikations- und Diagnosestellung muss dabei allerdings stets in ärztlicher Hand bleiben („Substitution light").

Da diese Modellvorhaben über lange Jahre hinweg ein Schattendasein fristeten, sieht § 64d SGB V seit dem Jahr 2023 vor, dass die Krankenkassen in jedem Bundesland mindestens ein Modellvorhaben nach § 63 SGB V zur Übertragung von ärztlichen Tätigkeiten auf Pflegefachkräfte mit einer Zusatzqualifikation nach § 14 PflBG durchführen müssen, bei dem es um eine selbstständige Ausübung von Heilkunde geht (hierzu Büscher 2023). Der zwischen dem *GKV-Spitzenverband* und der *Kassenärztlichen Bundesvereinigung* geschlossene sog. *Rahmenvertrag nach § 64d SGB V* legt hierzu die erforderlichen erweiterten Kompetenzen der Pflegefachkräfte, die übertragbaren ärztlichen Tätigkeiten bzw. therapeutisch-pflegerischen Aufgaben und die Grenzen der Übertragung der ärztlichen Tätigkeiten fest. Möglich ist diese derzeit allerdings nur beim Krankheitsbild Diabetes mellitus, bei chronischen Wunden und bei Demenz.

Bitte informieren Sie sich im Internet oder bei Ihrer Krankenkasse, welche(s) Modellvorhaben nach §§ 63 und 64d SGB V in Ihrem Bundesland durchgeführt wird bzw. werden.

Mit dem geplanten bzw. angekündigten **Pflegekompetenzgesetz** (Kap. 2.1.2.1) sollen die Regelungen zu den Modellprogrammen nach § 63 Abs. 3b und 3c sowie § 64d SGB V künftig aufgehoben werden. An ihre Stelle sollen entsprechend § 14 PflBG zusatzqualifizierte Absolventinnen und Absolventen der beruflichen Pflegeausbildung und an einer Hochschule primärqualifizierend ausgebildete Pflegefachkräfte die Befugnis erhalten, erweiterte heilkundliche Tätigkeiten im Bereich der Regelversorgung selbständig und eigenverantwortlich durchzuführen (Di Bella 2024), was eine („echte“) Substitution ärztlicher Maßnahmen durch entsprechend qualifizierte Pflegefachkräfte bedeuten würde (Kostorz/Niehues 2024, 318 f.). Entsprechend dem Rahmenvertrag zu § 64d SGB V und vor allem den Maßgaben des § 37 Abs. 2 Satz 2 PflBG wird es dabei vermutlich (zunächst) um die Versorgung von Patienten mit diabetischen Stoffwechsellagen, chronischen Wunden und Demenz gehen. Hier gilt es also, künftige diesbezügliche Gesetzesänderungen im Blick zu behalten.

2.5 Folgen von Pflegefehlern und sonstigem Fehlverhalten

Unterläuft einer Pflegekraft in der Ausübung ihres Berufes ein Pflegefehler oder zeigt sie ein sonstiges deviantes oder gar delinquentes Verhalten, kann das sowohl privatrechtliche als auch strafrechtliche Konsequenzen nach sich ziehen. Während es bei der privatrechtlichen Haftung in erster Linie um die Frage geht, wer einen eingetretenen Schaden in welcher Höhe finanziell auszugleichen hat, geht es bei der strafrechtlichen Verantwortlichkeit um die gerichtliche Entscheidung, ob die betreffende Person gegen eine Strafvorschrift verstoßen hat und dies von der staatlichen Gemeinschaft mit einer Geld- oder Freiheitsstrafe geahndet werden kann. Darüber hinaus kommen berufsrechtliche (Widerruf der Erlaubnis zum Führen der Berufsbezeichnung [Kap. 2.2.1]) und arbeitsrechtliche Sanktionen (Abmahnung und Kündigung [Kap. 2.3.2 und 2.3.3]) in Betracht.

Eine umfassende Darstellung des Haftungsrechts in der Pflege bieten Howald (2018) sowie Sträßner (2006); eine überblicksartige Darstellung findet sich bei Kostorz (2016b). Seiler (2019) stellt in seinem Buch speziell die strafrechtliche Verantwortung für Pflegefehler dar.

2.5.1 Zivilrechtliche Haftung

Im Rahmen des zivilrechtlichen Schadensausgleichs für einen Pflegefehler ist zwischen der vertraglichen und der deliktischen Haftung zu unterscheiden, die beide im *Bürgerlichen Gesetzbuch* (BGB) geregelt sind (Kap. 2.5.1.2 bzw. 2.5.1.3).

BGB

Bei der *vertraglichen Haftung* nach § 280 BGB muss die Gesundheitseinrichtung für den eingetretenen Schaden einstehen, mit der der Patient bzw. der Pflegebedürftige den seiner Versorgung zugrundeliegenden Vertrag abgeschlossen hat. Im Gegensatz dazu haftet nach § 823 BGB diejenige Person *deliktisch,* die durch ihr Fehlverhalten den Schaden beim Patienten tatsächlich verursacht hat, also vorliegend die Pflege(fach)kraft.

Für den Fall, dass die geschädigte Person Ansprüche sowohl aus der vertraglichen als auch aus der deliktischen Haftung geltend machen kann, hat zwischen der Gesundheitseinrichtung als Vertragspartnerin des Patienten bzw. Pflegebedürftigen und der von ihr beschäftigten Pflegekraft, die den Patienten geschädigt hat, ein sog. innerbetrieblicher Schadensausgleich zu erfolgen, welcher sich nach dem Grad des Verschuldens der Pflegekraft richtet (Kap. 2.5.1.4).

2.5.1.1 Schadensausgleich

Gemein ist der vertraglichen und der deliktischen Haftung die Art eines möglichen Schadensausgleichs, wobei der eingetretene Schaden nicht immer zwangsläufig in einer Schädigung der Gesundheit bzw. des Körpers eines Patienten oder Pflegebedürftigen liegen muss; vielmehr kommt diesbezüglich auch eine Verletzung der Freiheit, des Eigentums oder eines sonstigen Rechts des Betroffenen in Betracht (Kap. 3.1.1). Er kann zunächst als sog. **Naturalrestitution** nach § 249 Abs. 1 BGB erfolgen. In diesem Fall ist der Schadensersatzpflichtige gehalten, wieder den (Gesundheits)Zustand des Patienten bzw. Pflegebedürftigen herzustellen, der bestehen würde, wenn es nicht zu dem schädigenden Ereignis gekommen wäre.

Denkbar wäre es also, dass ein Krankenhaus, in dem ein Patient einen Behandlungs- bzw. Pflegefehler erlitten hat und in dem während einer Untersuchungsmaßnahme die Lesebrille dieses Patienten abhandengekommen ist, dessen Versorgung so weit fortsetzt, bis (mindestens) der ursprüngliche Gesundheitszustand wiederhergestellt ist, und ihm zudem eine neue Sehhilfe verschafft.

Ist dies nicht möglich oder lehnt der Patient bzw. Pflegebedürftige diese Variante des Schadensersatzes zu Recht mit der Begründung ab, dass das Vertrauensverhältnis zur Einrichtung bzw. zur behandelnden resp. pflegenden Person zerrüttet sei, steht ihm zur Kompensation des Schadens eine **Geldleistung** nach § 249 Abs. 2 BGB zu, mit der beispielsweise eine Heilbehandlung bei einem anderen Leistungserbringer bewirkt werden kann. In der Praxis wird diese in Bezug auf die Schädigung erforderliche Folgebehandlung indes in aller Regel (zunächst) von einem Sozialleistungsträger, also vor allem von der den Patienten bzw. Pflegebedürftigen versichernden Krankenkasse übernommen werden (Kap. 3.3.2). In diesem Fall kann die Krankenkasse einen Regressanspruch nach § 116 SGB V gegen die schadensersatzpflichtige Gesundheitseinrichtung (bei einer vertraglichen Haftung) bzw. die schadenersatzpflichtige Pflegeperson (bei einer deliktischen Haftung) geltend machen. Neben die Natural- bzw. Geldrestitution nach § 249 BGB tritt zudem der **Ersatz eventuell entgangenen Gewinns** (im Sinne von Einkommenseinbußen, § 252 BGB) und als Ausgleich des entstandenen immateriellen Schadens die Zahlung von **Schmerzensgeld** (§ 253 Abs. 2 BGB).

2.5.1.2 Vertragliche Haftung

Die pflegerische Versorgung des Patienten bzw. Pflegebedürftigen erfolgt regelmäßig auf der Grundlage eines sog. zweiseitigen Schuldverhältnisses, also auf einem Vertrag, der zwischen ihm und der ihn versorgenden Gesundheitseinrichtung abgeschlossen worden ist; hierbei handelt es sich regelmäßig um einen **Krankenhausvertrag**, einen **Heimvertrag** oder einen **Pflegevertrag** mit einem ambulanten Pflegedienst (Kap. 4.2). Mit dem entsprechenden Vertrag verpflichtet sich die Gesundheitseinrichtung vor allem dazu, den Patienten bzw. Pflegebedürftigen aktuellen medizinisch-pflegewissenschaftlichen Erkenntnissen entsprechend zu versorgen (§ 135a Abs. 1 SGB V bzw. §§ 11 Abs. 1 und 112 SGB XI) (hierzu näher Büscher/Krebs 2022, 39 ff.). Bei einem **Behandlungs- bzw. Pflegefehler** hat die Einrichtung diese vertragliche Pflicht insofern verletzt, als sie die geschuldete Versorgung eben nicht ordnungsgemäß und nach den bestehenden medizinisch-pflegerischen Standards (*lege artis*) erbracht hat. Sie ist daher als Vertragspartnerin des Patienten bzw. Pflegebedürftigen nach § 280 Abs. 1 BGB verpflichtet, den daraus resultierenden Schaden zu ersetzen. Dabei bezieht sich die vertragliche Haftung indes nicht nur auf (unmittelbare) Behandlungs- und Pflegefehler, sondern darüber hinaus unter anderem auch auf ein eventuelles sog. **Organisationsversagen** der Einrichtung, wenn es ursächlich zu einer Schädigung des Patienten bzw. Pflegebedürftigen geführt hat; hierunter fällt etwa das Überbelegen einer Station im Krankenhaus oder in einem Pflegeheim, eine mangelhafte Dienstplangestaltung oder eine unzureichende Kontrolle der Einhaltung von Hygiene- oder Unfallverhütungsvorschriften. Dass die Gesundheitseinrichtung dabei als juristische Person nicht unmittelbar selbst gehandelt hat, spielt insofern keine Rolle, als sie nach § 278 BGB auch für Fehlleistungen ihrer **Erfüllungsgehilfen**, also der bei ihr beschäftigten Mitarbeiterinnen und Mitarbeiter einstehen muss (Kostorz 2020, 137 f.).

Erfüllungsgehilfen sind Personen, die mit dem Willen eines Schuldners für diesen bei der Erfüllung seiner geschuldeten Leistung tätig werden, vorliegend also die bei einer Gesundheitseinrichtung beschäftigten Pflegekräfte (und Ärzte), die die Behandlungs- und Pflegeansprüche der Patienten bzw. Pflegebedürftigen, die gegenüber der Gesundheitseinrichtung vertraglich bestehen, umsetzen und in konkreter Weise erfüllen.

2.5.1.3 Deliktische Haftung

Im Rahmen der deliktischen Haftung nach § 823 Abs. 1 BGB (vom lateinischen *delictum* = Vergehen/Verfehlung) ist zum Ausgleich eines eingetretenen Schadens verpflichtet, wer etwa durch einen Behandlungs- oder Pflegefehler widerrechtlich und schuldhaft den Tatbestand der Verletzung des Lebens, des Körpers oder der Gesundheit eines Patienten bzw. Pflegebedürftigen durch ein Tun oder Unterlassen erfüllt hat (sog. **unerlaubte Handlung**) (Abb. 8). Entsprechendes gilt, wenn durch ein sonstiges Fehlverhalten die Freiheit, das Eigentum oder ein sonstiges Recht eines Patienten bzw. Pflegebedürftigen verletzt worden ist.

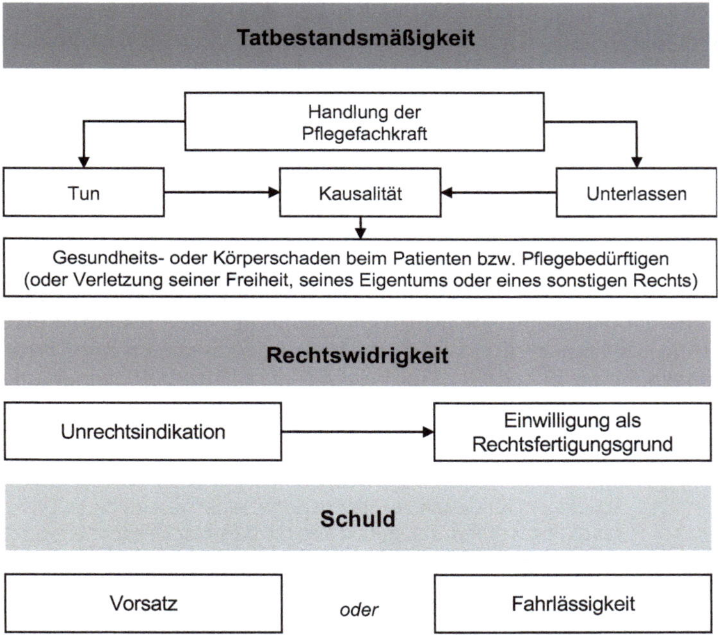

Abb. 8: Deliktische Haftung bei Pflegefehlern

Grundvoraussetzung eines entsprechenden Haftungsanspruchs ist also, dass die pflegende Person die Erfüllung des Tatbestandes (etwa ein **Gesundheits- bzw. Körperschaden** des Patienten bzw. Pflegebedürftigen) tatsächlich durch ein entsprechendes Tun oder Unterlassen verursacht hat und sie nicht auf andere Faktoren zurückzuführen ist, wie es beispielsweise dann der Fall wäre, wenn eine gesundheitliche Beeinträchtigung auch ohne die Einflussnahme der pflegenden bzw. behandelnden Person eingetreten wäre (erforderlich ist also eine Kausalität zwischen Handlung und Rechtsgutverletzung).

Zudem muss die Rechtsgutverletzung widerrechtlich erfolgt sein, wobei die durch die Tatbestandserfüllung dem Grunde nach indizierte **Rechtswidrigkeit** vor allem dann entfällt, wenn der Patient bzw. Pflegebedürftige in eine durchgeführte medizinische bzw. pflegerische Maßnahme rechtswirksam eingewilligt hat (Kap. 3.2.2) oder eine Einwilligung einer hierzu berechtigten Person, wie etwa eines Betreuers oder eines Vorsorgebevollmächtigten vorliegt (Kap. 3.2.1). Dabei ist indes zu betonen, dass mit der Einwilligung in eine bestimmte medizinisch-pflegerische Intervention keine (generelle) Einwilligung in alle (unter Umständen auch fehlerhaft ausgeführten) Behandlungs- bzw. Pflegemaßnahmen verbunden ist. Vielmehr ist davon auszugehen, dass der Patient bzw. Pflegebedürftige mit seiner Einwilligung nur einem sorgfältigen und potenziell fehlerfreien Tätigwerden der ihn versorgenden Person zustimmt, so dass die rechtswirksam erteilte Einwilligung in eine medizinisch-pflegerische Maßnahme beim Vorliegen eines dabei aufgetretenen Behandlungs- bzw. Pflegefehlers nicht generell haftungsbefreiend wirken kann (Kostorz 2020, 139).

Hinzukommen muss schließlich eine der behandelnden bzw. pflegenden Person vorzuwerfende **Schuld**, was stets dann gegeben ist, wenn der Tatbestand der Schädigung des Patienten bzw. Pflegebedürftigen durch ein vorsätzliches oder fahrlässiges Tun oder Unterlassen erfüllt worden ist.

> *Vorsatz* liegt vor, wenn die Rechtsgutverletzung bewusst, also wissentlich und willentlich herbeigeführt worden ist. *Fahrlässig* handelt nach § 276 Abs. 2 BGB derjenige, der die bei der Versorgung von Patienten bzw. Pflegebedürftigen erforderliche Sorgfalt außer Acht gelassen, sich also grundsätzlich nicht an bestehende medizinisch-pflegerische Standards gehalten hat.

Diese Standards ergeben sich im pflegerischen Bereich zunächst aus vergleichsweise unverbindlichen Empfehlungen zur Pflegequalität, wie sie etwa in Fachzeitschriften publiziert werden, darüber hinaus vor allem aber auch aus

- den **Expertenstandards** des *Deutschen Netzwerkes für Qualitätsentwicklung in der Pflege* (DNQP),
- den **Leitlinien** der *Arbeitsgemeinschaft der Wissenschaftlichen Medizinischen Fachgesellschaften* (AWMF) und
- den **Richtlinien** des *Robert Koch-Instituts* (RKI).

Eine zusammenfassende Darstellung zu Qualitätsstandards und zur Qualitätssicherung in der Pflege bieten Büscher und Krebs (2022); Forschungsergebnisse, Expertenstandards und Leitlinien für die Pflege sind etwa auf der Internetseite des *Zentrums für Qualität in der Pflege* (ZQP) (www.zqp.de) recherchierbar.

2.5.1.4 Innerbetrieblicher Schadensausgleich

Vor allem bei einem Behandlungs- bzw. Pflegefehler haben geschädigte Patienten bzw. Pflegebedürftige dem Grunde nach einen doppelten Anspruch: Sie können zur **Durchsetzung von Schadensersatzansprüchen** sowohl gegen die Person vorgehen, die sie medizinisch-pflegerisch versorgt hat (deliktische Haftung nach § 823 BGB), als auch gegen die Einrichtung, die die Pflicht zur ordnungsgemäßen Versorgung aus dem mit ihr geschlossenen Vertrag verletzt hat (vertragliche Haftung nach § 280 BGB) (Großkopf/Schanz 2021, 231). Der Schadensersatzanspruch des Patienten bzw. Pflegebedürftigen kann dabei selbstverständlich nicht doppelt geltend gemacht werden; vielmehr haften die beteiligten Akteure gesamtschuldnerisch i.S.d. § 421 BGB (vgl. Howald 2018, 336 ff.), so dass der geschädigte Patient bzw. Pflegebedürftige den Schadensersatz nach seinem Belieben entweder von jedem der beiden Anspruchsgegner ganz oder in Teilen von beiden gleichzeitig fordern kann.

Im arbeitsrechtlichen Innenverhältnis zwischen der Einrichtung als Arbeitgeberin und der behandelnden bzw. pflegenden Person als deren Arbeitnehmerin und Erfüllungsgehilfin nach § 611a bzw. § 278 BGB stellt sich daraus resultierend die Frage, wer von beiden Akteuren schlussendlich für die finanziellen Folgen des Versorgungsfehlers aufzukommen hat. Die Arbeitsgerichtsbarkeit hat hierzu die **Grundsätze des sog. innerbetrieblichen Schadensausgleichs** entwickelt (Howald 2018, 346 ff.), der auf der Ausgleichspflicht nach § 426 BGB und dem Rechtsgedanken des § 254 BGB fußt: Verursacht eine Arbeitnehmerin oder ein Arbeitnehmer bei der Ausübung einer vom Arbeitgeber veranlassten Tätigkeit danach einen Schaden, hängt die Frage der letztendlichen Haftung hierfür vom Grad des Verschuldens der Arbeitnehmerin bzw. des Arbeitnehmers ab (Kostorz 2020, 140 ff.) (Abb. 9 und Abb. 10).

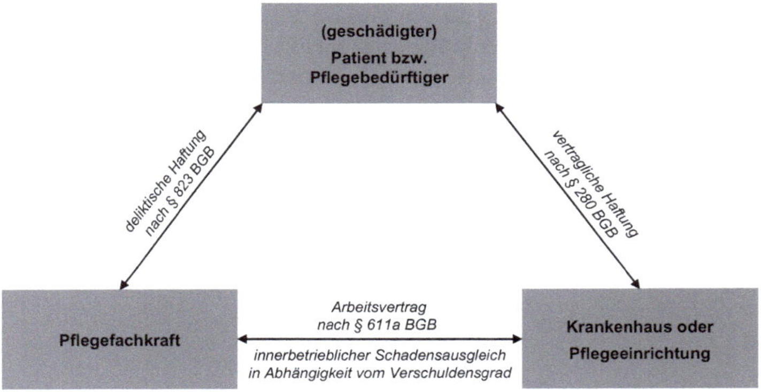

Abb. 9: Innerbetrieblicher Schadensausgleich

- Bei **Vorsatz** (wissentliche und willentliche Schädigung eines Patienten bzw. Pflegebedürftigen) und **grober Fahrlässigkeit** (Behandlungs- bzw. Pflegefehler, die nicht passieren dürfen [Fehler, die etwa durch die Missachtung elementarer medizinisch-pflegerischer Standards entstanden sind]), hat der Mitarbeiter den Schaden in aller Regel allein zu tragen. Geht der Patient also nach § 280 BGB gegen die Gesundheitseinrichtung vor, kann diese ihren Arbeitnehmer in Regress nehmen.
- Handelt der Mitarbeiter **leicht fahrlässig** (Behandlungs- bzw. Pflegefehler, die passieren können [Fehler, die etwa durch stressbedingte Unaufmerksamkeiten verursacht worden sind]), muss allein der Arbeitgeber für den eingetretenen Schaden aufkommen. Hat der Mitarbeiter der geschädigten Person den Schaden gegebenenfalls bereits direkt ersetzt, hat dieser einen vollen Erstattungsanspruch gegen die Einrichtung als seinem Arbeitgeber.
- Im Falle **mittlerer Fahrlässigkeit** (Behandlungs- bzw. Pflegefehler, die nicht passieren sollen [Fehler, die etwa durch die Nichtbeachtung der bei der Patientenversorgung erforderlichen Sorgfalt entstanden sind, aus denen aber kein besonders schwerer Schuldvorwurf abgeleitet werden kann]) ist der Schaden zwischen der Gesundheitseinrichtung als Arbeitgeber und der schädigenden Person als deren Mitarbeiterin aufzuteilen. Hier-

bei spielt unter anderem die Gefahrengeneigtheit der Behandlungs- bzw. Pflegemaßnahme, die Höhe des Schadens und ein eventuelles (organisatorisches) Mitverschulden der Gesundheitseinrichtung eine Rolle. Verlangt die geschädigte Person also Schadensersatz nach § 280 BGB, hat die Gesundheitseinrichtung einen zumindest anteiligen Rückgriffsanspruch gegen ihren Arbeitnehmer.

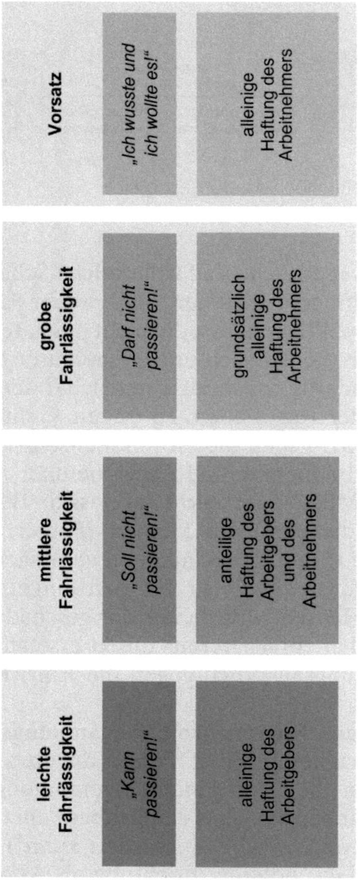

Abb. 10: Verschuldensgrade und innerbetrieblicher Schadensausgleich

> Bei einem Pflegefehler haftet die Pflegekraft bei leichter Fahrlässigkeit nicht, bei mittlerer Fahrlässigkeit anteilig und bei grober Fahrlässigkeit sowie Vorsatz voll.

2.5.1.5 Beweislast

Grundsätzlich obliegt es dem Patienten bzw. Pflegebedürftigen, einen Behandlungs- bzw. Pflegefehler und eine daraus resultierende Schädigung seiner Gesundheit oder seines Körpers (bzw. auch eine andere Rechtsgutverletzung) zu beweisen (hierzu insgesamt Großkopf/Klein 2020, 225 ff.). In der Praxis ist dieser Beweis allerdings in aller Regel nur schwer zu erbringen. § 630h BGB, der dem Grunde nach nur auf Behandlungsverträge Anwendung findet (Kap. 4.2), in der Langzeitpflege aber entsprechend herangezogen werden kann, sieht daher einige Ausnahmen von dieser grundsätzlichen Beweislasttragung vor, bei denen zugunsten des Patienten bzw. Pflegebedürftigen eine sog. **Beweislastumkehr** eintritt. Dies bedeutet, dass unter bestimmten Voraussetzungen aufgrund der offensichtlichen Sachlage von einem Behandlungs- bzw. Pflegefehler auszugehen ist und die behandelnde bzw. pflegende Person bzw. Einrichtung zur Haftungsbefreiung das Gegenteil beweisen muss. Eine solche Beweislastumkehr tritt dabei in folgenden Fallkonstellationen ein:

- § 630h Abs. 1 BGB erfasst zunächst das sog. **vollbeherrschbare Risiko**. Danach wird ein Fehler der Pflegekraft vermutet, wenn sich ein allgemeines Behandlungs- bzw. Pflegerisiko verwirklicht hat, das für sie voll beherrschbar war und das zu einer Verletzung des Körpers oder der Gesundheit des Patienten bzw. Pflegebedürftigen geführt hat. Die Seite des Pflegenden ist dann in der Pflicht nachzuweisen, dass alles getan wurde, um die Gefahrenquelle zu beherrschen. Als voll beherrschbar wird beispielsweise der Einsatz von medizinisch-technischen Geräten oder das Einhalten von Hygienevorschriften angesehen.
- Nach § 630h Abs. 4 BGB wird davon ausgegangen, dass eine Behandlungs- bzw. Pflegemaßnahme für den Eintritt der Verletzung des Körpers oder der Gesundheit eines Patienten bzw. Pflegebedürftigen ursächlich war, wenn die **Pflegekraft zur Durchführung der Maßnahme nicht ausreichend qualifiziert** war.

- § 630h Abs. 5 BGB regelt die Beweislastumkehr bei sog. **groben Behandlungs- bzw. Pflegefehlern** (z.B. die Wundversorgung mit Zitronensaft). Liegt ein solcher Behandlungs- bzw. Pflegefehler vor, wird vermutet, dass er für die Verletzung des Körpers oder der Gesundheit des Patienten bzw. Pflegebedürftigen verantwortlich war, wenn eine entsprechende Verletzung üblicherweise aus der fehlerhaften Behandlung bzw. Pflege resultiert.

Eine weitere Form der Beweiserleichterung, die anders als die Beweislastumkehr nicht gesetzlich geregelt, aber durch die Rechtsprechung anerkannt ist, stellt der sog. **Anscheinsbeweis** (oder: Beweis des ersten Anscheins) dar: Kann von einem bestimmten Behandlungs- bzw. Pflegefehler typischerweise auf die Verursachung eines vorliegenden Gesundheitsschadens oder umgekehrt von einem Schaden auf einen bestimmten Versorgungsfehler geschlossen werden, obliegt es der behandelnden bzw. pflegenden Seite, den Anschein des Vorliegens eines Versorgungsfehlers dadurch zu erschüttern, dass für diesen Einzelfall ein sog. atypischer Geschehensablauf nachgewiesen wird.

Wird beispielsweise bei einem Patienten, der über heftige Bauchschmerzen klagt, im Bauchraum ein OP-Tuch gefunden, kann davon ausgegangen werden, dass das Tuch nicht über den Verdauungsweg in den Körper des Patienten gelangt ist, sondern bei einer zuvor im Bauchraum durchgeführten Operation vergessen worden ist und insofern ein grundsätzlich vorwerfbares Verhalten des OP-Teams vorliegt.

Die Grundsätze des Anscheinsbeweises können also stets dann angewendet werden, wenn ein Sachverhalt feststeht, der nach der allgemeinen Lebenserfahrung auf eine bestimmte Ursache oder einen bestimmten Geschehensablauf hinweist.

Bitte schätzen Sie die beiden nachstehenden Fälle haftungsrechtlich ein: Wer muss für den entstandenen Schaden vor dem Hintergrund einer möglichen vertraglichen und deliktischen Haftung sowie des arbeitsrechtlichen innerbetrieblichen Schadensausgleich letztendlich aufkommen? Wer trägt welche Beweislast?

1. Ein verhältnismäßig immobiler und altersbedingt verwirrter Patient wird in einem Krankenhaus stationär behandelt. Während einer Morgenrunde wird er von einem Pflegefachmann mit einem Rollstuhl in ein Badezimmer gebracht, um dort zu duschen bzw. dabei unterstützt zu werden. Als der Pfleger bemerkt, dass er das Handtuch des Patienten in dessen Zimmer vergessen hat, lässt er ihn kurz allein, um es zu holen. In dieser Zeit versucht der Patient – da er leicht fröstelt – an seinen Bademantel zu gelangen, den der Pfleger auf einem etwas entfernten Stuhl abgelegt hat. Dabei kippt der Patient mit dem Rollstuhl um und zieht sich einige Prellungen am Rücken zu.
2. Ein Krankenhausarzt verordnet die intramuskuläre Injektion eines Schmerzmittels und delegiert sie an eine jüngst examinierte Pflegefachfrau, die die Maßnahme ohne weiteres durchführt (Injektion in die linke Gesäßhälfte des Patienten). Nach der Spritze klagt der Patient über stake Schmerzen im Gesäß; festgestellt werden darüber hinaus Lähmungserscheinungen und Reflexausfälle im linken Bein sowie Nekrosen im Bereich der Einstichstelle. Diagnostiziert wird eine Schädigung des Ischiasnervs.

2.5.2 Strafrechtliche Verantwortung

Das Strafrecht ist im Wesentlichen im *Strafgesetzbuch* (StGB) geregelt (sog. Hauptstrafrecht); einige für die Pflege relevante Straftaten befinden sich jedoch auch im *Arzneimittelgesetz*, im *Betäubungsmittelgesetz* oder im *Infektionsschutzgesetz* (sog. Nebenstrafrecht).

StGB

Anders als im Privatrecht geht es im Strafrecht dabei nicht um den finanziellen Ausgleich eines eingetretenen Schadens, sondern um die **Durchsetzung eines Strafanspruchs des Staates** gegen Bürger, die eine Straftat begangen und so in eklatanter Weise gegen das Gesetz verstoßen haben. Die verhängten Strafen (in erster Linie Geld- und Freiheitsstrafen [§§ 38 ff. StGB]) dienen dabei vor allem der Sühne der begangenen Tat und der Abschreckung vor (weiteren) Straftaten; dem Opfer als geschädigter Person steht nach dem Strafrecht (anders als nach dem Privatrecht) also kein (finanzieller) Ausgleich zu.

2.5.2.1 Grundlagen des Strafrechts

Die strafrechtliche Verantwortung für Behandlungs- bzw. Pflegefehler oder sonstiges delinquentes Fehlverhalten unterscheidet sich vor allem in zweierlei Hinsicht von der zivilrechtlichen Haftung für entsprechende Fehlleistungen: Zum einen wird im Strafrecht grundsätzlich nur vorsätzliches Handeln geahndet; Fahrlässigkeit kann nur dann zu einer Bestrafung führen, wenn das Gesetz fahrlässiges Handeln ausdrücklich mit Strafe bedroht (§ 15 StGB).

Dies ist beispielsweise bei der fahrlässigen Körperverletzung nach § 229 StGB der Fall, welche im Regelfall zudem nur dann verfolgt wird, wenn die geschädigte Person einen Strafantrag gestellt hat (§ 230 StGB). Wegen Freiheitsberaubung (§ 239 StGB) oder der Aussetzung von hilflosen Personen (§ 203 StGB) kann eine Pflegekraft hingegen nur dann bestraft werden, wenn sie dies wissentlich und willentlich, also vorsätzlich getan hat. Hat sie also beispielsweise versehentlich (fahrlässig) einen Patienten in seinem Zimmer eingeschlossen, kann keine Bestrafung wegen Freiheitsberaubung erfolgen.

Zum anderen können im Strafrecht nur natürliche Personen belangt werden (§ 25 StGB). Die strafrechtliche Verantwortung etwa einer Pflegeeinrichtung oder eines Krankenhauses ist damit – anders als im Privatrecht, in dem eine vertragliche Haftung nach § 280 BGB möglich ist (Kap. 2.5.1.2) – ausgeschlossen. Die Prüfung des Vorliegens eines Straftatbestandes erfolgt dabei im Wesentlichen in drei Schritten (Abb. 11).

So muss die Pflegekraft, die strafrechtlich zur Verantwortung gezogen werden soll, zunächst durch eine **Handlung** einen bestimmten Straftatbestand, also die Tatbestandsmerkmale einer einschlägigen Strafvorschrift, erfüllt haben. Diese Handlung besteht dabei regelmäßig aus einem aktiven Tun; sie kann aber auch – wie beispielsweise bei der unterlassenen Hilfeleistung nach § 323c StGB – in einem Unterlassen liegen (sog. echte Unterlassungsdelikte).

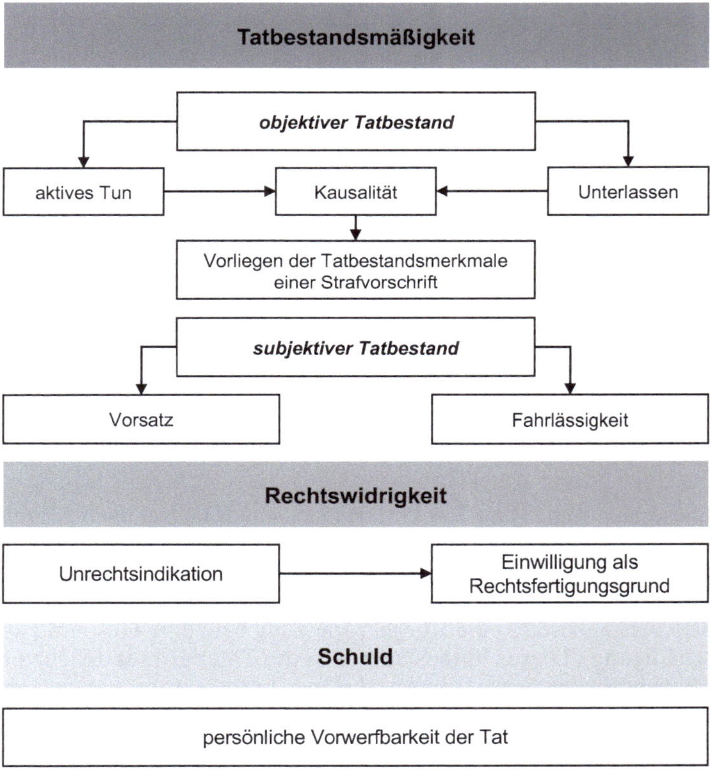

Abb. 11: Begehung einer Straftat

Diesbezüglich gibt es in der Pflege noch eine Besonderheit. Da hier mit der Versorgung der Patienten bzw. Pflegebedürftigen auch bestimmte Schutz- und Beistandspflichten übernommen werden, haben Pflegekräfte eine sog. **Garantenstellung** (Howald 2018, 423 f. und Sträßner 2006, 69 f.). Diese führt dazu, dass sie bei einem Unterlassen genauso bestraft werden, als hätten sie die Tat durch ein aktives Tun begangen (§ 13 StGB) (Begehen eines sog. unechten Unterlassungsdelikts).

Pflegekräfte, die eine bei einem Patienten bzw. Pflegebedürftigen notwendige Maßnahme unterlassen, können aufgrund ihrer Garantenstellung ebenso bestraft werden, als ob sie aktiv fehlerhaft gehandelt hätten; Unterlassen und aktives Tun sind insofern gleichwertig.

Eine Pflegefachkraft erhält die ärztliche Anweisung, einem Patienten allmorgendlich ein thrombosehemmendes Medikament zu verabreichen, was sie aus Gründen der Bequemlichkeit unterlässt. Der Patient erkrankt daraufhin an einer schweren Thrombose, was strafrechtlich als Körperverletzung nach § 223 StGB zu werten ist. Diese hat die Pflegekraft zwar nicht aktiv, aufgrund ihrer Garantenstellung aber durch Unterlassen i. S. d. § 13 StGB begangen (nach Großkopf/Klein 2020, 41).

Diese Handlung (bzw. das Unterlassen) muss kausal dazu geführt haben, dass der im Gesetz beschriebene Straftatbestand objektiv erfüllt ist (**objektiver Tatbestand**), alle hier genannten Merkmale also nachweislich vorliegen (bei einem Körperverletzungsdelikt also beispielsweise eine Körperverletzung bzw. eine Gesundheitsschädigung). Diesen Tatbestand muss der Täter grundsätzlich vorsätzlich bzw. im Ausnahmefall fahrlässig herbeigeführt haben (**subjektiver Tatbestand**).

Vorsätzlich handelt, wer einen Straftatbestand wissentlich und willentlich begeht, *fahrlässig*, wer ihn sorgfaltspflichtwidrig verwirklicht, wer also den eingetretenen Schaden mit der erforderlichen und ihm möglichen Sorgfalt hätte vermeiden können (Weiß 2020, 272).

Die Bewohnerin eines Pflegeheims wird von einer Pflegekraft geschlagen, weil sie sich permanent den (der Meinung der Pflegekraft nach) notwendigen Pflegemaßnahmen widersetzt hat. In Betracht kommt hier vor allem eine strafbare Körperverletzung nach § 223 Abs. 1 StGB. Dazu ist eine körperliche Misshandlung oder eine Gesundheitsbeeinträchtigung erforderlich; in diesem Fall ist zumindest von einer körperlichen Misshandlung (im Sinne einer Störung des physischen und psychischen Wohlbefindens) auszugehen (Erfüllung des objektiven Tatbestandes). Diesen Tatbestand hat die Pflegekraft vorsätzlich erfüllt, da sie wusste, dass sie mit ihren Schlägen das physische und psychische Wohlbefinden der Bewohnerin stört, und dies auch wollte. Somit ist der Tatbestand der Körperverletzung nach § 223 StGB sowohl objektiv als auch subjektiv erfüllt (Beispiel nach Weiß 2020, 276).

Die (objektive und subjektive) Erfüllung des Tatbestandes führt dabei allerdings nur dann zur Strafbarkeit, wenn die ihr zugrundeliegende Handlung auch rechtswidrig war, was grundsätzlich anzunehmen ist. Die **Rechtswidrigkeit** der Handlung entfällt nur dann, wenn zugunsten des Täters ein Rechtfertigungsgrund angenommen werden kann. Neben den klassischen Rechtfertigungsgründen der Notwehr (§ 32 StGB) und des rechtfertigenden Notstandes (§ 34 StGB) kommt im Pflegebereich vor allem eine **Einwilligung** des Patienten bzw. Pflegebedürftigen in Betracht (Kap. 3.2.2) (hierzu v.a. Großkopf/Klein 2020, 53 ff.), die seit einem Urteil des *Reichsgerichtshofs in Strafsachen* aus dem Jahr 1894 aus Gründen des Selbstbestimmungsrechts der Betroffenen bei jedem (medizinisch-pflegerischem) Heileingriff zwingend erforderlich ist:

> „Daß jemand nach eigener Überzeugung oder nach dem Urteile seiner Berufsgenossen die Fähigkeit besitzt, das wahre Interesse des Nächsten besser zu verstehen, als dieser selbst, dessen körperliches oder geistiges Wohl durch geschickt und intelligent angewendete Mittel vernünftiger fördern zu können, als dieser es vermag, gewährt jenem entfernt nicht irgend eine rechtliche Befugnis, nunmehr nach eigenem Ermessen in die Rechtssphäre des Anderen einzugreifen, diesem Gewalt anzuthun und dessen Körper willkürlich zum Gegenstande gutgemeinter Heilversuche zu benutzen." (RGSt vom 31.05.1894 [Az. 1406/94])

So verletzt eine Pflegekraft bei einer Injektion zwar vorsätzlich den Körper des Patienten bzw. Pflegebedürftigen, doch ist dieses Verhalten durch dessen (hoffentlich zuvor eingeholte) Einwilligung nicht rechtswidrig und damit auch nicht strafbar.

Schließlich ist bei der Prüfung der **Schuld** drittens und letztens die Frage zu klären, ob dem Täter die rechtswidrige Tat persönlich vorzuwerfen ist. Dies ist beispielsweise nicht der Fall, wenn er zum Zeitpunkt der Tat (wegen kognitiver Einschränkungen) schuldunfähig war (§ 20 StGB) oder einem Irrtum über das Verbot seiner Handlung unterlag (§ 17 StGB) (hierzu etwa Großkopf/Klein 2020, 87 ff.).

2.5.2.2 Ausgewählte Straftatbestände

Insgesamt existieren im Strafrecht weit mehr als 200 Delikte, von denen selbstverständlich nicht alle für den Bereich der Pflege von Bedeutung sind – zudem würde es zu weit gehen, vorliegend auf alle für diesen Bereich relevanten Straftatbestände im Detail einzugehen (hierzu vielmehr Seiler 2019). Eine Übersicht mit Beispielen aus den Pflegepraxis enthält Tab. 10.

Eine Erläuterung der für die Pflege wesentlichen Straftatbestände enthalten zudem die Lehrbücher von Großkopf und Klein (2020, Teil 2, Kap. B), Müller und Schabbeck (2018, Kap. III), Siefarth (2023, Kap. 8.3) sowie Smolibowski (2023, Kap. 18).

Tab. 10: Ausgewählte Straftatbestände mit Relevanz für die Pflege

Deliktsgruppe	Delikt	§ StGB	wesentliche Merkmale des objektiven Tatbestands	Beispiele aus der Pflegepraxis
Straftaten gegen die sexuelle Selbstbestimmung	Sexueller Missbrauch von Kranken und Hilfsbedürftigen in Einrichtungen	§ 174a	Missbrauch einer Personen, die in einer Gesundheits- bzw. Betreuungseinrichtung aufgenommen worden ist, durch Vornahme sexueller Handlungen unter Ausnutzung der Krankheit bzw. Hilfebedürftigkeit dieser Person	übermäßige/unnötige Pflege des Intimbereichs eines dementen oder sedierten Patienten/Pflegebedürftigen zur eigenen sexuellen Stimulierung
	Sexueller Übergriff; sexuelle Nötigung; Vergewaltigung	§ 177	Vornahme von sexuellen Handlungen an einer Person, deren freie Willensbildung eingeschränkt ist	übermäßige/unnötige Pflege des Intimbereichs eines dementen oder sedierten Patienten/Pflegebedürftigen zur eigenen sexuellen Stimulierung
Verletzung des persönlichen Lebens- und Geheimbereichs	Verletzung von Privatgeheimnissen	§ 203	Offenbarung eines fremden Geheimnisses durch Angehörige eines Heilberufs	Verletzung der Schweigepflicht (etwa durch die Weitergabe von Diagnosen an unbefugte Dritte)
	Verletzung des höchstpersönlichen Lebensbereichs und von Persönlichkeitsrechten durch Bildaufnahmen	§ 201a	Herstellung einer Bildaufnahme, die die Hilflosigkeit einer anderen bzw. verstorbenen Person in grob anstößiger Weise zur Schau stellt	Fotografieren hilfloser Patienten/Pflegebedürftiger

Deliktsgruppe	Delikt	§ StGB	wesentliche Merkmale des objektiven Tatbestands	Beispiele aus der Pflegepraxis
Straftaten gegen das Leben	Mord bzw. Totschlag	§ 211 § 212	Tötung eines Menschen (ggf. mit einem Mordmotiv)	Tötung einer Person, um sie von ihrem Leiden zu erlösen ohne deren Einwilligung
	Tötung auf Verlangen	§ 216	Tötung eines Menschen aufgrund dessen ausdrücklichen und ernsthaften Verlangens	Tötung einer Person, um sie von ihrem Leiden zu erlösen mit deren Einwilligung (aktive Sterbehilfe)
	Aussetzung	§ 221	Versetzen (oder Im Stich lassen) eines Menschen in eine(r) hilflose(n) Lage, so dass die Gefahr des Todes oder einer schweren Gesundheitsschädigung besteht	Einschlafen während einer Sitzwache oder Verbringen eines leichtbekleideten und immobilen Patienten/Pflegebedürftigen in die Kälte (offenes Fenster oder Garten)
	Fahrlässige Tötung	§ 222	Verursachung des Todes eines Menschen durch Fahrlässigkeit	Tod durch Dehydration nach Vergessen der Kontrolle der Flüssigkeitszufuhr
Straftaten gegen die körperliche Unversehrtheit	Körperverletzung	§ 223	körperliche Misshandlung einer anderen Person und/oder Schädigung deren Gesundheit	physische Gewalt gegen vermeintlich renitente Patienten/Pflegebedürftige
	Gefährliche Körperverletzung	§ 224	Körperverletzung u. a. durch das Beibringen von Gift bzw. anderer gesundheitsschädlicher Stoffe oder mittels einer Waffe bzw. eines anderen gefährlichen Werkzeugs	versteckte Medikamentengabe gegen den Willen des Patienten/Pflegebedürftigen
	Misshandlung von Schutzbefohlenen	§ 225	Quälen oder grobes Misshandeln einer wegen Gebrechlichkeit oder Krankheit wehrlosen Person, die der Fürsorge oder Obhut des Täters untersteht bzw. Gesundheitsschädigung dieser Person durch böswillige Vernachlässigung seiner Fürsorgepflicht	Verbleibenlassen eines Patienten/Pflegebedürftigen auf dem Toilettenstuhl, um ihn nicht mehrfach pro Schicht bei der Ausscheidung unterstützen zu müssen
	Fahrlässige Körperverletzung	§ 229	körperliche Misshandlung einer anderen Person und/oder Schädigung deren Gesundheit durch Fahrlässigkeit	versehentliches Vertauschen von Medikamenten oder Versorgung eines Patienten/Pflegebedürftigen unter Missachtung pflegerischer Standards

Deliktsgruppe	Delikt	§ StGB	wesentliche Merkmale des objektiven Tatbestands	Beispiele aus der Pflegepraxis
Straftaten gegen die körperliche Freiheit	Freiheits-beraubung	§ 239	Einsperren oder Beraubung der Fortbewegungsfreiheit eines Menschen	Fixierung etc. ohne Einwilligung des Patienten/Pflegebedürftigen bzw. ohne gerichtliche Genehmigung
	Nötigung	§ 240	Nötigung eines Menschen zu einer Handlung oder einem Unterlassen mit Gewalt oder durch Androhung eines empfindlichen Übels	Drohung mit ernsthaften Sanktionen für den Fall, dass sich ein Patient/Pflege-bedürftiger einer pflegerischen Intervention widersetzt
Urkunden-fälschung	Urkunden-fälschung	§ 267	Herstellung einer unechten Urkunde oder Verfälschung einer echten Urkunde zur Täuschung im Rechtsverkehr	Erstellen einer falschen Erlaubnisurkunde zum Führen der Berufsbezeichnung oder Manipulation einer Pflegedokumentation
	Fälschung von Gesundheits-zeugnissen	§ 277	Ausstellung eines Zeugnisses über den Gesundheitszustand eines Menschen unter der fälschlichen Bezeichnung als Arzt zur Täuschung im Rechtsverkehr	Ausstellung eines ärztlichen Attests durch eine Pflegekraft aus Gefälligkeit

2.5.2.3 Strafbarkeit von Sterbehilfe

Dem Grunde nach umfasst das Selbstbestimmungsrecht eines Patienten bzw. Pflegebedürftigen nach Art. 2 Abs. 1 GG (Kap. 3.2) auch das Recht, seinem Leben ein Ende setzen zu dürfen, wenn dies dem eigenen, frei gebildeten Willen entspricht. Insbesondere vor dem Hintergrund der auch verfassungsrechtlich geschützten Menschenwürde (Art. 1 Abs. 1 GG) und des generell unveräußerlichen Rechts auf Leben (Art. 2 Abs. 2 Satz 1 GG) kann daraus aber nicht ohne Weiteres auch ein Recht auf Sterbe*hilfe* abgeleitet werden.

Sterbehilfe umfasst alle Maßnahmen gegenüber einem Sterbenden, die ihm das Sterben erleichtern, indem entweder Schmerzen gelindert oder ein qualvolles Leben verkürzt wird. Der Begriff Sterbehilfe setzt voraus, dass das Grundleiden des Patienten irreversibel ist, die Krankheit einen tödlichen Verlauf genommen hat und der Tod aller Voraussicht nach in kurzer Zeit eintritt (BGH vom 13.09.1994 [Az. 1 StR 357/94]).

Sterbehilfe ist dabei in unterschiedlichen Ausprägungen denkbar, die sich stark hinsichtlich der Art der geleisteten Hilfe und ihrer (straf)rechtlichen Bewertung unterscheiden (hierzu etwa Prütting/Prütting 2021, 390 ff. oder Kostorz 2020, 131 ff.). Strafrechtlich zu ahnden ist dabei dem Grunde nach nur die aktive Sterbehilfe, bei der das Leben eines Sterbewilligen durch ein unmittelbares Tun einer behandelnden bzw. pflegenden Person oder eines Angehörigen beendet wird (Tötung auf Verlangen nach § 216 StGB) (Tab. 11).

Tab. 11: Arten der Sterbehilfe und deren strafrechtliche Einordnung

Form	Strafbarkeit	rechtliche Einordnung
Hilfe im Sterben	nein	Palliativversorgung, die keinen Tötungsvorsatz impliziert (§ 15 StGB)
Aktive Sterbehilfe	ja	Tötung auf Verlangen (§ 216 StGB)
indirekte Sterbehilfe	nein	kein Tötungsvorsatz (§ 15 StGB) / Tod als „Nebenwirkung"
passive Sterbehilfe	nein	Nichteinwilligung in Behandlung als Ausdruck der Patientenautonomie
Behandlungsabbruch	nein	Behandlungsabbruch als Umsetzung der Patientenautonomie
Beihilfe zum Suizid	nein	keine Beihilfe zu einer strafbaren Tat (Suizid straffrei) (§ 27 StGB)

Bei der **Hilfe im Sterben** werden die durchgeführten medizinisch-pflegerischen Maßnahmen auf die Bekämpfung von Schmerzen und sonstigem Leid beschränkt (beispielsweise durch die Gabe eines starken Schmerzmittels mit bewusstseinseintrübender Wirkung); eine kurativ orientierte bzw. lebenserhaltende oder -verlängernde Behandlung erfolgt nicht (mehr). Die Hilfe im Sterben hat damit ausschließlich Auswirkungen auf das *Wie* des Sterbens und nicht auf das *Ob* und *Wann*. Sofern dies mit dem (freien) Willen eines Patienten bzw. Pflegebedürftigen geschieht, ist dies rechtlich zulässig, da es von dem in Art. 2 Abs. 1 GG geschützten Selbstbestimmungsrecht gedeckt ist. Nur wenn dem Patienten bzw. Pflegebedürftigen gegen seinen Willen eine weitergehende (ärztliche) Hilfe vorenthalten wird, kommt eine Strafbarkeit wegen einer Körperverletzung durch Unterlassen (§ 223 i.V.m. § 13 StGB) oder wegen unterlassener Hilfeleistung in Betracht (§ 323c StGB). Ein Körperverletzungsdelikt wegen eines aktiven Tuns ist zudem dann in Erwägung zu ziehen, wenn die (palliative) Hilfe im Sterben gegen den (freien) Willen des Patienten bzw. Pflegebedürftigen geleistet wird.

Im Gegensatz zur Hilfe im Sterben erfolgt bei der **aktiven Sterbehilfe** keine Befreiung von Schmerzen *vor* dem Tod, sondern *durch* den Tod, indem durch ein aktives Tun das Leben des Patienten bzw. Pflegebedürftigen beendet wird (etwa durch die Gabe eines einen Atemstillstand hervorrufenden Medikamentes). Hier liegt die sog. Tatherrschaft, also die Beherrschung des den Tod bringenden Moments allein beim Täter. Da die Rechtsordnung das Leben als höchstschützenswertes Rechtsgut anerkennt (Art. 1 Abs. 1 und Art. 2 Abs. 2 Satz 2 GG) und auch ein noch so schmerz- bzw. leidbeladenes Leben unter keinen Umständen als „lebensunwert“ einstuft, ist eine solche aktive Sterbehilfe strafbar. Dies gilt selbst dann, wenn der Patient bzw. Pflegebedürftige aufgrund eines frei gebildeten Willens in sie eingewilligt hat; in diesem Fall hat sich die seinen Tod herbeigeführte Person einer Tötung auf Verlangen strafbar gemacht (§ 216 StGB). Wird das Delikt ohne die Einwilligung des Getöteten begangen, liegt sogar eine Strafbarkeit wegen Mordes oder Totschlags vor (§ 211 bzw. § 212 StGB).

Bei der **indirekten Sterbehilfe** führt eine bestimmte medizinische Behandlungsmaßnahme, die dem Grunde nach palliativ ausgerichtet ist, zugleich zu einer Verkürzung der ohnehin begrenzten Lebenserwartung des Patienten bzw. Pflegebedürftigen (beispielsweise bei der Gabe eines starken schmerzlindernden Medikaments, das bei dem Patienten bzw. Pflegebedürftigen gleichzeitig eine Atemdepression verursacht). Diese Maßnahme der Sterbehilfe ist – wie auch die Hilfe im Sterben – straffrei, da sich der Vorsatz des Täters, der von Ausnahmen abgesehen die Grundvoraussetzung für die Strafbarkeit eines bestimmten Verhaltens bildet (§ 15 StGB), bei seiner Behandlungsmaßnahme nicht auf die Tötung des Patienten bzw. Pflegebedürftigen, sondern dessen palliative Versorgung richtet – er hatte nicht die Absicht zu töten, sondern primär Schmerzen zu lindern. Voraussetzung für die Straffreiheit ist also, dass die Lebensverkürzung des Patienten bzw. Pflegebedürftigen als mögliche oder allenfalls sichere Nebenfolge der (vorrangig palliativen) Behandlungsmaßnahme lediglich billigend in Kauf genommen wird.

Die **passive Sterbehilfe** ist durch den Verzicht gekennzeichnet, den Tod eines (tatsächlich oder zumindest mutmaßlich) sterbewilligen Patienten bzw. Pflegebedürftigen zu verhindern, obwohl dies möglich wäre (beispielsweise wenn eine lebensnotwendige Dialyse bei einem Sterbenden auf dessen Wunsch hin nicht durchgeführt wird). Anders als bei der aktiven Sterbehilfe liegt der passiven Sterbehilfe also kein Tun, sondern ein Unterlassen zugrunde. Da das Selbstbestimmungsrecht nach Art. 2 Abs. 1 GG auch die

Nichteinwilligung in eine Behandlungsmaßnahme, also deren Ablehnung deckt, kann die Befolgung dieses (freien) Willens nicht strafbar sein. Wird eine Behandlung danach etwa infolge einer ausdrücklichen Erklärung des Patienten bzw. Pflegebedürftigen oder einer wirksamen Patientenverfügung (Kap. 3.2.1) unterlassen, ist dies rechtlich grundsätzlich nicht zu beanstanden. Etwas anderes gilt indes dann, wenn der Patient bzw. Pflegebedürftige das Unterlassen der Behandlung nicht wünscht; in diesem Fall kommt eine Strafbarkeit wegen einer Körperverletzung durch Unterlassen (§ 223 i.V.m. § 13 StGB) oder wegen unterlassener Hilfeleistung in Betracht (§ 323c StGB).

Da ein zum Tod eines Patienten bzw. Pflegebedürftigen führender **Abbruch der Behandlungsmaßnahmen** eine Handlung im Sinne eines aktiven Tuns ist, ist eine derart geleistete Sterbehilfe vor allem von der aktiven Sterbehilfe abzugrenzen, bei der ebenfalls ein aktives Tun kausal für das Ableben des Patienten bzw. Pflegebedürftigen ist. Diese Abgrenzung darf indes nicht faktisch-naturalistisch, also quasi empirisch, sondern muss normativ-wertend, also formaljuristisch erfolgen. Bei der Sterbehilfe durch einen Abbruch der Behandlung handelt es sich rechtsdogmatisch um ein *Unterlassen durch Tun* im Sinne eines Unterlassens der Fortsetzung der Behandlung (beispielsweise durch das Abstellen einer lebenserhaltenden Beatmungsmaschine). Die Sterbehilfe durch Behandlungsabbruch ist also insofern mit der passiven Sterbehilfe zu vergleichen, als in beiden Fällen von einer (weitergehenden) medizinischen Versorgung abgesehen wird. Erfolgt sie mit dem oftmals in einer Patientenverfügung erklärten (freien) Willen des Patienten bzw. Pflegebedürftigen (Kap. 3.2.5) oder aufgrund einer rechtswirksamen Einwilligung einer vertretungsberechtigten Person in den Behandlungsabbruch (etwa des Ehepartners, eines Betreuers oder eines Vorsorgebevollmächtigten [Kap. 3.2.3 und 3.2.4]), ist sie als Ausdruck des Selbstbestimmungsrechts nach Art. 2 Abs. 1 GG – wie auch die passive Sterbehilfe – straffrei. Voraussetzung hierfür ist indes, dass der Patient bzw. Pflegebedürftige irreversibel entscheidungsunfähig ist und seine Nichteinwilligung in bestimmte, lebenserhaltende Maßnahmen selbst nicht mehr widerrufen kann (BGH vom 25.06.2010 [Az. 2 StR 454/09]). Ohne eine entsprechende Nichteinwilligung im Sinne einer Ablehnung der lebenserhaltenden Maßnahme stellt der Behandlungsabbruch ein strafbares Tötungsdelikt dar (§ 211 bzw. § 212 StGB).

Wegen der verfassungsrechtlich geschützten allgemeinen Handlungsfreiheit (Art. 2 Abs. 1 GG) bleibt ein Suizid (oder besser: **Suizidversuch**) dem Grunde nach stets straffrei. Entsprechendes gilt für eine **Beihilfe zum Suizid**, da als Gehilfe nur bestraft werden kann, wer einem anderen zu einer von ihm vorsätzlich begangenen rechtswidrigen Tat Hilfe geleistet hat (§ 27 Abs. 1 StGB), worunter ein Suizid wegen seiner generellen Straffreiheit per definitionem nicht fällt. Abzugrenzen ist die Beihilfe zum Suizid aber von der aktiven Sterbehilfe. Dies geschieht nach der sog. Tatherrschaftslehre. Während bei der Suizidbeihilfe die Tatherrschaft beim Suizidwilligen liegt, der selbst entscheidet, ob und wann er beispielsweise ein todbringendes Medikament, das ihm vom Suizidgehilfen zur Verfügung gestellt worden ist, einnimmt, beeinflusst ein aktiv Sterbehelfender den Sterbeerfolg unmittelbar, etwa durch eine direkte Verabreichung einer Arznei mit lebensbeendender Wirkung. Bei der Suizidbeihilfe handelt es sich also lediglich um eine Assistenz bei einer Tötung *durch* den Sterbewilligen *selbst*, während es bei der aktiven Sterbehilfe um eine Tötung des Sterbewilligen *durch eine andere Person geht.*

Ordnen Sie die folgenden Fallkonstellationen den einzelnen Arten der Sterbehilfe zu und beurteilen Sie deren Strafbarkeit:

1. Einer Patientin wird im Rahmen der Palliativversorgung ein starkes Schmerzmittel mit bewusstseineintrübender Wirkung verabreicht.
2. Die todkranke Mutter fleht ihre Tochter an, sie von ihren Schmerzen zu erlösen. Sie besprechen diese Frage ausführlich und wiederholt; die Tochter erstickt daraufhin die Mutter mit einem Kopfkissen.
3. Ein tödlich an Krebs erkrankter Patient bekommt wegen seiner schweren Leidenszustände sehr starke Schmerzmittel. Das Schmerzmittel verursacht neben der Schmerzlinderung auch, dass der Tod früher eintritt.
4. Eine lebensnotwendige Bluttransfusion eines Sterbenden wird auf dessen Wunsch, so nicht mehr leben zu wollen, nicht durchgeführt.
5. Die Beatmungsmaschine wird entsprechend dem Willen des Patienten abgestellt.
6. Jemand mixt nach einem Rezept aus dem Internet einen Giftcocktail und nimmt ihn mit tödlichen Folgen zu sich.
7. Jemand stellt für einen sterbenskranken Patienten erkennbar einen Giftcocktail auf den Nachttisch und verlässt den Raum. Der Patient trinkt ihn und verstirbt daran.

Zur **Mitwirkung an Maßnahmen der passiven Sterbehilfe** (und damit dem Grunde nach auch der Sterbehilfe durch Behandlungsabbruch) stellte der *Bundesgerichtshof* bereits im Jahr 2005 klar, dass sich das aus Art. 2 GG ergebende Selbstbestimmungsrecht des Patienten bzw. Pflegebedürftigen (Kap. 3.1.1 bzw. 3.2.1) schwerer wiegt als die Gewissens- bzw. allgemeine Handlungsfreit einer Pflegefachkraft, weshalb es ihr auch nicht gestattet ist, lebensverkürzende Maßnahmen zu verweigern, die dem freien Willen des Sterbewilligen und seiner verfassungsrechtlich geschützten Patientenautonomie entsprechen (Urteil vom 08.06.2015 [Az. XII ZR 117/03]).

3 Pflegerecht aus Sicht der Patienten und Pflegebedürftigen

Aus Sicht der Patientinnen und Patienten bzw. der Pflegebedürftigen stellt sich das Pflegerecht vor allem als Schutz- und Leistungsrecht dar. Sie gelten aufgrund ihrer gesundheitlichen Situation bzw. Konstitution und den damit verbundenen körperlichen, kognitiven und/oder psychischen Beeinträchtigungen gesundheitspolitisch als vergleichsweise vulnerabel. Aus diesem Grund ist es Aufgabe der Rechtsordnung bzw. des Sozialstaates, sie und ihre bestehenden Rechte besonders zu schützen und ihnen Sozialleistungen zur sozialen Absicherung zu gewähren, um so zu ihrer möglichst uneingeschränkten Teilhabe am Leben in der Gesellschaft beizutragen. Dabei manifestieren sich die Schutzrechte der von Krankheit bzw. Pflegebedürftigkeit Betroffenen vor allem in den Grundrechten unserer Verfassung, darüber hinaus vor allem aber auch in den einfachgesetzlichen Bestimmungen zur Wahrung ihres Rechts auf Selbstbestimmung, deren Leistungsrechte vornehmlich im Sozialleistungsrecht der gesetzlichen Krankenversicherung und der sozialen Pflegeversicherung.

3.1 Verfassungsnormen und Programmsätze

Auf verfassungsrechtlicher Ebene ergeben sich die Rechte von Menschen mit Pflegebedarfen vor allem aus den einzelnen Grundrechten, die im Bereich der Erbringung pflegerischer Leistungen zumindest eine mittelbare Wirkung auch für die sie versorgenden Pflegekräfte und Gesundheitseinrichtungen entfalten. Darüber hinaus spielt in der pflegepolitischen Diskussion die sog. Pflege-Charta eine Rolle, die zwar keinen rechtsverbindlichen, wohl aber einen deutlich ethisch begründeten Appellativcharakter hat.

3.1.1 Grundrechte

Ihrem Wesen nach bilden die in den Art. 1 bis 19 des *Grundgesetzes* (GG) manifestierten Grundrechte insbesondere **Abwehrrechte** gegen den Staat; vorrangiges Ziel ist es insofern, die Bürgerinnen und Bürger vor einer überbordenden staatlichen Machtentfaltung und behördlicher Willkür zu schützen. Darüber hinaus gebieten es einige Grundrechte dem Staat aber auch, sich fördernd und schützend vor bestimmte, von den Grundrechten erfasste Rechtsgüter zu stellen und durch hoheitliche Maßnahmen mögliche Beeinträchtigungen abzuwehren (Antoni, in: Hömig/Wolff 2021, vor Art. 1 GG Rdnr. 3 ff.); dies betrifft vor dem Hintergrund des Sozialstaatsprinzips nach Art. 20 Abs. 1 GG auch und gerade die für das Gesundheitswesen besonders relevanten Rechtsgüter Leben, Gesundheit und körperliche Unversehrtheit.

GG

Unterschieden werden dabei im Wesentlichen **Freiheits- und Gleichheitsrechte**. Während die Freiheitsrechte den Bürgerinnen und Bürgern und damit auch Patienten bzw. Pflegebedürftigen bestimmte Handlungsfreiheiten einräumen, bieten die Gleichheitsrechte vor allem Schutz vor ungerechtfertigten Diskriminierungen. Dabei können die Schutzbereiche der einzelnen Grundrechte nicht unendlich ausgeweitet werden, käme es doch zu erheblichen Konflikten mit Mitbürgerinnen und Mitbürgern oder dem Staat, wollte jeder seine Grundrechte grenzenlos ausüben. Von dem in Art. 1 Abs. 1 GG festgeschriebenen Schutz der Menschenwürde abgesehen, können Grundrechte daher eingeschränkt werden. Möglich sind insofern (stets rechtsstaatlich zu rechtfertigende) gesetzliche Eingriffe in den Schutzbereich eines Grundrechts oder Einschränkungen durch eine kollidierende und im Einzelfall schwerer wiegende Grundrechtsausübung eines anderen Grundrechtsberechtigten (nach der *Kant*'schen Formel *Die Freiheit des Einzelnen endet dort, wo die Freiheit des Anderen beginnt!*).

Gemäß Art. 1 Abs. 3 GG binden die Grundrechte die Gesetzgebung (Legislative), die vollziehende Gewalt (Exekutive) und die

Rechtsprechung (Judikative). Zur Einhaltung der Grundrechte verpflichtet sind danach also etwa die Kranken- und Pflegekassen als Körperschaften des öffentlichen Rechts (und damit Bestandteil der staatlichen Exekutive), *nicht* jedoch privatwirtschaftliche und -rechtliche Krankenhäuser, Pflegeheime und Pflegedienste – sie trifft grundsätzlich keine **Grundrechtsbindung.** Gleichwohl ist es in der Rechtswissenschaft seit längerem anerkannt, dass die Grundrechte zumindest mittelbar in das Privatrecht hineinwirken (sog. **mittelbare Drittwirkung**), da sie als verfassungsrechtliche Grundentscheidungen zugleich objektive Prinzipien für die gesamte gesellschaftliche und rechtsstaatliche Ordnung festlegen. In den Rechtsbeziehungen der Bürger untereinander kann sich demnach im Allgemeinen niemand *unmittelbar* auf die Grundrechte berufen, gleichwohl dienen sie (auch) in diesen Rechtsverhältnissen als Richtlinien und Impulsgeber (Antoni, in: Hömig/Wolff 2021, vor Art. 1 GG Rdnr. 6).

Pflegekräfte und Gesundheitseinrichtungen sind zwar grundsätzlich nicht unmittelbar an die Grundrechte der Verfassung gebunden, sollten sie aber bei ihrer Tätigkeit stets als Richtlinie und Impuls berücksichtigen.

Im Pflege- bzw. Gesundheitssektor sind dabei vor allem die folgenden Grundrechte einschlägig und zu berücksichtigen (vgl. etwa Schellhorn/Tönnies 2023, 19 ff.):

- Oberstes Gebot ist der **Schutz der Menschenwürde** nach Art. 1 Abs. 1 GG. Hierhinter verbirgt sich vor allem das Gebot zum Schutz des Eigenwertes eines jeden Menschen und das Verbot, Menschen zu schlichten Objekten zu degradieren. Pflegekräfte sind danach gehalten, Patienten und Pflegebedürftige stets als Individuen mit einer eigenen Biografie in ihrer konkreten Lebenssituation und Lebensphase wahrzunehmen und sie nicht zum „Gegenstand" ihrer Arbeit zu degradieren (zur entsprechenden ethischen Perspektive Schiff/Dallmann 2021, 77 ff.).
- Art. 2 Abs. 1 GG schützt die **Freiheit der Person** (sog. allgemeine Handlungsfreiheit), also auch die Autonomie bzw. das Selbstbestimmungsrecht von Patienten und Pflegebedürftigen (Kap. 3.2). Sie entscheiden danach eigenverantwortlich

und frei darüber, welche medizinische Behandlung und welche Pflege sie im Einzelfall zulassen bzw. ablehnen. Da das Grundrecht auch unvernünftige, aber frei getroffene Entscheidungen schützt, dürfen Patienten bzw. Pflegebedürftige auch objektiv sinnvolle medizinisch-pflegerische Maßnahmen verweigern.

- Das sog. **allgemeine Persönlichkeitsrecht** ist zwar kein eigenständiges Grundrecht, wird aber aus den Grundrechten des Art. 2 Abs. 1 und des Art. 1 Abs. 1 GG abgeleitet. Durch die Rechtsprechung anerkannt ist etwa das Recht auf informationelle Selbstbestimmung (Schutz der Daten von Patienten und Pflegebedürftigen [etwa in der Pflegedokumentation] vor einer missbräuchlichen Verwendung), der Schutz der Privat- und Intimsphäre zu pflegender Personen, das Recht am eigenen Bild oder der Schutz der sexuellen Selbstbestimmung und der geschlechtlichen Identität.
- Art. 2 Abs. 2 GG schützt das Recht auf **Leben und körperliche Unversehrtheit**. Zum einen darf Patienten und Pflegebedürftigen danach durch eine medizinische Behandlungsmaßnahme oder pflegerische Intervention grundsätzlich kein Schaden zugefügt werden (Kap. 2.5). Zum anderen enthält das Grundrecht aber auch ein Fürsorgegebot für den Fall, dass eine Gefahr für das Leben, den Körper oder die Gesundheit eines Patienten bzw. Pflegebedürftigen aufgrund oder infolge einer kognitiv-psychischen Einschränkung der freien Willensbildung und Entscheidungsfindung droht; hier müssen die Betroffenen und ihre Rechtsgüter notfalls vor sich selbst geschützt werden (Kap. 3.2.7).
- Aus Art. 3 GG ergibt sich ein **Gleichbehandlungsgebot** und zugleich ein **Diskriminierungsverbot**, wonach wesentlich Gleiches gleich behandelt werden muss und nur unwesentlich Gleiches ungleich behandelt werden darf. Von Pflegekräften erfordert das beispielsweise eine zunächst gleiche Verteilung ihrer beruflichen Bemühungen um Pflege und Unterstützung auf alle Patienten bzw. Pflegebedürftigen, von der indes dann abgewichen werden darf oder sogar muss, wenn diese unterschiedliche Pflegebedarfe aufweisen. In keinem Fall zu rechtfertigen wäre eine Ungleichbehandlung wegen des Geschlechts, der Abstammung, der Sprache, der Heimat bzw. Herkunft, des Glaubens oder der politischen Anschauungen eines Patienten bzw. Pflegebedürftigen (Art. 3 Abs. 3 GG).

- Die **Glaubens(ausübungs)freiheit** nach Art. 4 Abs. 1 und 2 GG schützt das Recht, eine bestimmte Religion oder Weltanschauung zu haben, aber auch danach zu handeln. Sie wird sowohl positiv (Recht auf Religion und Religionsausübung) als auch negativ (Recht auf Schutz vor Einflussnahme durch Religion) gewährleistet. Patienten und Pflegebedürftigen sollte daher eine Ausübung ihres Glaubens ermöglicht werden (z.B. durch das Anbringen eines religiösen Symbols im persönlichen Wohnbereich eines Pflegeheims); sie dürfen aber nicht gegen ihren Willen mit religiösen Bekundungen überwältigt werden (z.B. durch den Zwang zum Besuch einer religiösen Veranstaltung).
- Art. 10 Abs. 1 GG schützt das **Brief- bzw. Post- und Fernmeldegeheimnis**. Dementsprechend müssen es Pflegekräfte unterlassen, ohne Einwilligung des Patienten bzw. Pflegebedürftigen dessen Briefe zu öffnen und zu lesen; entsprechendes gilt für Chat-Nachrichten, E-Mails oder Kurzmitteilungen. Dabei stellt eine Missachtung dieses Grundrechts nicht nur eine Verletzung des persönlichen Lebens- und Geheimnisbereichs dar, sondern kann nach §§ 202 ff. StGB auch strafrechtlich geahndet werden (Kap. 2.5.2).
- Die **Unverletzlichkeit der Wohnung** wird durch Art. 13 Abs. 1 und 7 GG geschützt. Da der Begriff der Wohnung weit auszulegen ist, umfasst er alle Räumlichkeiten, die deren Besitzer der allgemeinen Zugänglichkeit entziehen kann und die er zum Ort seines Lebens bestimmt. Hierunter fallen also auch die Zimmer von Bewohnerinnen und Bewohnern eines Pflegeheims. Daraus folgt, dass beispielsweise Pflegekräfte, die in der ambulanten oder stationären Pflege tätig sind, die Zimmer ihrer Klienten bzw. der Bewohner nur mit deren Zustimmung betreten sollten.
- Art. 14 Abs. 1 GG schützt und gewährleistet schließlich privates **Eigentum**. Aus diesem Grund sind nicht nur die Patienten bzw. Pflegebedürftigen pfleglich zu behandeln, sondern auch deren Eigentum. Dies betrifft sowohl das Eigentum an und in der eigenen Wohnung (vgl. Art. 13 GG), als auch das Eigentum an Gegenständen, die Patientinnen und Patienten in ein Krankenhaus eingebracht haben (Kap. 4.2.3).

3.1.2 Pflege-Charta

Die Pflege-Charta, die vom *Runden Tisch Pflege* der Bundesministerien für Familie und Gesundheit (BMFSJ/BMG 2020) verabschiedet worden ist, rekurriert zwar auf bestimmte **Teilhaberechte**, die in den Grundrechten der Verfassung und in einfachen Gesetzen zum Schutz und zu den Ansprüchen von Menschen mit Pflegebedarf verankert sind, stellt selbst aber keine staatlich verabschiedete Rechtsquelle dar. Sie ist insofern nicht rechtsverbindlich, gibt aber eine appellhafte ethisch-moralische Orientierung für pflegebedürftige Menschen, deren Angehörige und für alle, die beruflich im Bereich der Pflege tätig sind.

> „Sie alle sollen ihr Handeln an der Charta ausrichten. Ebenso sind die politischen Instanzen auf allen Ebenen sowie die Leistungsträger aufgerufen, die notwendigen Rahmenbedingungen zur Gewährleistung der hier beschriebenen Rechte, insbesondere die finanziellen Voraussetzungen, sicherzustellen und weiterzuentwickeln." (Präambel der Pflege-Charta)

Die Charta umfasst insgesamt **acht Artikel**, die die Rechte hilfe- und pflegebedürftiger Menschen kurz umreißen und die von Ihren Verfasserinnen und Verfassern des Runden Tisches Pflege kommentierend näher erläutert werden. Zu diesen acht Artikeln gehören:

1. **Selbstbestimmung und Hilfe zur Selbsthilfe:** Jeder hilfe- und pflegebedürftige Mensch hat das Recht auf Hilfe zur Selbsthilfe und auf Unterstützung, um ein möglichst selbstbestimmtes und selbständiges Leben führen zu können.
2. **Körperliche und seelische Unversehrtheit, Freiheit und Sicherheit:** Jeder hilfe- und pflegebedürftige Mensch hat das Recht, vor Gefahren für Leib und Seele geschützt zu werden.
3. **Privatheit:** Jeder hilfe- und pflegebedürftige Mensch hat das Recht auf Wahrung und Schutz seiner Privat- und Intimsphäre.
4. **Pflege, Betreuung und Behandlung:** Jeder hilfe- und pflegebedürftige Mensch hat das Recht auf eine an seinem persönlichen Bedarf ausgerichtete, gesundheitsfördernde und qualifizierte Pflege, Betreuung und Behandlung.

5. **Information, Beratung und Aufklärung:** Jeder hilfe- und pflegebedürftige Mensch hat das Recht auf umfassende Informationen über Möglichkeiten und Angebote der Beratung, der Hilfe und Pflege sowie der Behandlung.
6. **Kommunikation, Wertschätzung und Teilhabe an der Gesellschaft:** Jeder hilfe- und pflegebedürftige Mensch hat das Recht auf Wertschätzung, Austausch mit anderen Menschen und Teilhabe am gesellschaftlichen Leben.
7. **Religion, Kultur und Weltanschauung:** Jeder hilfe- und pflegebedürftige Mensch hat das Recht, seiner Kultur und Weltanschauung entsprechend zu leben und seine Religion auszuüben.
8. **Palliative Begleitung, Sterben und Tod:** Jeder hilfe- und pflegebedürftige Mensch hat das Recht, in Würde zu sterben.

Überlegen bzw. recherchieren Sie (auch im vorliegenden Buch), auf welche gesetzlichen Bestimmungen die Pflege-Charta in ihren acht Artikeln jeweils Bezug nimmt: Wo sind die in der Charta genannten Rechte und Ansprüche rechtsverbindlich festgeschrieben?

3.2 Recht auf Selbstbestimmung

Bereits im Jahr 1894 stellte das *Reichsgericht in Strafsachen* erstmalig in der deutschen Rechtsgeschichte fest, dass sich (pflegebedürftige) Patienten nicht den Vorstellungen von einer „guten“ Versorgung der damals sehr selbstherrlich auftretenden Ärzte- bzw. Schwesternschaft beugen müssten, sondern sie vielmehr allein und selbst darüber entscheiden können, wie sie behandelt bzw. gepflegt werden möchten. Auch wenn diese Begriffe damals so noch keine Verwendung fanden, wurde mit diesem Urteil der heute so genannten Patientenautonomie Vorrang gegenüber einer am Paternalismus orientierten Versorgung von Patienten und Pflegebedürftigen eingeräumt.

> „Daß jemand nach eigener Überzeugung oder nach dem Urteile seiner Berufsgenossen die Fähigkeit besitzt, das wahre Interesse seines Nächsten besser zu verstehen, als dieser selbst, dessen körperliches oder geistiges Wohl durch geschickt und intelligent angewendete

Mittel vernünftiger fördern zu können, als dieser es vermag, gewährt jenem entfernt nicht irgend eine rechtliche Befugnis, nunmehr nach eigenem Ermessen in die Rechtssphäre des Anderen einzugreifen, diesem Gewalt anzuthun und dessen Körper willkürlich zum Gegenstande gutgemeinter Heilversuche zu benutzen." (RG vom 31.05.1894 [Az. 1406/94])

Dementsprechend setzt jedwede medizinische Maßnahme bzw. pflegerische Intervention eine Einwilligung des Patienten bzw. Pflegebedürftigen voraus. Kann sich die betreffende Person ihren Willen zur (Nicht)Versorgung nicht frei bilden, muss es Personen bzw. Institutionen mit der Befugnis geben, diese Entscheidung stellvertretend und rechtsverbindlich für sie zu treffen; dies kann beispielsweise ein Vorsorgebevollmächtigter, ein Betreuer, der Ehepartner oder in Notfällen auch der behandelnde Arzt sein. In jedem Fall sind diese vertretungsberechtigten Personen bei ihrer Entscheidungsfindung an den (mutmaßlichen) Willen des Patienten bzw. Pflegebedürftigen gebunden, der sich aus einer sog. Patientenverfügung oder auch aus früher geäußerten Wünschen zur späteren medizinisch-pflegerischen Versorgung ergeben kann. Einschränkungen der Patientenautonomie ergeben sich diesbezüglich bei der Sterbehilfe (Kap. 2.5.2.3), da der Wunsch zu sterben nicht ohne Weiteres vom Selbstbestimmungsrecht nach Art. 2 Abs. 1 GG gedeckt ist, sowie im Falle einer medizinisch begründeten zwangsweisen Unterbringung oder Zwangsbehandlung, da hier zum Zwecke des Selbst- oder Fremdschutzes gegen den natürlich geäußerten Willen des Betroffenen gehandelt werden muss.

3.2.1 Patientenwille und dessen Surrogate

Die sog. **Patientenautonomie**, also das Selbstbestimmungsrecht von Patienten und Pflegebedürftigen, wird mit dem Recht auf allgemeine Handlungsfreiheit nach Art. 2 Abs. 1 GG mittlerweile auch durch die Verfassung geschützt (Kap. 3.1.1). Danach darf grundsätzlich keine medizinische Maßnahme bzw. pflegerische Intervention gegen den freien Willen des Betroffenen erbracht bzw. durchgeführt werden. Patienten und Pflegebedürftige entscheiden also regelmäßig selbstbestimmt und eigenverantwortlich nicht nur darüber, ob sie beispielsweise überhaupt einen Antrag auf Sozialleistungen stellen (§ 19 Satz 1 SGB IV und § 16 SGB I) (Kap. 3.3) und einen Vertrag zur Bewirkung der Leistung mit einer entsprechenden Gesundheitseinrichtung abschließen möchten (Kap. 4.2), sondern vor allem auch darüber, *ob*, auf welche *Art und Weise* und gegebenenfalls für welche *Dauer* eine medizinische bzw. pflegerische Maßnahme tatsächlich durchgeführt werden soll.

Im Behandlungs- bzw. Pflegeverhältnis zwischen ihnen und den leistungserbringenden Gesundheitseinrichtungen sowie den dort tätigen Ärzten und Pflegekräften bringen sie diese auf ihrer Patientenautonomie beruhende Entscheidung mit der **(Nicht)Einwilligung** in eine bestimmte Gesundheitsmaßnahme zum Ausdruck, die neben einer vorherigen Aufklärung über die medizinische bzw. pflegerische Intervention vor allem eine Einwilligungs*fähigkeit* des Patienten bzw. Pflegebedürftigen voraussetzt (Kap. 3.2.2).

Die *Patientenautonomie* umfasst vor allem das Recht, frei zu entscheiden, ob, wie und wie lange eine Behandlungs- oder Pflegemaßnahme durchgeführt werden soll. Seinen Ausdruck findet ein entsprechender Wille des Patienten bzw. Pflegebedürftigen in einer von ihm gegebenenfalls erteilten Einwilligung in die betreffende Maßnahme, die zu ihrer Rechtswirksamkeit neben der Einwilligungsfähigkeit des Patienten bzw. Pflegebedürftigen grundsätzlich einer vorherigen Aufklärung durch die behandelnde bzw. pflegende Person bedarf (Kostorz 2020, 113).

Ist der Patient bzw. Pflegebedürftige aufgrund seiner gesundheitlichen Disposition nicht (mehr) in der Lage, (selbst) eine wirksame Einwilligung in eine Behandlungs- bzw. Pflegemaßnahme zu erteilen, ist für die Durchführung dieser Maßnahme ein **rechtliches Surrogat** im Sinne eines juristisch gleichwertigen Ersatzes für die nicht zu erhaltende persönliche Einwilligung des Patienten bzw. Pflegebedürftigen erforderlich. In diesem Fall hängt die Entscheidung über die Durchführung einer erforderlichen Intervention zunächst von der Frage ab, ob die Maßnahme derart eilbedürftig ist, dass von einem Notfall ausgegangen werden muss; in diesem Fall hat die Versorgung der von ihm betroffenen Person nach den Grundsätzen der sog. Geschäftsführung ohne Auftrag zu erfolgen (Kap. 3.2.6). Kann die erforderliche Maßnahme (zumindest begrenzt) zeitlich verschoben werden, ist die erforderliche Einwilligung von einem Vorsorgebevollmächtigten oder (subsidiär) dem Ehegatten des Betroffenen zu erteilen, der ein sog. gesetzliches (befristetes) Notvertretungsrecht besitzt (Kap. 3.2.4). Besteht diese Möglichkeit nicht, weil die betroffene Person niemandem eine Vorsorgevollmacht erteilt hat oder sie nicht verheiratet bzw. das zeitlich befristete Notvertretungsrecht des Ehepartners ausgelaufen ist, ist dem Patienten bzw. Pflegebedürftigen im Falle seiner (weiterhin bestehenden) Einwilligungsunfähigkeit regelmäßig ein rechtlicher Betreuer zur Seite zu stellen, der mit einer entsprechenden Entscheidungsbefugnis ausgestattet ist und so ebenfalls stellvertretend für den Betroffenen in in Frage stehende Gesundheitsmaßnahmen einwilligen darf (Kap. 3.2.3). Vorsorge für den Fall einer gegebenenfalls irgendwann eintretenden Einwilligungs- bzw. Entscheidungsunfähigkeit kann ein Patient bzw. Pflegebedürftiger zudem durch eine Patientenverfügung treffen, in der er seine Wünsche für seine medizinisch-pflegerische Versorgung vorwegnimmt (Kap. 3.2.5).

Die rechtliche Zulässigkeit einer medizinisch-pflegerischen Intervention bestimmt sich nach den Kriterien der *Einwilligung* bzw. *Einwilligungsfähigkeit* des Patienten bzw. Pflegebedürftigen, dem Vorliegen eines *Notfalls*, der Benennung eines *Vorsorgebevollmächtigten* bzw. seines *Familienstandes*, der Bestellung eines *Betreuers* sowie der Existenz einer rechtswirksamen *Patientenverfügung* (Abb. 12).

Hinsichtlich der **Berücksichtigung des (tatsächlichen bzw. mutmaßlichen) Patientenwillens** lässt sich daraus zudem eine gewisse Rangordnung ableiten (Abb. 13), nach der bei einer erforderlichen medizinischen Behandlung bzw. pflegerischen Intervention zunächst der in einer Einwilligung oder einer Patientenverfügung erklärte tatsächliche Wille des Patienten bzw. Pflegebedürftigen zu berücksichtigen ist (Kap. 3.2.2). Ist die betroffene Person einwilligungsunfähig, kann die Einwilligung stellvertretend durch eine vertretungsberechtigte Person (in der Rangfolge Vorsorgebevollmächtigter → Betreuer → Ehepartner) erklärt werden (Kap. 3.2.3 und 3.2.4), die dabei verpflichtet ist, sich bei ihrer Entscheidung auf eine eventuell vorliegende Patientenverfügung zu beziehen oder den mutmaßlichen Willen des Patienten bzw. Pflegebedürftigen zu berücksichtigen. Insbesondere in Notfallsituationen, in denen eine medizinisch-pflegerische Intervention unaufschiebbar ist und

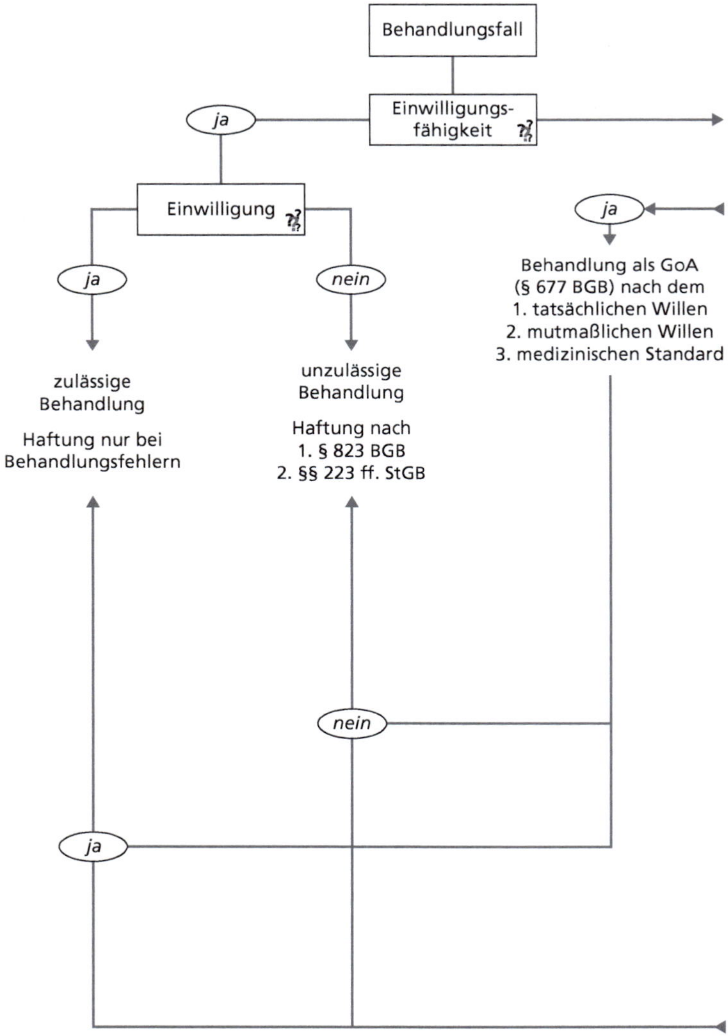

Abb. 12: Entscheidungswege bei der Versorgung (nicht) einwilligungsfähiger Patienten und Pflegebedürftiger (nach Kostorz 2011a, 14)

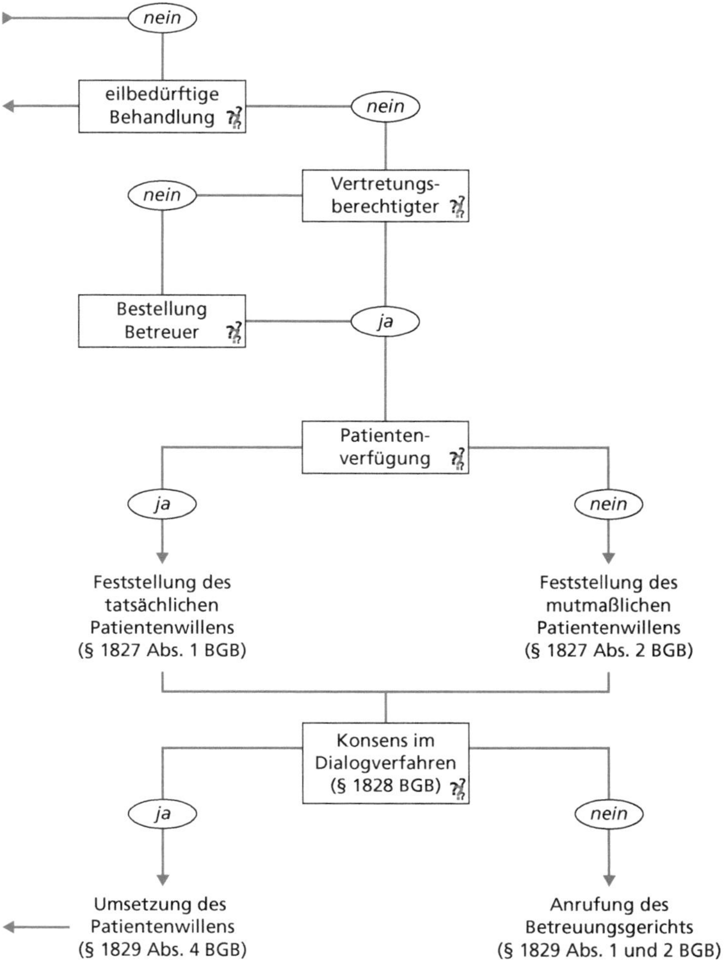
nein
eilbedürftige Behandlung
nein
Vertretungs-berechtigter
nein
Bestellung Betreuer
ja
Patienten-verfügung
ja
nein
Feststellung des tatsächlichen Patientenwillens (§ 1827 Abs. 1 BGB)
Feststellung des mutmaßlichen Patientenwillens (§ 1827 Abs. 2 BGB)
Konsens im Dialogverfahren (§ 1828 BGB)
ja
nein
Umsetzung des Patientenwillens (§ 1829 Abs. 4 BGB)
Anrufung des Betreuungsgerichts (§ 1829 Abs. 1 und 2 BGB)

nicht auf eine Entscheidung des Patienten bzw. Pflegebedürftigen oder eines Vertretungsberechtigten zurückgegriffen werden kann, erfolgt die Versorgung regelmäßig nach dem üblichen medizinisch-pflegerischen Standard und dem Grundsatz *in dubio pro sanitate et vita* (Kap. 3.2.6).

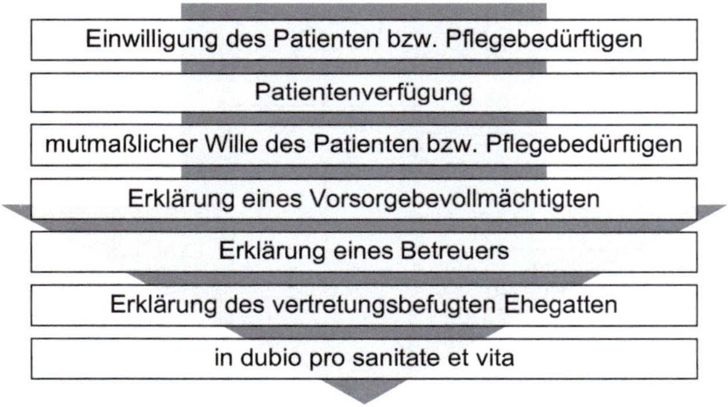

Abb. 13: Rangfolge zur Berücksichtigung des (mutmaßlichen) Patientenwillens

Einschränkungen der Patientenautonomie ergeben sich vor allem im Falle einer medizinisch begründeten zwangsweisen **Unterbringung oder Zwangsbehandlung**, da hier zum Zwecke des Selbst- oder Fremdschutzes gegen den natürlich geäußerten Willen des Betroffenen gehandelt wird (Kap. 3.2.7), und bei der Sterbehilfe, da der Wunsch zu sterben nicht ohne Weiteres von der Patientenautonomie nach Art. 2 Abs. 1 GG gedeckt ist (Kap. 2.5.2.3).

3.2.2 Einwilligung und Einwilligungsfähigkeit

Seit besagtem Urteil des *Reichsgerichts* vom 31.05.1894 (Az. 1406/94) erfüllt nach allgemeiner juristischer Auffassung nahezu jede medizinische bzw. pflegerische Intervention den haftungsrechtlich relevanten Tatbestand der unerlaubten Handlung nach § 823 BGB (Kap. 2.5.1.3) und kann gegebenenfalls nach den Vorschriften der §§ 223 ff. StGB als Körperverletzungsdelikt strafrechtlich verfolgt werden (Kap. 2.5.2.2). Haftungsbefreiend wirkt dabei regelmäßig eine vom Patienten bzw. Pflegebedürftigen erteilte **Einwilligung** in die entsprechende Maßnahme. Sie ist juristisch als sog. Rechtfertigungsgrund zu qualifizieren, dessen Vorliegen die behandelnde bzw. pflegende Person von der grundsätzlich bestehenden Haftungspflicht dispensiert; diese kann beim Vorliegen einer wirksamen Einwilligung also nur dann zur Verantwortung gezogen werden, wenn ihr ein schuldhaft verursachter Behandlungs- bzw. Pflegefehler nachgewiesen werden kann (Kap. 2.5.1.3). Eine wirksame Einwilligung des Patienten bzw. Pflegebedürftigen setzt dabei zunächst dessen **Einwilligungsfähigkeit** voraus.

Einwilligungsfähigkeit ist die Fähigkeit, Art, Bedeutung, Tragweite und Risiken einer Gesundheitsmaßnahme geistig-intellektuell erfassen, seinen Willen entsprechend frei bestimmen und sein Handeln nach dieser Einsicht ausrichten zu können (Kostorz 2020, 117).

In diesem Sinne einsichts- und damit einwilligungsfähig können demnach auch Minderjährige oder Menschen mit mehr oder weniger erheblichen kognitiven oder geistig-intellektuellen Defiziten sein.

Die Einwilligungsfähigkeit ist insofern vor allem von der zivilrechtlichen Geschäftsfähigkeit nach §§ 104 ff. BGB abzugrenzen; bei ihr geht es mithin nicht um die rechtliche Fähigkeit bzw. Befugnis beispielsweise einen Behandlungs- oder Pflegevertrag abzuschließen (Kap. 4.2), sondern vielmehr um die Frage, ob und vor allem mit welchen konkreten Behandlungs- bzw. Pflegemaßnahmen dieser zu erfüllen respektive zu bewirken ist.

Dabei setzt die **Wirksamkeit der Einwilligung** zum einen voraus, dass diese dem Grunde nach überhaupt zulässig ist; so fehlt die Zulässigkeit einer Einwilligung beispielsweise bei dem Wunsch bzw. Willen, sich von einer anderen Person durch aktive Sterbehilfe töten zu lassen (sog. Tötung auf Verlangen nach § 223 StGB [Kap. 2.5.2.3]). Zum anderen dürfen ihr keine sog. Einwilligungsmängel zugrunde liegen; in Betracht kommen insofern etwa Drohungen oder Täuschungshandlungen durch die behandelnde bzw. pflegende Person, aufgrund derer sich der Patient bzw. Pflegebedürftige veranlasst sieht, eine Einwilligung in eine Behandlungs- bzw. Pflegemaßnahme (gegen seinen eigentlichen Willen) zu erteilen. Abgegeben werden kann eine Einwilligungserklärung regelmäßig mündlich oder schriftlich; denkbar ist zudem eine sog. konkludente Einwilligung, also eine Einwilligung durch schlüssiges Verhalten.

Die (rechtlich noch entscheidungsfähige) Bewohnerin eines Pflegeheims lässt das Setzen einer Insulinspritze durch eine Pflegekraft erst zu, nachdem diese damit gedroht hatte, eine Erlaubnis zum Besuch durch die Tochter von der Durchführung dieser behandlungspflegerischen Maßnahme abhängig zu machen. Hier erfolgte zwar eine (mündliche oder gegebenenfalls auch konkludente) Zustimmung zur Injektion des Medikaments, dies jedoch nur infolge der Ausübung psychischen Drucks. Die insofern erteilte Einwilligung war also rechtlich unwirksam.

Voraussetzung einer wirksamen Einwilligung ist – insbesondere vor dem Hintergrund der entsprechenden Maßgaben zum Behandlungsvertrag nach § 630d BGB (Kap. 4.2.2) – zudem, dass der Patient bzw. Pflegebedürftige über sämtliche für die Einwilligung wesentlichen Umstände aufgeklärt worden ist § 630e BGB). Zu dieser **Aufklärung** (im pflegerischen Bereich wird sie in Abgrenzung zur ärztlichen Aufklärung häufig auch als *Information* bezeichnet) gehört eine Erörterung sämtlicher für die Einwilligung wesentlicher Umstände. Hierzu gehören insbesondere Art, Umfang, Durchführung, zu erwartende Folgen und Risiken der Maßnahme sowie ihre Notwendigkeit, Dringlichkeit, Eignung und Erfolgsaussichten im Hinblick auf die geplante Maßnahme sowie mögliche Alternativen zur in Frage stehenden Intervention. Die Aufklärung bzw. Information kann mündlich erfolgen (ergänzend kann auch auf Unterlagen Bezug genommen werden, die der Patient bzw. Pflegebedürftige in Textform erhält), muss für den Patienten bzw. Pflegebedürftigen verständlich sein und so rechtzeitig erfolgen, dass dieser seine Entscheidung über die Einwilligung wohlüberlegt treffen kann.

Bitte recherchieren Sie in der Kommentarliteratur zu § 630e BGB, wie die Rechtsprechung die Kriterien der Verständlichkeit und der Rechtzeitigkeit einer Aufklärung bzw. Information versteht.

3.2.3 Rechtliche Betreuung

Ist ein Patient bzw. Pflegebedürftiger aufgrund seiner gesundheitlichen Situation (beispielsweise aufgrund von demenziellen Veränderungen) nicht mehr in der Lage, selbstständig und frei über bestimmte Angelegenheiten, wie etwa seine Gesundheitsversorgung zu entscheiden und sie zu erledigen, ist ihm vom Betreuungsgericht ein Betreuer zur Seite zu stellen. Das Verfahren der Betreuerbestellung ist im *Gesetz über das Verfahren in Familiensachen und in den Angelegenheiten der freiwilligen Gerichtsbarkeit* (FamFG) geregelt; deren Voraussetzungen ergeben sich – ebenso wie die Befugnisse des bestellten Betreuers – aus dem *Bürgerlichen Gesetzbuch* (BGB).

FamFG

BGB

Zum Jahresbeginn 2023 wurde das Betreuungsrecht umfassend reformiert. Einführende Darstellungen zur neuen Rechtslage bieten etwa der Aufsatz von Gehring (2021) oder die Bücher von Brosey (2022) und Mazur (2023).

3.2.3.1 Voraussetzungen und Verfahren der Betreuerbestellung

Grundvoraussetzung für die gerichtliche Bestellung eines rechtlichen Betreuers ist nach § 1814 Abs. 1 BGB zunächst ein sog. **Besorgungsdefizit** der unterstützungsbedürftigen Person. Das ist der Fall, wenn diese bestimmten Angelegenheiten (wie etwa Gesundheitsangelegenheiten) ganz oder teilweise *rechtlich* nicht mehr selbst erledigen kann. Dabei muss das Besorgungsdefizit kausal auf eine **Krankheit oder Behinderung** zurückzuführen sein; bei der Überprüfung dieses Tatbestandmerkmals kann auf die Definitionen von Krankheit und Behinderung nach dem Recht der gesetzlichen Krankenversicherung Bezug genommen werden (Kap. 3.3.2.1.1). Eine Einschränkung der Einwilligungsfähigkeit (Kap. 3.2.2) muss damit indes nicht zwangsläufig verbunden sein – im Gegenteil: Gegen den *freien* Willen einer dem Grunde nach unterstützungsbedürftigen Person darf kein Betreuer bestellt werden (§ 1814 Abs. 2 BGB).

Schließlich ist die Bestellung eines Betreuers nach § 1814 Abs. 3 nur im Fall ihrer tatsächlichen **Erforderlichkeit** möglich; der bestehende Unterstützungsbedarf darf also nicht durch anderweitige Hilfe gedeckt werden können. Dies wäre beispielsweise dann der Fall, wenn der Betroffene bereits eine andere Person mittels einer Vorsorgevollmacht mit der rechtlichen Besorgung der in Frage stehenden Angelegenheiten bevollmächtigt hätte (Kap. 3.2.4.1), das Vertretungsrecht eines eventuell existierenden Ehepartners griffe (Kap. 3.2.4.2) oder es weitere Beratungs- und Unterstützungsmöglichkeiten nach § 8 BtOG gäbe (etwa durch eine Kranken- bzw. Pflegekasse oder eine andere Behörde).

> „Wenn im Einzelfall Anhaltspunkte für einen Betreuungsbedarf nach § 1814 Absatz 1 des Bürgerlichen Gesetzbuchs bestehen, soll die Behörde dem Betroffenen zur Vermeidung der Bestellung eines Betreuers ein Beratungs- und Unterstützungsangebot unterbreiten. [...] Insbesondere ist ein Kontakt zwischen dem Betroffenen und dem Beratungs- und Unterstützungsangebot des sozialen Hilfesystems herzustellen. Bei antragsabhängigen Leistungen ist der Betroffene dabei zu unterstützen, die notwendigen Anträge selbst zu stellen. Die Behörde arbeitet zur Vermittlung geeigneter Hilfen zur Betreuungsvermeidung mit den zuständigen Sozialleistungsträgern zusammen." (§ 8 BtOG)

Besorgungsdefizit	Diagnose	Erforderlichkeit
Unvermögen, bestimmte *rechtliche* Angelegenheiten, selbst zu besorgen	Krankheit oder Behinderung i.S.d. Rechts der gesetzlichen Kranken-versicherung	keine Kompensation des Besorgungsdefizits durch die Vertretungsmacht eines Vorsorge-bevollmächtigten bzw. Ehepartners oder durch Beratungs- und Unterstützungs möglichkeiten durch Behörden

Abb. 14: Voraussetzungen für eine rechtliche Betreuung

Der im eigenen häuslichen Umfeld lebende, verwitwete und 72-jährige Otto D. Mens wird nach einem Sturzereignis pflegebedürftig. Aufgrund seiner fortschreitenden demenziellen Erkrankung ist er nicht mehr in der Lage, die in seiner Situation notwendigen Sozialleistungen (vor allem der sozialen Pflegeversicherung) zu beantragen. Beizeiten hat er aber seinen einzigen Sohn dazu bevollmächtigt, ihn bei Bedarf gegenüber Behörden rechtlich zu vertreten; eine rechtswirksame Vorsorgevollmacht für die anstehenden Angelegenheiten liegt mithin vor. In diesem Fall liegt bei Herrn Mens ein Besorgungsdefizit vor (Durchsetzung seiner Leistungsansprüche gegenüber seiner Pflegekasse), das kausal auf eine Erkrankung (Demenz) zurückzuführen ist. Dem Grunde nach ergibt sich daraus die Notwendigkeit der Bestellung eines rechtlichen Betreuers, die vorliegend aber nicht erforderlich ist, da zum einen der Sohn als Vorsorgebevollmächtigter eingesetzt worden ist und zum anderen die Beratungs- und Unterstützungsmöglichkeiten eines Pflegeberaters bzw. eines Pflegestützpunktes (Kap. 3.3.1.2.1) genutzt werden könnten.

Initiiert werden kann ein **Verfahren zur Betreuerbestellung** nur auf Antrag des Betroffenen oder von Amts wegen durch das zuständige Betreuungsgericht (§ 1814 Abs. 4 BGB); ein Antragsrecht von Familienangehörigen, Pflegepersonen oder sonstigen nahestehenden Menschen besteht in formeller Hinsicht nicht. In der Rechtspraxis behilft man sich in aller Regel damit, dass Angehörige dem

Betreuungsgericht einen möglichen Betreuungsbedarf anzeigen, das dann von sich aus (also von Amts wegen) tätig wird.

Vor der Bestellung eines Betreuers hat das zuständige Gericht die mutmaßlich zu betreuende Person persönlich anzuhören und sich einen persönlichen Eindruck von ihr zu verschaffen (§ 278 FamFG); zudem kann es die Betreuungsstelle des örtlichen Sozialamtes beauftragen, einen Sozialbericht über die Lebensumstände der betroffenen Person zu erstellen (§ 279 FamFG i.V.m. § 11 BtOG), und erforderlichenfalls einen Verfahrenspfleger bestellen, der die Interessen des Betroffenen wahrnehmen soll und insofern als eine Art Rechtsbeistand fungiert (§ 276 FamFG). Zur Beurteilung der primär medizinischen Frage, ob eine Krankheit oder eine Behinderung vorliegt, die für das Besorgungsdefizit ursächlich ist, muss zudem ein sozialmedizinisches Gutachten von einem Facharzt für Psychiatrie eingeholt werden (§ 280 FamFG), auf das allerdings unter anderem dann verzichtet werden kann, wenn der Betroffene die Betreuerbestellung selbst beantragt (§ 281 FamFG). Liegt bereits ein Gutachten des *Medizinischen Dienstes* zur Feststellung der Pflegebedürftigkeit nach § 18 SGB XI vor (Kap. 3.3.1.1.2), kann dies auch im Verfahren zur Betreuerbestellung als sozialmedizinisches Gutachten Verwendung finden (§ 282 FamFG). In seiner abschließenden Entscheidung hat das Betreuungsgericht dann zum einen den **Aufgabenkreis des Betreuers** unter Kennzeichnung seiner einzelnen Aufgabenbereiche und zum anderen den mit dieser Aufgabe betrauten Betreuer zu benennen (§ 286 FamFG) (Abb. 15).

Zum Betreuer ist zu bestellen, wer „geeignet ist, in dem gerichtlich angeordneten Aufgabenkreis die Angelegenheiten des Betreuten nach Maßgabe des § 1821 [BGB] rechtlich zu besorgen und insbesondere in dem hierfür erforderlichen Umfang persönlichen Kontakt mit dem Betreuten zu halten“ (§ 1816 Abs. 1 BGB). Die konkrete **Auswahl des Betreuers** erfolgt gemäß § 1816 Abs. 2 bis 5 und § 1818 BGB nach einer festgelegten Reihen- bzw. Rangfolge:

1. Wunschbetreuer der zu betreuenden Person
2. Betreuer aus dem sozialen bzw. familialen Umfeld der zu betreuenden Person
3. Fremdbetreuer (mit Begleitung und Unterstützung durch einen Betreuungsverein oder die zuständige Betreuungsbehörde)

4. Berufsbetreuer in selbständiger Tätigkeit oder eines Betreuungsvereins
5. Betreuungsverein (mit Übertragung der Betreuungsaufgabe auf einzelne Personen)
6. Betreuungsbehörde (mit Übertragung der Betreuungsaufgabe auf einzelne Personen)

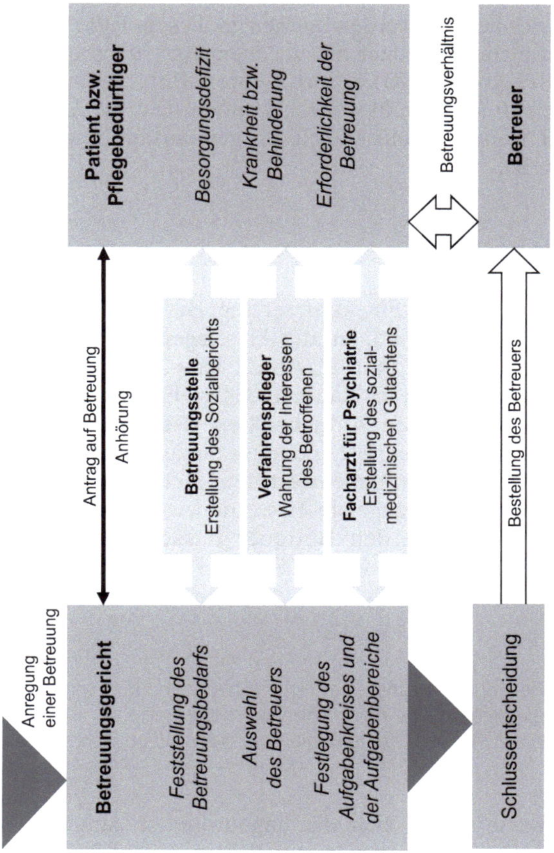

Abb. 15: Verfahren der Betreuerbestellung

Die vom Betreuungsgericht ausgewählte Person ist verpflichtet, die Betreuung zu übernehmen, wenn ihr die Übernahme unter Berücksichtigung ihrer familiären, beruflichen und sonstigen Verhältnisse zugemutet werden kann (§ 1819 Abs. 1 BGB). Gleichwohl darf sie erst dann zum Betreuer bestellt werden, wenn sie sich zur Übernahme dieser Aufgabe bereit erklärt hat (§ 1819 Abs. 2 BGB). Dabei kann das Betreuungsgericht auch mehrere Betreuer bestellen, wenn die Angelegenheiten des Betreuten hierdurch besser besorgt werden können; in diesem Falle bestimmt das Gericht, welcher Betreuer mit welchem Aufgabenbereich betraut wird (§ 1817 Abs. 1 BGB). Sofern mehrere Betreuer mit demselben Aufgabenbereich betraut werden, können sie diese Angelegenheiten des Betreuten grundsätzlich nur gemeinsam besorgen (§ 1817 Abs. 3 BGB).

3.2.3.2 Rechtsfolgen der Betreuung

Ist ein Betreuer bestellt, umfasst die Betreuung alle Tätigkeiten, die erforderlich sind, um die Angelegenheiten des Betreuten *rechtlich* zu besorgen (§ 1821 Abs. 1 Satz 1 BGB). Das Betreuungsgericht legt dabei im Rahmen des im Einzelfall vorliegenden Betreuungsbedarfs den **Aufgabenkreis des Betreuers** möglichst konkret und individuell fest, indem es einzelne spezifische Aufgabenbereiche anordnet; dabei darf dem Betreuer ein bestimmter Aufgabenbereich nur zugewiesen werden, wenn und soweit dessen Wahrnehmung durch den Betreuer tatsächlich *erforderlich* ist (§ 1815 Abs. 1 BGB) – eine „Betreuung in allen Angelegenheiten" wäre demnach unzulässig.

> Bei der Betreuung einer unterstützungsbedürftigen Person geht es stets um die *rechtliche* Wahrnehmung ihrer Interessen und nicht um ihre soziale Begleitung oder pflegerische Versorgung.

Üblicherweise lassen sich die angeordneten Aufgabenbereiche folgenden Kategorien zuordnen (vgl. Brosey et al. 2022, Rdnr. 66 ff. oder Mazur 2023, 55 ff.):

- Vermögenssorge
- Gesundheitssorge
- Aufenthaltsbestimmung
- Wohnungsangelegenheiten
- Regelung von Behördenangelegenheiten

Bestimmte Entscheidungen darf der Betreuer zudem nur dann treffen, wenn sie als Aufgabenbereich vom Betreuungsgericht ausdrücklich angeordnet worden sind (§ 1815 Abs. 2 BGB); hierzu gehört unter anderem die Zustimmung zu Maßnahmen, die mit einer Freiheitsentziehung der betreuten Person verbunden sind (Kap. 3.2.7).

Hauptaufgabe des Betreuers ist es, den Betreuten dabei zu unterstützen, seine Angelegenheiten rechtlich selbst zu besorgen und sein Leben nach seinen eigenen Wünschen zu gestalten (**Hilfe zur Selbsthilfe**). „Hierzu hat der Betreuer die Wünsche des Betreuten festzustellen. Diesen hat der Betreuer […] zu entsprechen und den Betreuten bei deren Umsetzung rechtlich zu unterstützen" (§ 1821 Abs. 2 Satz 2 und 3 BGB). Sofern es erforderlich ist, ist der Betreuer mit seiner Bestellung aber auch befugt, die in seinem Aufgabenkreis liegenden rechtlichen Angelegenheiten der betreuten Person stellvertretend für diese zu regeln (**Vertretungsmacht** nach § 1823 i.V.m. § 164 BGB). Dabei ist er auch hier verpflichtet, die Wünsche des Betreuten soweit wie möglich zu berücksichtigen (§ 1821 BGB).

Da die Betreuung also insgesamt eine Art **begleitete Selbständigkeit** des Betroffenen ermöglichen soll und es sich bei ihr keinesfalls um eine Entmündigung handelt, bleibt die betroffene Person grundsätzlich selbst handlungs- und geschäftsfähig, so dass beide – Betreuer und betreute Person – die Möglichkeit haben, wirksame Rechtsgeschäfte gegenüber Dritten vorzunehmen, also beispielsweise einen Vertrag mit einem Leistungserbringer des Gesundheitswesens abzuschließen oder eine Einwilligung in eine medizinische Maßnahme oder eine pflegerische Intervention zu erteilen. Ist die betreute Person im Einzelfall allerdings einwilligungsunfähig (Kap. 3.2.2), ist die Einwilligung in eine erforderliche medizinische bzw. pflegerische Maßnahme regelmäßig zwingend vom Betreuer einzuholen (§ 630d Abs. 1 Satz 2 BGB), der dann auch entsprechend aufzuklären bzw. zu informieren ist (§ 630e Abs. 4 BGB). In diesem Fall hat er die Wünsche und/oder den mutmaßlichen Willen der betreuten Person hinsichtlich seiner Behandlung bzw. Pflege festzustellen und auf dieser Grundlage zu entscheiden, ob er in eine ärztliche Maßnahme bzw. pflegerische Intervention einwilligt oder sie untersagt (§ 1827 Abs. 2 Satz 1 BGB).

Eine Besonderheit ergibt sich, wenn die begründete Gefahr besteht, dass der Betreute infolge oder aufgrund einer Untersuchung, einer Heilbehandlung oder eines ärztlichen Eingriffs stirbt oder einen schweren und länger andauernden gesundheitlichen Schaden erleidet. In diesem Fall bedarf die Einwilligung des Betreuers der **Genehmigung des Betreuungsgerichts**; ohne die Genehmigung darf die Maßnahme nur durchgeführt werden, wenn sie aufgrund drohender gesundheitlicher Gefahren unaufschiebbar ist (§ 1829 Abs. 1 BGB). Entsprechendes gilt, wenn die genannten gesundheitlichen Folgen aus einer Nichteinwilligung oder einem Widerruf der Einwilligung des Betreuers in eine Untersuchung des Gesundheitszustands, eine Heilbehandlung oder einen ärztlichen Eingriff des Betreuten resultieren könnten; auch hier bedarf die Entscheidung des Betreuers einer Genehmigung des Betreuungsgerichts (§ 1829 Abs. 2 BGB).

Eine Ausnahme zur grundsätzlich weiterhin bestehenden (vollen) Geschäfts- und rechtlichen Handlungsfähigkeit der betreuten Person besteht zudem dann, wenn eine gesundheitlich bedingte kognitive Einschränkung die freie Willensbestimmung des Betreuten dauerhaft ausschließt; in diesem Fall ist tatsächlich von dessen **Geschäftsunfähigkeit** auszugehen, mit der Folge, dass seine Willenserklärungen nichtig, also von Anfang an ungültig sind (§ 104 Nr. 2 i.V.m. § 105 Abs. 1 BGB).

Geschäftsunfähig ist, wer sich in einem die freie Willensbestimmung ausschließenden Zustand krankhafter Störung der Geistestätigkeit befindet, sofern nicht der Zustand seiner Natur nach ein vorübergehender ist (§ 104 Nr. 2 BGB). Die Willenserklärung eines Geschäftsunfähigen ist nichtig (§ 105 Abs. 1 BGB).

Ist die kognitive Einschränkung der betroffenen Person (noch) nicht derart ausgeprägt, kann das Betreuungsgericht zudem einen sog. **Einwilligungsvorbehalt** anordnen, sofern dies zur Abwendung einer erheblichen Gefahr für die Person des Betreuten oder dessen

Vermögen erforderlich ist (§ 1825 Abs. 1 BGB). Liegt ein solcher Einwilligungsvorbehalt vor, bedarf es zur Wirksamkeit einer Willenserklärung der betreuten Person, die den Aufgabenkreis des Betreuers betrifft, dessen Einwilligung. Dies trifft – sofern sich die Betreuungsaufgabe beispielsweise (auch) auf Aspekte der Gesundheitssorge bezieht – auch auf Willenserklärungen zu, die auf den Abschluss eines Behandlungs-, Pflege- oder Heimvertrages etc. gerichtet sind (Kap. 4.2). Schließt der Betreute einen Vertrag ohne die **Einwilligung** (= *vorherige* Zustimmung [§ 183 Satz 1 BGB]) des Betreuers, ist dieser zunächst schwebend unwirksam, also weder wirksam noch unwirksam. Die Wirksamkeit des Vertrags hängt nun davon ab, ob der Betreuer eine **Genehmigung** (= *nachträgliche* Zustimmung [§ 184 Abs. 1 BGB]) ausspricht (§ 1825 Abs. 1 Satz 3 i.V.m. § 108 BGB): Erteilt er die Genehmigung, wird der Vertrag rückwirkend wirksam. Erteilt der Betreuer sie nicht, wird der Vertrag rückwirkend unwirksam; in diesem Fall muss der Vertrag gegebenenfalls nach den Bestimmungen zur ungerechtfertigten Bereicherung rückabgewickelt werden (§§ 812 ff. BGB). Ähnliches gilt für die Einwilligung in eine medizinische Behandlungsmaßnahme bzw. pflegerische Intervention als sog. einseitige rechtsgeschäftliche Handlung: Wird sie vom Betreuten ohne vorherige Zustimmung des Betreuers erteilt, ist sie grundsätzlich unwirksam (§ 1825 Abs. 1 Satz 3 i.V.m. § 111 BGB) und bedarf zu ihrer Wirksamkeit dessen (nachträglicher) Genehmigung.

Bitte ordnen Sie die folgenden, chronologisch aufeinander aufbauenden Fallkonstellationen (in Anlehnung an Kostorz 2011b) rechtlich ein:

1. Otto D. Mens ist 72 Jahre alt, verwitwet und seit acht Jahren in Rente. Neben seiner diabetischen Stoffwechselerkrankung leidet er seit einiger Zeit immer stärker an seiner rapide zunehmenden Vergesslichkeit. Schon nach kurzer Zeit kann er sich an Gespräche mit seinem Hausarzt nicht mehr erinnern, so dass er es folglich auch unterlässt, ärztlich angeratene Anträge bei seiner Kranken- bzw. Pflegekasse zu stellen.
2. Zwischenzeitlich ist der Sohn von Herrn Mens zu seinem Betreuer für Gesundheitsangelegenheiten bestellt worden. Stellvertretend für seinen Vater hat er sich bereits um einen ambulanten Pflegedienst bemüht, der Herrn Mens täglich versorgt. Gleichwohl verschlechtert

sich sowohl der physische als auch der psychische Zustand von Herrn Mens zunehmend. Insbesondere hat er immer größere Probleme beim Umgang mit Geld: Regelmäßig tätigt er dem Grunde nach nicht erforderliche Ausgaben, was dazu führt, dass am Ende des Monats seine Rente nicht mehr ausreicht, um die Lebenshaltungskosten zu decken.

3. Seine kognitiven Einschränkungen führen auch dazu, dass er Gesprächen mit Ärzten und Pflegekräften intellektuell nicht mehr folgen kann. Ihm fällt es dementsprechend schwer, das Für und Wider einer Behandlungs- bzw. Pflegemaßnahme abzuwägen, weshalb er kaum noch bereit bzw. in der Lage ist, in entsprechende Maßnahmen einzuwilligen.
4. Herr Mens wohnt mittlerweile in einer Seniorenresidenz. Er ist nahezu orientierungslos, nimmt seine Umwelt nur noch sehr bedingt wahr und kann sowohl soziale als auch rechtliche Folgen seines Handelns kaum noch abschätzen. Trotz aller Defizite hat er auch nach zwölf Jahren Rentnerdasein häufig das Bedürfnis zur Arbeit zu fahren; er bestellt dann jedes Mal ein Taxi zu seinem alten Wohnort.

3.2.3.3 Betreuungsverfügung

Um für den Fall einer gegebenenfalls später erforderlich werdenden Betreuerbestellung vorzubeugen, kann die Möglichkeit einer **Betreuungsverfügung** nach § 1816 Abs. 2 BGB genutzt werden, in der Wünsche für eine spätere Betreuung geäußert werden können oder mit der eine Person vorgeschlagen werden kann, die zum Betreuer bestellt werden soll; möglich ist ebenfalls die Äußerung des Wunsches, eine bestimmte Person *nicht* zu bestellen.

Eine *Betreuungsverfügung* ist eine richtungweisende Verfügung für eine eventuell später erforderliche Betreuung und/oder in Bezug auf die Person des Betreuers (Kostorz 2020, 121).

3.2.4 Vorsorgevollmacht und Notvertretungsrecht

Um für den Fall einer zukünftig gegebenenfalls eintretenden Einwilligungs- bzw. Entscheidungsunfähigkeit vorzusorgen, können kognitiv (noch) nicht eingeschränkte Patienten bzw. Pflegebedürftige eine andere Person bevollmächtigen, rechtlich für sie zu agieren, sollten entsprechende Beeinträchtigungen tatsächlich einmal vorliegen. Da diese Person ähnliche Befugnisse hat wie ein Betreuer, kann eine solche sog. Vorsorgevollmacht eine dem Grunde nach erforderlich werdende Betreuerbestellung verhindern (Kap. 3.2.4.1). Existiert keine entsprechende Vorsorgevollmacht und ist im Falle eines eingetretenen Besorgungsdefizits im Bereich der Gesundheitssorge (noch) keine andere Person zum Betreuer bestellt worden, greift unter bestimmten Voraussetzungen das sog. Notvertretungsrecht eines gegebenenfalls vorhandenen Ehepartners (Kap. 3.2.4.2). Geregelt sind die Vorsorgevollmacht und das Notvertretungsrecht des Ehegatten im *Bürgerlichen Gesetzbuch* (BGB).

BGB

3.2.4.1 Vorsorgevollmacht

Neben der Betreuungsverfügung (Kap. 3.2.3.3) besteht mit der Vorsorgevollmacht eine weitere **Möglichkeit der Patientenvorsorge**; ihr liegen – im Gegensatz zur gesetzlichen Stellvertretung eines Betreuers (§ 1823 BGB) – die Grundsätze der rechtsgeschäftlichen Stellvertretung nach §§ 164 ff. BGB zugrunde. So kann eine Person (des Vertrauens) damit bevollmächtigt werden, stellvertretend für den Vollmachtgeber rechtsgeschäftlich tätig zu werden. Eine entsprechende Vollmacht kann dabei auf einzelne Rechtsgeschäfte beschränkt werden (z. B. Gesundheitssorge, Vermögensverwaltung oder Aufenthaltsbestimmung) oder als sog. Generalvollmacht für alle denkbaren Rechtsangelegenheiten erteilt werden. Sie kann grundsätzlich formfrei ausgesprochen werden und bleibt im Falle der Geschäftsunfähigkeit des Vertretenen weiter bestehen (§ 130 Abs. 2 BGB).

> Mit einer *Vorsorgevollmacht* bevollmächtigt eine Person eine andere (Vertrauens)Person damit, im Falle ihrer eigenen Einwilligungs- bzw. Entscheidungsunfähigkeit bestimmte Angelegenheiten, wie etwa ihre Gesundheitsangelegenheiten, für sie zu besorgen (Kostorz 2020, 121).

Für die Erledigung bestimmter Angelegenheiten sieht das Gesetz vor, dass die Vollmacht schriftlich erteilt worden ist und sie die Möglichkeit einer Stellvertretung ausdrücklich umfasst. Hierzu gehört nach § 1820 Abs. 2 BGB

- die Einwilligung bzw. Nichteinwilligung in eine ärztliche Maßnahme, mit der die Gefahr eines schweren und länger andauernden gesundheitlichen Schadens oder sogar des Todes verbunden sind,
- die zwangsweise Unterbringung oder die Einwilligung in eine unterbringungsähnliche freiheitsentziehende Maßnahme (Kap. 3.2.7.1) sowie
- die Einwilligung in eine ärztliche Zwangsbehandlung (Kap. 3.2.7.2).

Mit der Erteilung einer Vorsorgevollmacht für **Angelegenheiten der Gesundheitssorge** ist der Vorsorgebevollmächtigte befugt, im Falle einer Einwilligungsunfähigkeit des Vollmachtgebers stellvertretend für diesen über den Abschluss eines Vertrages mit einem Leistungserbringer zu entscheiden (Kap. 4.2) und/oder in eine medizinische Maßnahme bzw. pflegerische Intervention einzuwilligen. Da ihm damit grundsätzlich die gleichen rechtlichen Möglichkeiten eingeräumt werden wie einem gerichtlich bestellten Betreuer und auf diese Weise sichergestellt ist, dass etwa die Gesundheitsangelegenheiten des Patienten durch eine dritte Person (stellvertretend) besorgt werden können, kann die Erteilung einer Vorsorgevollmacht die Bestellung eines Betreuers verhindern (Prinzip des Nachrangs der Betreuung i.S.d. § 1814 Abs. 3 BGB) – der Vorsorgebevollmächtigte nimmt insofern die rechtliche Stellung eines ansonsten zu bestellenden Betreuers ein (vgl. etwa § 1827 Abs. 6 oder § 1829 Abs. 5 BGB).

Die Erteilung einer Vorsorgevollmacht kann die gerichtliche Bestellung eines Betreuers entbehrlich machen. Wer eine Vertrauensperson hat, die im Falle der eigenen Einwilligungsunfähigkeit rechtliche Angelegenheiten besorgen könnte, sollte dieses Instrument der Patientenvorsorge nutzen, um ein gerichtliches Verfahren einer Betreuerbestellung zu vermeiden.

Im Internet werden zahlreiche Musterformulare für Vorsorgevollmachten bereitgestellt, unter anderem auf der Homepage des *Bundesministeriums der Justiz* (www.bmj.de) oder der *Verbraucherzentrale* (www.verbraucherzentrale.de). Informieren Sie sich anhand eines solchen Musterformulars, was durch eine Vorsorgevollmacht geregelt bzw. bestimmt werden kann.

Unberührt bleibt dabei die Möglichkeit des Betreuungsgerichts, einen sog. **Kontrollbetreuer** zu bestellen, wenn der Vollmachtgeber aufgrund einer Krankheit oder Behinderung nicht mehr in der Lage ist, seine Rechte gegenüber dem Bevollmächtigten auszuüben (also etwa seine erteilte Vorsorgevollmacht zu widerrufen) und konkrete Anhaltspunkte dafür bestehen, dass der Bevollmächtigte die Angelegenheiten des Patienten bzw. Pflegebedürftigen nicht entsprechend der erteilten Vollmacht bzw. dessen erklärtem oder mutmaßlichem Willen besorgt (§ 1820 Abs. 2 BGB). Darüber hinaus kann das Gericht anordnen, dass der Bevollmächtigte die ihm erteilte Vollmacht nicht ausüben darf, wenn etwa die dringende Gefahr besteht, dass er entgegen den Wünschen des Vollmachtgebers handelt und dessen Person oder Vermögen dadurch erheblich gefährdet wird (§ 1820 Abs. 4 BGB).

3.2.4.2 Notvertretungsrecht des Ehepartners

Das Notvertretungsrecht des Ehepartners wurde erst mit Beginn des Jahres 2023 eingeführt. Bis dahin musste ein Ehepartner – wenn ihm nicht zuvor bereits eine Vorsorgevollmacht erteilt worden ist (Kap. 3.2.4.1) – zunächst zum Betreuer bestellt werden (Kap. 3.2.3), damit dieser für einen Patienten bzw. Pflegebedürftigen rechtsgeschäftlich bzw. vertretungsbefugt tätig werden konnte

(Gehring 2021, 606). Mit § 1358 Abs. 1 BGB gilt nun ein (automatisches) Vertretungsrecht des Ehepartners für den Fall, dass ein Patient aufgrund von Bewusstlosigkeit oder Krankheit seine rechtlichen Angelegenheiten der Gesundheitssorge nicht mehr erledigen kann. Um Missbrauch zu verhindern, ist diese **gesetzliche Vollmacht** auf rechtsgeschäftliche Handlungen und Entscheidungen beschränkt, die sich auf Aufgaben beziehen, die in einer **Akutphase** notwendigerweise stellvertretend für den Patienten bzw. Pflegebedürftigen besorgt werden müssen (Gehring 2021, 606); das Gesetz nennt in diesem Zusammenhang vier Bereiche:

- die Einwilligung bzw. das Untersagen in/von medizinischen Behandlungsmaßnahmen (Untersuchungen, Heilbehandlungen sowie ärztliche Eingriffe),
- den Abschluss von Verträgen, die im Zusammenhang mit der Gesundheitssorge stehen (Krankenhausvertrag, Behandlungsvertrag sowie Verträge über eilige Maßnahmen der Rehabilitation und der Pflege) (Kap. 4.2),
- die Einwilligung in freiheitsbeschränkende Maßnahmen durch mechanische Vorrichtungen (Fixierungen, Gurte, Bettgitter etc.), Medikamente (Gabe von Sedativa oder ähnlichem) oder auf sonstige Weise (z.B. Drohungen oder Ausübung psychischen Drucks) für eine Dauer von bis zu sechs Wochen (nicht jedoch in Zwangsmaßnahmen, wie Unterbringung oder Zwangsbehandlung [Kap. 3.2.7]) sowie
- die Geltendmachung von Ansprüchen, die aus Anlass der Erkrankung entstehen.

§ 1358 Abs. 2 BGB enthält konsequenterweise einen **Dispens von der ärztlichen Schweigepflicht**, der behandelnden Ärztinnen und Ärzte in den genannten Fällen gegenüber dem vertretungsberechtigten Ehepartner erteilt wird; dementsprechend dürfen sie diesem auch Einsicht in die Behandlungsunterlagen bzw. die Pflegedokumentation geben.

Da das Vertretungsrecht des Ehegatten vor dem Hintergrund der Patientenautonomie nur subsidiär zur Anwendung kommen soll, ist es nach § 1358 Abs. 3 BGB nicht nur ausgeschlossen, wenn die Ehepartner getrennt leben oder der zu vertretende Ehepartner eine Vertretung durch seine Gattin bzw. Gatten abgelehnt hat, sondern auch dann, wenn bereits eine (anderweitige) Vorsorgevollmacht erteilt oder ein Betreuer bestellt worden ist (**Prinzip des Nachrangs**).

Das Ehegattenvertretungsrecht ist **begrenzt auf die ersten sechs Monate** nach Eintritt der Vertretungsvoraussetzungen (§ 1358 Abs. 3 Nr. 4 BGB). Dementsprechend hat der behandelnde Arzt diese Voraussetzungen und den Zeitpunkt ihres Eintretens zu dokumentieren und dem vertretenden Ehepartner zusammen mit dem Nichtvorliegen von Ausschlussgründen i.S.d. § 1358 Abs. 3 BGB schriftlich zu bestätigen (§ 1358 Abs. 4 Satz 1 Nr. 1 und 2 BGB). Dieser wiederum muss dem Arzt schriftlich versichern, dass das Notvertretungsrecht wegen der aktuell bestehenden Bewusstlosigkeit bzw. Krankheit bisher nicht ausgeübt worden ist und kein in § 1358 Abs. 3 BGB genannter Ausschlussgrund vorliegt (§ 1358 Abs. 4 Satz 1 Nr. 3 BGB). Dabei kann bzw. soll für beide Erklärungen ein einheitliches Formular genutzt werden, mit dem es dem vertretenden Ehepartner auch ermöglicht wird, seine Vertretungsmacht gegenüber Dritten nachzuweisen (Gehring 2022, 607).

3.2.5 Patientenverfügung

Um für den Fall vorzubeugen, später einmal nicht mehr selber entscheidungs- bzw. einwilligungsfähig zu sein, können Patienten neben einer Vorsorgevollmacht das rechtliche Instrument der Patientenverfügung als sog. antizipierte (also vorweggenommene) Einwilligung nutzen. Mit einer solchen Patientenverfügung haben sie die Möglichkeit, bereits frühzeitig festzulegen, welche Behandlungsmöglichkeiten sie sich bei einer in Zukunft eventuell eintretenden Entscheidungs- bzw. Einwilligungsunfähigkeit wünschen und welche sie ablehnen. Geregelt ist die Patientenverfügung im *Bürgerlichen Gesetzbuch* (BGB), dessen § 1827 Abs. 1 auch eine Legaldefinition dieses Instruments der Patientenvorsorge enthält.

BGB

Mit einer *Patientenverfügung* legt eine (noch) einwilligungsfähige Person für den Fall einer eventuell eintretenden Einwilligungsunfähigkeit schriftlich fest, ob sie in bestimmte, zum Zeitpunkt der Äußerung des Willens noch nicht unmittelbar bevorstehende medizinische Behandlungsmaßnahmen in Form von Untersuchungen des Gesundheitszustandes, Heilbehandlungen oder ärztlichen Eingriffen einwilligt oder diese untersagt (§ 1827 Abs. 1 Satz 1 BGB).

3.2.5.1 Voraussetzungen

Da es sich bei einer Patientenverfügung um eine antizipierte, also **vorweggenommene Einwilligung bzw. Nichteinwilligung** in medizinische bzw. pflegerische Maßnahmen handelt, unterscheidet sie sich von einer (regulären) Einwilligung i.S.d. § 630d BGB (Kap. 4.2.2) vor allem hinsichtlich des Zeitpunktes der Willensbekundung: Während eine reguläre Einwilligung in Zusammenhang mit einem bereits eingetretenen Behandlungsbedarf erteilt wird, zielt eine Patientenverfügung auf die Zustimmung bzw. Ablehnung von medizinischen bzw. pflegerischen Maßnahmen ab, die gegebenenfalls in Zukunft erforderlich werden könnten. Unabdingbar für die **Gültigkeit einer Patientenverfügung** sind dabei die folgenden Voraussetzungen, die sich im Wesentlichen aus § 1827 Abs. 1 Satz 1 BGB ergeben:

1. Da es sich bei einer Patientenverfügung um eine besondere, nämlich eine antizipierte (Nicht)Einwilligung in bestimmte Behandlungsmaßnahmen bzw. pflegerische Interventionen handelt, muss der Patient bzw. Pflegebedürftige auch bei dieser Willensbekundung zum Zeitpunkt ihres Abfassens bzw. ihrer Abgabe einwilligungsfähig gewesen sein (Kap. 3.2.2). Diese Grundvoraussetzung einer rechtswirksamen Einwilligung muss also auch bei einer antizipierten Einwilligung in Form einer Patientenverfügung vorliegen.
2. Die Patientenverfügung muss dem Erfordernis der Schriftform genügen; sie muss als Urkunde von ihrem Aussteller daher eigenhändig durch Namensunterschrift (oder mittels notariell beglaubigten Handzeichens) unterzeichnet worden sein (§ 126 BGB).

3. Die Patientenverfügung darf sich nicht auf unmittelbar bevorstehende medizinisch-pflegerische Maßnahmen beziehen. Bei einer hierzu erteilten Zustimmung handelt es sich vielmehr um eine reguläre Einwilligung, die grundsätzlich formlos erfolgen kann.
4. Die in der Patientenverfügung formulierten Versorgungswünsche müssen ausreichend bestimmt sein; sie müssen erkennen lassen, dass sich der Patient bzw. Pflegebedürftige ganz bewusst dafür entschieden hat, in gewissen Situationen bzw. bei konkreten Indikationen auf bestimmte Maßnahmen zu verzichten bzw. diese einzufordern.

Häufig entscheidet gerade das Kriterium der Bestimmtheit über die Rechtmäßigkeit einer Patientenverfügung. Nicht ausreichend wäre in diesem Sinne die Formulierung allgemeiner Richtlinien für eine künftige Versorgung, wie sie etwa im folgenden Satz zum Ausdruck kommen: „Wenn ich einmal sehr krank und nicht mehr in der Lage bin, ein für mich erträgliches umweltbezogenes Leben zu führen, möchte ich würdevoll sterben dürfen." Bestimmt genug wäre hingegen die folgende Verhaltensanweisung: „Sollte es im Falle eines Unfalls oder einer schweren Erkrankung zu irreversiblen Einschränkungen meiner Hirnfunktionen kommen, lehne ich jedwede künstliche Ernährung ab."

Im Internet werden zahlreiche Musterformulierungen für Patientenverfügungen bereitgestellt, unter anderem auf der Homepage des *Bundesministeriums der Justiz* (www.bmj.de) und der *Verbraucherzentrale* (www.verbraucherzentrale.de). Informieren Sie sich anhand der hier vorgeschlagenen Textbausteine, wie eine Patientenverfügung rechtssicher formuliert werden kann.

Dabei hat sich der Gesetzgeber dafür entschieden, eine **Patientenverfügung ohne vorherige Aufklärung** oder Beratung rechtswirksam und verbindlich werden zu lassen. Dies betrifft vor allem den (für eine Patientenverfügung typischen) Fall der Ablehnung bestimmter Behandlungs- bzw. Pflegemaßnahmen, da der Verzicht auf derartige Maßnahmen generell auch ohne eine entsprechende, vorherige Aufklärung bzw. Beratung möglich ist. Willigt der Verfasser einer Patientenverfügung ausdrücklich in eine bestimmte Maßnahme ein – etwa weil er sich aus religiöser oder moralischer Überzeugung explizit für eine Reanimation und/oder eine künstliche Beatmung ausspricht, auch wenn sein Leben dadurch nur für (ganz) kurze Zeit verlängert werden kann – kann er (analog zu § 630d Abs. 3 BGB) ebenfalls auf eine Aufklärung verzichten, auch wenn eine entsprechende Beratung vor der Erstellung einer solchen Patientenverfügung regelmäßig hilfreich sein dürfte.

Rechtlich dem Grunde nach nicht erforderlich ist es, eine einmal abgefasste **Patientenverfügung in regelmäßigen Abständen zu erneuern**. In der Rechtspraxis wird dies indes empfohlen, um zu dokumentieren, dass der in der Patientenverfügung geäußerte Wille nach wie vor den bestehenden Wünschen an künftige Behandlungs- bzw. Pflegemaßnahmen entspricht. Diesbezüglich ist zudem zu beachten, dass eine Patientenverfügung von ihrer Verfasserin bzw. ihrem Verfasser jederzeit widerrufen werden kann (§ 1827 Abs. 1 Satz 3 BGB). Ein solcher **Widerruf** kann regelmäßig schriftlich oder mündlich, durch die Vernichtung der Patientenverfügung oder durch die Abfassung einer neuen Patientenverfügung erfolgen.

3.2.5.2 Rechtsfolgen

Tritt nach dem Abfassen der Patientenverfügung eine Lebens- bzw. Behandlungssituation ein, für die der Patient bzw. Pflegebedürftige ebendiese Verfügung verfasst hat, ist es Aufgabe der vertretungsberechtigten Person (dies kann im Einzelfall ein Vorsorgebevollmächtigter, ein Betreuer oder ein nicht getrennt lebender Ehepartner sein [Kap. 3.2.3 und 3.2.4]), dem hierin kundgetanen Willen des Patienten **„Ausdruck und Geltung"** zu verschaffen (§ 1827 Abs. 1 Satz 2 BGB); dieser hat mithin dafür Sorge zu tragen, dass der in der Patientenverfügung geäußerte Wille tatsächlich umgesetzt wird. Zu betonen ist dabei, dass der Vertretungsberechtigte in diesem Fall – obwohl er dem Grunde nach dazu befugt bzw. bevollmächtigt ist – keine *eigene* Erklärung zur Einwilligung in bestimmte ärztliche oder pflegerische Maßnahmen bzw. deren Untersagung abgibt, sondern lediglich dem in der Patientenverfügung manifestierten Willen des Patienten zur Durchsetzung verhilft.

> Eine Patientenverfügung ist als Ausdruck des Selbstbestimmungsrechts eines Patienten bzw. Pflegebedürftigen sowohl für einen ihn vertretenden Vorsorgebevollmächtigten bzw. Betreuer oder Ehepartner als auch für die ihn versorgenden Ärztinnen und Ärzte sowie Pflegekräfte verbindlich und entsprechend umzusetzen.

Kann auf eine rechtsgültige Patientenverfügung hingegen nicht zurückgegriffen werden (sei es, weil der Patient bzw. Pflegebedürftige keine entsprechende Verfügung verfasst hat, sie zu unbestimmt ist oder sie auf eine andere Indikation bzw. Lebens- und Behandlungssituation als eingetreten bezogen ist), hat der Vertretungsberechtigte die **mutmaßlichen Behandlungswünsche der Person** festzustellen und auf dieser Grundlage zu entscheiden, ob er in die indizierte ärztliche bzw. medizinisch-pflegerische Maßnahme einwilligt oder sie untersagt (§ 1827 Abs. 2 Satz 1 BGB); hier erfolgt also tatsächlich eine eigene Willensbildung und -bekundung der vertretungsberechtigten Person i.S.d. § 164 Abs. 1 Satz 1 BGB. Dabei ist der mutmaßliche Wille des Patienten bzw. Pflegebedürftigen aufgrund konkreter Anhaltspunkte zu ermitteln (§ 1827 Abs. 2 Satz 2 BGB). Zu berücksichtigen sind diesbezüglich insbesondere frühere mündliche oder schriftliche Äußerungen des Betroffenen, seine moralischen oder religiösen Überzeugungen sowie dessen sonstige persönliche Wertvorstellungen; indizielle Wirkung kann in diesem Zusammenhang auch eine Patientenverfügung haben, die die oben aufgestellten Gültigkeitskriterien nicht erfüllt und damit dem Grunde nach rechtsunwirksam ist oder die eine Lebens- bzw. Behandlungssituation beschreibt, die in der aktuell zu beurteilenden Situation (noch) nicht vorliegt. Sind die mutmaßlichen Wünsche des Patienten im Einzelfall nicht erkennbar, hat sich die Behandlung bzw. Versorgung an einer Nutzen-Schaden-Abwägung zu orientieren, wobei in erster Linie der Grundsatz *in dubio pro sanitate et vita* zu berücksichtigen ist. In jedem Fall bedarf die Entscheidung des Vorsorgebevollmächtigten bzw. des Betreuers oder des Ehepartners, der als Vertreter des Patienten bzw. Pflegebedürftigen in eine Behandlungsmaßnahme bzw. eine pflegerische Intervention einwilligt oder sie untersagt, regelmäßig der **vorherigen Aufklärung** bzw. Information (§ 630e Abs. 4 BGB) (Kap. 4.2.2).

Hat die vertretungsberechtigte Person den tatsächlichen bzw. mutmaßlichen Willen des Patienten bzw. Pflegebedürftigen nach § 1827 Abs. 1 bzw. Abs. 2 BGB festgestellt, ist sie zu dessen Umsetzung verpflichtet. Dies geschieht gemäß § 1828 Abs. 1 BGB in einem sog. **Dialogverfahren** mit dem behandelnden Arzt. Dieser prüft zunächst, welche Untersuchungen und Versorgungsmaßnahmen bezogen auf den Gesamtzustand und die Prognose des Patienten bzw. Pflegebedürftigen indiziert sind. Diese Maßnahmen werden mit der vertretungsberechtigten Person im Hinblick darauf erörtert, ob sich die aktuelle Lebens- und Behandlungssituation des Patienten bzw. Pflegebedürftigen mit seinem tatsächlichen bzw. mutmaßlichen Willen i.S.d. § 1827 Abs. 1 bzw. Abs. 2 BGB in Einklang bringen lässt; dabei soll auch nahen Angehörigen und sonstigen Vertrauenspersonen des Patienten bzw. Pflegebedürftigen Gelegenheit zur Stellungnahme gegeben werden (§ 1828 Abs. 2 BGB). Die Einschätzungen des behandelnden Arztes und des Vertretungsberechtigten über die (künftige) medizinisch-pflegerische Behandlung und Versorgung des Patienten bzw. Pflegebedürftigen erfolgen dann auf Grundlage der gestellten Diagnose bzw. Prognose einerseits und der festgestellten (mutmaßlichen) Wünsche bzw. Willensbekundungen des Betroffenen andererseits.

Sind sich der behandelnde Arzt und der Vertretungsberechtigte über die (weitere) medizinisch-pflegerische Versorgung des Patienten bzw. Pflegebedürftigen einig (**Konsens im Dialogverfahren**), ist dessen erklärter bzw. festgestellter Wille umzusetzen, indem die zur Diskussion stehenden Maßnahmen (unverzüglich) durchgeführt bzw. unterlassen werden; eine Genehmigung des Betreuungsgerichts ist gemäß § 1829 Abs. 4 BGB in diesem Fall ausdrücklich nicht erforderlich.

Besteht zwischen dem behandelnden Arzt und dem Betreuer bzw. dem Vorsorgebevollmächtigten oder dem Ehepartner Uneinigkeit über das weitere Vorgehen (**Dissens im Dialogverfahren**) und ist die Entscheidung der vertretungsberechtigten Person mit der Gefahr verbunden, dass der Patient bzw. Pflegebedürftige durch die in Frage stehenden Maßnahmen einen schweren, langandauernden Gesundheitsschaden erleidet oder sogar verstirbt, ist es zwingend erforderlich, das Betreuungsgericht einzuschalten (§ 1829 Abs. 1 und 2 BGB) (Kap. 3.2.3.2) und die betreffenden Maßnahmen zunächst aus- und eben nicht unmittelbar umzusetzen. In diesem Fall hat das Betreuungsgericht die (Nicht)Einwilligung des Vertreters in die entsprechenden Maßnahmen zu genehmigen, wenn sie aus dessen Sicht dem Willen des Patienten bzw. Pflegebedürftigen entspricht (§ 1829 Abs. 3 BGB).

3.2.6 Notfallversorgung

Der Einwilligungsfähigkeit eines Patienten bzw. Pflegebedürftigen mangelt es häufig auch bei einem Notfall im Sinne einer Behandlung, die aus medizinischer Sicht unaufschiebbar bzw. eilbedürftig ist. Kennzeichnend ist dabei, dass eine Aufklärung des Patienten aufgrund der **Eilbedürftigkeit der Behandlung** nicht erfolgen kann und diese unter bestimmten Voraussetzungen deshalb auch ohne rechtswirksame Einwilligung durchgeführt werden darf (§ 630e Abs. 3 bzw. § 630d Abs. 1 Satz 4 BGB).

Bei einem *Notfall* ist aufgrund des Gesundheitszustandes des Patienten bzw. Pflegebedürftigen ein derart rasches medizinisches Handeln geboten, dass dieser nicht oder nicht mehr rechtzeitig angehört bzw. aufgeklärt werden kann und dementsprechend eine rechtswirksame Einwilligung für dem Grunde nach erforderliche medizinisch-pflegerische Maßnahmen nicht (mehr) zu erlangen ist (Kostorz 2020, 126).

In einem solchen Fall, wie er beispielsweise bei einer plötzlich eintretenden Bewusstlosigkeit gegeben ist, muss sich das *Ob* und das *Wie* der medizinisch-pflegerischen Versorgung an den Kriterien der sog. **Geschäftsführung ohne Auftrag** nach § 677 BGB orientieren („Behandlung ohne [unmittelbare] Einwilligung“ als „Geschäftsbesorgung ohne Auftrag“). Danach ist vorrangig der tatsächliche Wille des Patienten bzw. Pflegebedürftigen zu berücksichtigen, der in einer Notfallsituation indes nicht immer bekannt ist; er kann dem Grunde nach nur dann zum Tragen kommen, wenn der behandelnden Person eine eindeutige und rechtswirksame Patientenverfügung vorliegt und sie die Möglichkeit einer zeitgerechten Kenntnisnahme hat(te) (Kap. 3.2.5). Alternativ ist der mutmaßliche Wille des Patienten umzusetzen; mögliche Kriterien sind diesbezüglich abermals frühere mündliche oder schriftliche Äußerungen des Patienten bzw. Pflegebedürftigen, seine moralischen bzw.

religiösen Überzeugungen und persönlichen Wertvorstellungen, seine altersbedingte fernere Lebenserwartung oder die von ihm zu erleidenden Schmerzen. Können aufgrund der Kürze der Zeit und vor dem Hintergrund der gebotenen Eile auch diese Aspekte nicht berücksichtigt werden, besteht in einer solchen Situation nur die Möglichkeit, sich an die einschlägigen medizinischen Standards zu halten und den Patienten nach dem Grundsatz *in dubio pro sanitate et vita* zu versorgen – auch wenn sich dies ex post als mit dem freien Willen des Patienten nicht vereinbar herausstellen sollte.

Bitte beurteilen Sie die Rechtslage im folgenden Fall unter Bezugnahme der einschlägigen Paragraphen zur Berücksichtigung des Patientenwillens nach dem *Bürgerlichen Gesetzbuch* und der Abb. 12 zu den Entscheidungswegen bei der Versorgung (nicht) einwilligungsfähiger Patienten bzw. Pflegebedürftiger:

Bernd Schmidt ist Dachdeckermeister und Inhaber eines Handwerksbetriebes. Er ist leidenschaftlicher Tennisspieler und begeisterter Segler. Nach einem gemeinsamen Fernsehabend mit einem Film über einen geistig und körperlich behinderten Menschen äußert Herr Schmidt gegenüber seiner Frau, dass er sich ein solches Leben nicht vorstellen könne. Eines Tages ist Herr Schmidt auf einer Baustelle unaufmerksam; er stolpert und fällt fünf Meter von einem Dach. An der Unfallstelle unternimmt der Notarzt alles medizinisch Mögliche, um das Leben von Herrn Schmidt zu retten. Später im Krankenhaus stellt sich heraus, dass er – abgesehen von einigen Knochenbrüchen und Schürfwunden – erhebliche Verletzungen an der Wirbelsäule erlitten hat. Auch nach Wochen liegt er noch im Koma auf der Intensivstation – ohne Aussicht auf Besserung. Für Frau Schmidt ist der Anblick ihres Mannes immer wieder erschreckend. Sie fordert die Ärzte auf, das Leiden ihres Mannes zu beenden und verweist auf die Bemerkung ihres Mannes an besagtem Fernsehabend.

3.2.7 Zwangsmaßnahmen

Die Patientenautonomie umfasst das Recht, frei zu entscheiden, ob, wie und wie lange eine Behandlungsmaßnahme oder eine pflegerische Intervention durchgeführt werden soll. Die selbstbestimmt erklärte Einwilligung oder auch Nichteinwilligung in eine entsprechende Maßnahme setzt vor allem die Einwilligungsfähigkeit des Betroffenen voraus, also insbesondere dessen Vermögen, Art, Bedeutung und Tragweite (Risiko) der Maßnahme erfassen und nach dieser Einsicht handeln zu können (Kap. 3.2.2). Ist ein Patient bzw. Pflegebedürftiger in diesem Sinne (kognitiv) zu einer freien Willensbildung in der Lage, scheidet dem Grunde nach jeder Eingriff in seine autonom getroffene Entscheidung aus. Anders verhält es sich, wenn er – etwa infolge einer (psychischen) Erkrankung oder Behinderung – außerstande ist, die Folgen seines Handelns zu erkennen oder adäquat zu bewerten, und es ihm aufgrund seiner gesundheitlichen Disposition nicht möglich ist, sich seinen Willen *frei* (von seiner gesundheitlichen Beeinträchtigung) zu bilden. Von dem freien Willen eines (einwilligungsfähigen) Patienten bzw. Pflegebedürftigen zu unterscheiden ist daher der *natürliche* Wille eines (dem Grunde nach einwilligungsunfähigen) Patienten bzw. Pflegebedürftigen.

Der *natürliche Wille* einer dem Grunde nach entscheidungs- bzw. einwilligungsunfähigen Person umfasst deren sämtliche Willensbekundungen, also auch diejenigen, welche aufgrund ihrer kognitiv-geistiger Einschränkungen eigentlich als unfrei gelten müssen (Kostorz 2020, 127).

Auch wenn von Verfassungs wegen dem natürlichen Willen einer Person grundsätzlich ebenfalls Beachtung zu schenken ist, ist hier ein **Eingriff in ihr Selbstbestimmungsrecht** im Ausnahmefall dann möglich, wenn dieser dem Schutz anderer gewichtiger (und höher zu bewertender) Rechtsgüter dient, wie es etwa bei einer (drohenden) Selbstgefährdung des Betroffenen der Fall wäre. Entsprechende Eingriffe in das Selbstbestimmungsrecht bewegen sich rechtsdogmatisch also insofern an der Schnittstelle zwischen der allgemeinen Handlungsfreiheit und dem Schutz des Lebens und der Gesundheit: Einerseits verstößt vom Grundsatz her jede Maßnahme, die gegen den (freien oder auch natürlichen) Willen eines Patienten erfolgt, gegen die durch Art. 2 Abs. 1 GG geschützte Patientenautonomie; andererseits verpflichtet das Recht auf körperliche Unversehrtheit nach Art. 2 Abs. 2 Satz 1 GG den Staat, Vorkehrungen für den Fall zu treffen, dass sich ein Patient bzw. Pflegebedürftiger aufgrund fehlender Einsichtsfähigkeit selbst gefährden oder gar schädigen könnte (Kap.3.1.1). Bei einer (drohenden) Selbstgefährdung kommen daher bestimmte Zwangsmaßnahmen in Betracht, die die Freiheit einer Person zum Schutz ihrer selbst einschränken. Derartige Vorsichtsmaßnahmen gegen den natürlichen Willen eines Patienten bzw. Pflegebedürftigen bedürfen wegen ihres schwerwiegenden Eingriffs in die Grundrechte des Betroffenen indes einer klaren, gesetzlich definierten Rechtfertigung; diese wurde vom Gesetzgeber mit den Vorschriften zur Unterbringung bzw. zu unterbringungsähnlichen freiheitsentziehenden Maßnahmen (Kap. 3.2.7.1) und zur Zwangsbehandlung (Kap. 3.2.7.2) im *Bürgerlichen Gesetzbuch* (BGB) geschaffen.

BGB

Von den Zwangsmaßnahmen zum Schutz vor Selbstgefährdung nach dem BGB sind entsprechende Eingriffe als Vorkehrung vor schädigendem Verhalten von (psychisch) kranken Person gegenüber ihren Mitmenschen zu unterscheiden (Schutz vor Fremdgefährdung). Letztere finden ihre Rechtsgrundlage in den jeweils landesspezifischen Psychisch-Kranken- bzw. Unterbringungsgesetzen.

Zu den ordnungsrechtlichen Möglichkeiten von Zwangsmaßnahmen nach Landesrecht siehe etwa den Beitrag von Henking und Mittag (2015) oder den einführenden Aufsatz von Klein und Di Bella (2019).

3.2.7.1 Unterbringung und ähnliche freiheitsentziehende Maßnahmen

Nach § 1831 Abs. 1 BGB kann die **freiheitsentziehende Unterbringung** eines Patienten bzw. Pflegebedürftigen durch einen Betreuer veranlasst werden, wenn sie zum **Selbstschutz** erforderlich ist und der mit ihr verfolgte Zweck nicht auch durch ein anderes, milderes Mittel erreicht werden kann (Grundsatz der Verhältnismäßigkeit). Voraussetzung ist ferner, dass dem Betreuer ein entsprechender Aufgabenkreis zugewiesen worden ist (§ 1815 Abs. 2 Nr. 1 und 2

BGB) (Kap. 3.2.3.2). Ein Vorsorgebevollmächtigter ist demgegenüber nur dann zu einer Unterbringung des Patienten befugt, wenn die Vorsorgevollmacht schriftlich erteilt worden ist und sie die stellvertretende Einwilligung in freiheitsentziehende Maßnahmen ausdrücklich umfasst (§ 1820 Abs. 2 Nr. 2 BGB) (Kap. 3.2.4.1).

Eine *freiheitsentziehende Unterbringung* liegt vor, wenn eine Person gegen ihren (natürlichen) Willen auf einem beschränkten Raum festgehalten, ihr Aufenthalt ständig überwacht und eine Kontaktaufnahme mit Personen außerhalb dieses Raumes durch Sicherungsmaßnahmen verhindert werden kann. Sie kann beispielsweise in einem Krankenhaus, einem Pflegeheim oder auch in einer Wohnung erfolgen (BGH vom 11.10.2000 [Az. XII ZB 69/00]).

In Betracht kommt eine Unterbringung dabei nur dann, wenn der Patient bzw. Pflegebedürftige an einer psychischen **Krankheit** oder an einer geistigen oder seelischen **Behinderung** leidet, aufgrund derer er nicht mehr in der Lage ist, sich seinen Willen selbst und frei zu bilden. Zudem muss die freiheitsentziehende Maßnahme seinem eigenen Schutz dienen; eine Unterbringung zum Schutz Dritter oder der Allgemeinheit kann nach § 1831 Abs. 1 BGB also nicht veranlasst werden – hier müsste eine öffentlich-rechtliche Maßnahme nach Landesrecht initiiert werden.

Zum **Selbstschutz** des Betroffenen ist die entsprechende Maßnahme dann erforderlich, wenn entweder die Gefahr besteht, dass er sich ohne das Ergreifen der Maßnahme selbst tötet oder einen erheblichen gesundheitlichen Schaden zufügt, oder wenn zur Abwendung eines drohenden erheblichen gesundheitlichen Schadens eine Heilbehandlung oder ein ärztlicher Eingriff notwendig ist, diese Maßnahme ohne eine Unterbringung jedoch nicht durchgeführt werden kann und der Betroffene aufgrund seiner gesundheitlichen Einschränkung die Notwendigkeit der Unterbringung (oder besser: der ärztlichen Maßnahmen) nicht erkennen bzw. nicht nach dieser Einsicht handeln kann. In jedem Fall ist eine Unterbringung grundsätzlich nur mit einer Einwilligung, also einer vorherigen **Zustimmung des Betreuungsgerichts** zulässig; wird sie aufgrund einer bestehenden akuten Gefahr ohne eine solche Einwilligung veranlasst, ist unverzüglich eine Genehmigung, also eine nachträgliche Zustimmung einzuholen (§ 1831 Abs. 2 BGB).

Entsprechendes gilt, wenn einem Patienten bzw. Pflegebedürftigen während seines Aufenthalts in einer Gesundheitseinrichtung durch eine mechanische Vorrichtung (z. B. Bettgitter oder Beckengurt), Medikamente (vor allem Sedativa) oder auf andere Weise (etwa durch psychischen Druck) die Freiheit entzogen werden soll. Auch in diese **freiheitsentziehenden Maßnahmen** darf ein Betreuer oder ein Vorsorgebevollmächtigter nur dann einwilligen, wenn er hierzu befugt ist und eine Zustimmung des Betreuungsgerichts vorliegt (§ 1831 Abs. 4 BGB).

§ 1831 Abs. 4 BGB bestimmt darüber hinaus, dass eine freiheitsentziehende Maßnahme zum Selbstschutz der betroffenen Person (nur) dann der Zustimmung des Betreuungsgerichts bedarf, wenn sie „über einen längeren Zeitraum oder regelmäßig" erfolgt. Recherchieren Sie bitte, wie die Rechtsprechung diese dem Grunde nach unbestimmten Rechtsbegriffe versteht.

Zur rechtlichen Zulässigkeit freiheitsentziehender Maßnahmen in der Pflege siehe exemplarisch den praxisnahmen Aufsatz von Klein und Di Bella (2015).

3.2.7.2 Zwangsbehandlung

Eine weitere Möglichkeit, zum Schutz eines Patienten bzw. Pflegebedürftigen in dessen Selbstbestimmungsrecht eingreifen zu können, stellt die Veranlassung einer ärztlichen Zwangsmaßnahme (sog. Zwangsbehandlung) dar. Einem Betreuer muss zu einer Einwilligung in eine solche Zwangsbehandlung der Aufgabenkreis der Gesundheitssorge zugewiesen worden sein (Kap. 3.2.3.1); ein Vorsorgebevollmächtigter kann sich mit ihr einverstanden erklären, wenn die ihn hierzu ermächtigende Vollmacht schriftlich erteilt worden ist und sie die stellvertretende Einwilligung in entsprechende Zwangsmaßnahmen ausdrücklich umfasst (§ 1820 Abs. 2 Nr. 3 BGB) (Kap. 3.2.4.1). In jedem Fall bedarf die Einwilligung in eine ärztliche Zwangsmaßnahme der **Zustimmung des Betreuungsgerichts** (§ 1832 Abs. 2 BGB).

Eine *ärztliche Zwangsmaßnahme* liegt vor, wenn eine Untersuchung des Gesundheitszustandes, eine Heilbehandlung oder ein ärztlicher Eingriff dem (natürlichen) Willen eines Patienten widerspricht (§ 1832 Abs. 1 Satz 1 BGB).

Die wesentlichen Voraussetzungen für die **Zulässigkeit** einer ärztlichen Zwangsmaßnahme ergeben sich aus § 1832 Abs. 1 Satz 1 BGB. Danach kann ein Betreuer bzw. ein Vorsorgebevollmächtigter nur dann in sie einwilligen, wenn

1. die ärztliche Zwangsmaßnahme notwendig ist, um einen drohenden Gesundheitsschaden von der betroffenen Person abzuwenden,
2. die betroffene Person aufgrund einer psychischen Krankheit oder einer psychischen bzw. seelischen Behinderung die Notwendigkeit der Maßnahme nicht erkennen oder nicht nach dieser Einsicht handeln kann,
3. die ärztliche Zwangsmaßnahme nicht dem in einer Patientenverfügung geäußerten Willen des Betroffenen widerspricht (Kap. 3.2.5),
4. zuvor ernsthaft, mit dem nötigen Zeitaufwand und ohne Ausübung unzulässigen Drucks versucht worden ist, den Patienten bzw. Pflegebedürftigen von der Notwendigkeit der ärztlichen Maßnahme zu überzeugen,
5. der drohende erhebliche Gesundheitsschaden durch keine andere den Patienten weniger belastende Maßnahme abgewendet werden kann,
6. der zu erwartende Nutzen der ärztlichen Zwangsmaßnahme die zu erwartenden Beeinträchtigungen deutlich überwiegt und
7. die ärztliche Zwangsmaßnahme im Rahmen eines stationären Aufenthalts in einem Krankenhaus durchgeführt wird, in dem die gebotene medizinische Versorgung des Betroffenen einschließlich einer erforderlichen Nachbehandlung sichergestellt ist.

In einer ganzen Reihe von Urteilen hat die Rechtsprechung dabei vor allem die Bedeutung des **Überzeugungsversuchs** nach § 1832 Abs. 1 Satz 1 Nr. 4 betont (vgl. etwa BGH vom 13.09.2017 [Az. XII ZB 185/17]). Zwar kann aufgrund der fehlenden Einsichtsfähigkeit des Patienten mit seiner Zustimmung keine rechtswirksame Einwilligung in die Behandlungsmaßnahme erreicht werden, doch hielten es die Gerichte stets für wichtig, im Rahmen einer Verhältnismäßigkeitsprüfung alle denkbaren Maßnahmen zur Vermeidung von Zwang auszuschöpfen und es den behandelnden Ärzten aufzuerlegen, auch nicht einwilligungsfähige Betroffene in die Entscheidung über die Behandlung einzubeziehen. Daher muss auch nachprüfbar dargelegt werden, dass ein entsprechender Überzeugungsversuch tatsächlich stattgefunden hat.

Wichtig im Zusammenhang mit der Verhältnismäßigkeitsprüfung sind darüber hinaus die Punkte 5 und 6 des § 1832 Abs. 1 Satz 1 BGB, also das Fehlen von Alternativen und die sog. **Nutzen-Risiko-Abwägung**: Zum einen darf auf die geplante Zwangsbehandlung nur dann zurückgegriffen werden, wenn keine andere, mildere (medizinische) Maßnahme Erfolg verspricht; zum anderen sind umso größere Anforderungen an den zu erwartenden Nutzen der Maßnahme zu richten, je risikoreicher bzw. einschneidender die geplante Zwangsbehandlung ist.

Von ebenfalls besonderer Bedeutung ist schließlich § 1832 Abs. 1 Satz 1 Nr. 7 BGB, wonach eine ärztliche Zwangsmaßnahme stets im Rahmen eines stationären Krankenhausaufenthaltes durchzuführen ist, wobei das Krankenhaus die gebotene medizinische Versorgung (einschließlich der Nachbetreuung) sicherstellen muss; ausgeschlossenen sind damit Zwangsbehandlungen sowohl in der ambulanten Versorgung des Patienten als auch in stationären Pflegeeinrichtungen.

3.3 Sozialleistungsrecht

Im gegliederten Sozialleistungssystem der Bundesrepublik werden Pflegeleistungen von einer Vielzahl unterschiedlicher Leistungs- und Kostenträger gewährt. Neben den Leistungen der sog. Sonderversorgungssysteme, wie etwa der gesetzlichen Unfallversicherung, sind dabei vor allem die Leistungen der sozialen Pflegeversicherung von Bedeutung, welche als jüngster Zweig der Sozialversicherung erst im Jahre 1995 und damit über 100 Jahre nach der gesetzlichen Krankenversicherung eingeführt worden ist. Sie sollte vor allem die sozialpolitisch fragwürdige, künstliche Trennung zwischen der Behandlungsbedürftigkeit einer Krankheit und dem Hilfebedarf bei Pflegebedürftigkeit aufheben sowie die daraus resultierenden Probleme bei der Versorgung von Menschen mit Pflegebedarf lösen (Kostorz/Kernebeck 2015, 35). Gleichwohl wurden in der Vergangenheit auch die pflegebezogenen Leistungen der gesetzlichen Krankenversicherung immer weiter ausgebaut, nicht zuletzt deshalb, um nach wie vor bestehende Schnittstellenprobleme zwischen den beiden Sozialversicherungszweigen abzubauen und neu entstandene Leistungslücken zu schließen. Bezogen auf die sog. allgemeinen Versorgungssysteme ergibt sich so insgesamt ein ergänzendes Nebeneinander der pflegerischen Leistungen der sozialen Pflegeversicherung einerseits und der gesetzlichen Krankenversicherung andererseits.

3.3.1 Soziale Pflegeversicherung

Maßgeblich geregelt wird das Recht der sozialen Pflegeversicherung im XI. Buch des *Sozialgesetzbuches* (SGB XI). Eine Gewährung von Leistungen nach diesem Gesetz setzt dabei neben dem Bestehen eines ausreichend langen Versicherungsverhältnisses mit einer Pflegekasse vor allem das Vorliegen von Pflegebedürftigkeit mit einem gewissen Schweregrad voraus (Kap. 3.3.1.1). Die zu gewährenden Leistungen orientieren sich an diesem Grad der Pflegebedürftigkeit und werden grundsätzlich in ambulante sowie teil- bzw. vollstationäre Leistungen unterschieden (Kap. 3.3.1.2).

SGB XI

Dem Versicherungsprinzip entsprechend werden die gewährten und erbrachten Leistungen vornehmlich durch Beiträge finanziert, die von den Mitgliedern der Pflegekassen – und bei den abhängig Beschäftigten unter ihnen üblicherweise paritätisch von deren Arbeitgebern – aufzubringen sind. Aktuell beträgt der Beitragssatz bundeseinheitlich insgesamt 3,4 % der beitragspflichtigen Einnahmen; für Mitglieder, die das 23. Lebensjahr vollendet haben, erhöht sich der Beitragssatz in Abhängigkeit von ihrer Kinderzahl um einen nur von ihnen zu tragenden Beitragszuschlag von bis zu 0,6 Prozentpunkten (§ 55 Abs. 1 und 3 SGB XI). Dabei werden sämtliche Leistungsaufwendungen von allen Pflegekassen nach dem Verhältnis ihrer Beitragseinnahmen gemeinsam getragen; zu diesem Zweck findet zwischen den Pflegekassen ein Finanzausgleich statt, der vom Bundesversicherungsamt durchgeführt wird (§§ 65 ff. SGB XI).

Das Recht der sozialen Pflegeversicherung und deren Leistungen stellt überblicksartig die Broschüre *Ratgeber Pflege* des Bundesministeriums für Gesundheit (2023b) dar. Vertieftere Darstellungen bieten Griep und Renn (2017, Teil 1 Kap. 3) sowie (bezogen auf das Leistungsrecht der sozialen Pflegeversicherung) vor allem Richter (2023), der auch bereits bekannte, zukünftige Leistungsanpassungen darstellt.

3.3.1.1 Anspruchsberechtigter Personenkreis

Da die soziale Pflegeversicherung bei ihrer Einführung organisatorisch der gesetzlichen Krankenversicherung angegliedert worden ist, decken sich die versicherten und damit grundsätzlich leistungsberechtigten Personenkreise dieser beiden Sozialversicherungszweige. Anders als in der gesetzlichen Krankenversicherung haben die Versicherten in der sozialen Pflegeversicherung allerdings nur dann einen Anspruch auf Leistungen, wenn sie eine bestimmte Vorversicherungszeit erfüllt haben. Als leistungsauslösenden Versicherungsfall bestimmt das Gesetz die Pflegebedürftigkeit eines Versicherten, die ebenso wie deren Ausprägung im Rahmen eines Begutachtungsverfahrens vom *Medizinischen Dienst* festzustellen ist.

3.3.1.1.1 Versicherter Personenkreis

Wie bei jeder anderen Versicherungsleistung auch, setzt die Leistungsgewährung in der sozialen Pflegeversicherung zunächst ein bestehendes **Versicherungsverhältnis** voraus. Nach dem Grundsatz *Pflegeversicherung folgt Krankenversicherung* sind alle Versicherten der gesetzlichen Krankenversicherung zugleich in der sozialen Pflegeversicherung versichert. Zu unterscheiden ist also insofern zwischen Pflichtmitgliedern, freiwilligen Mitgliedern (§ 20 Abs. 1

bzw. 3 SGB XI) und beitragsfrei mitversicherten Familienangehörigen (§ 25 SGB XI); sie sind stets bei dem Sozialversicherungsträger pflegeversichert, der auch für ihre gesetzliche Krankenversicherung zuständig ist (Kap. 3.3.2.1.1).

In den Schutz der sozialen Pflegeversicherung sind kraft Gesetzes alle Personen einbezogen, die in der gesetzlichen Krankenversicherung versichert sind. Träger der sozialen Pflegeversicherung sind die Pflegekassen, die mit den Krankenkassen zwar keine juristische, wohl aber eine organisatorische Einheit bilden und deren Aufgaben entsprechend von den Krankenkassen wahrgenommen werden (§ 1 Abs. 2 und 3 SGB XI).

Zusätzliche Leistungsvoraussetzung ist das Erfüllen einer **Vorversicherungszeit**. Danach besteht beim Eintritt des Versicherungsfalls (Kap. 3.3.1.1.2) nur dann ein Anspruch auf Leistungen, wenn der Versicherte in den letzten zehn Jahren vor einer Antragstellung mindestens zwei Jahre als Mitglied oder in der Familienversicherung versichert war; für versicherte Kinder gilt diese Voraussetzung als gegeben, wenn ein Elternteil sie erfüllt (§ 33 Abs. 2 SGB XI). Zeiten einer privaten Pflegeversicherung können unter bestimmten Voraussetzungen auf die Vorversicherungszeit angerechnet werden (§ 33 Abs. 3 SGB XI). Begründet hat der Gesetzgeber die Einführung der Vorversicherungszeit damit, dass keine Überforderung der Solidargemeinschaft der sozialen Pflegeversicherung durch Leistungsansprüche erfolgen soll, die ohne eine vorherige Beitragszahlung geltend gemacht werden (Ebach, in: Berchtold et al. 2018, § 33 SGB XI Rdnr. 8).

3.3.1.1.2 Versicherungsfall

Als leistungsberechtigenden Versicherungsfall der sozialen Pflegeversicherung benennt § 1 Abs. 1 und § 33 Abs. 1 SGB XI den Zustand der **Pflegebedürftigkeit**. Der Begriff selbst wird in § 14 Abs. 1 SGB XI legaldefiniert. Er wurde im Zuge der *Pflegestärkungsgesetze* 2017 neu gefasst und aktuellen pflegewissenschaftlichen Erkenntnissen angepasst (vgl. Kostorz 2016a, 282).

Pflegebedürftig im Sinne des Pflegeversicherungsrechts sind nach § 14 Abs. 1 SGB XI Personen, die gesundheitlich bedingte Beeinträchtigungen der Selbständigkeit oder bestimmter Fähigkeiten aufweisen und deshalb der Hilfe durch andere bedürfen. Es muss sich um Personen handeln, die körperliche, kognitive oder psychische Beeinträchtigungen oder gesundheitlich bedingte Belastungen oder Anforderungen nicht selbständig kompensieren oder bewältigen können. Die Pflegebedürftigkeit muss auf Dauer, voraussichtlich für mindestens sechs Monate, und mit mindestens der in § 15 SGB XI festgelegten Schwere bestehen.

Dabei erfolgt die Feststellung der Pflegebedürftigkeit ebenso wie die Einstufung in einen die Schwere der Beeinträchtigungen widerspiegelnden Pflegegrad nach den sog. *Begutachtungs-Richtlinien* regelmäßig durch den auf Landesebene organisierten *Medizinischen Dienst* (§§ 15 und 18 SGB XI) als der Gutachterinstanz für die gesetzliche Kranken- und die soziale Pflegeversicherung. Das Procedere der Pflegebegutachtung umfasst nach dem (nach wie vor so bezeichneten) **Neuen Begutachtungsassessment (NBA)** insgesamt drei aufeinander aufbauende Schritte (Abb. 16).

Das Verfahren des sog. *Neuen Begutachtungsassessments* stellen ausführlich Kostorz (2016a) und Richter (2017, Kap. C und D sowie 2023, §§ 2 bis 4) dar. Die *Begutachtungs-Richtlinien* des *Medizinischen Dienstes* können auf dessen Internetauftritt (www.md-bund.de) heruntergeladen werden.

Grundlage des Begutachtungsinstruments ist im ersten Schritt zunächst die **Erfassung der (verbliebenen) Selbständigkeit und der Fähigkeiten** des Versicherten in sechs Modulen bzw. Lebensbereichen, die den sechs Bereichen möglicher Beeinträchtigungen nach § 14 Abs. 2 SGB XI entsprechen und denen unterschiedliche Kriterien zugeordnet sind (im Bereich Mobilität beispielsweise die Fähigkeit, einen Positionswechsel im Bett vornehmen oder Treppen steigen zu können) (Anlage 1 zu § 15 SGB XI). Diese Kriterien werden in Abhängigkeit von den verbliebenen Ressourcen mit pflegefachlich fundierten Werten von 0 (Kategorie *selbständig*) bis (je nach Modul) maximal 5 (Kategorie *unselbständig*) bepunktet (Tab. 12). Die Summe der Einzelpunkte spiegelt dann den Grad der

Selbständigkeit und Alltagsfähigkeit des Pflegebedürftigen im jeweiligen Bereich bzw. Modul wider; er nimmt dabei mit steigender Gesamtpunktzahl immer mehr ab (§ 15 Abs. 2 Satz 1 bis 6 SGB XI).

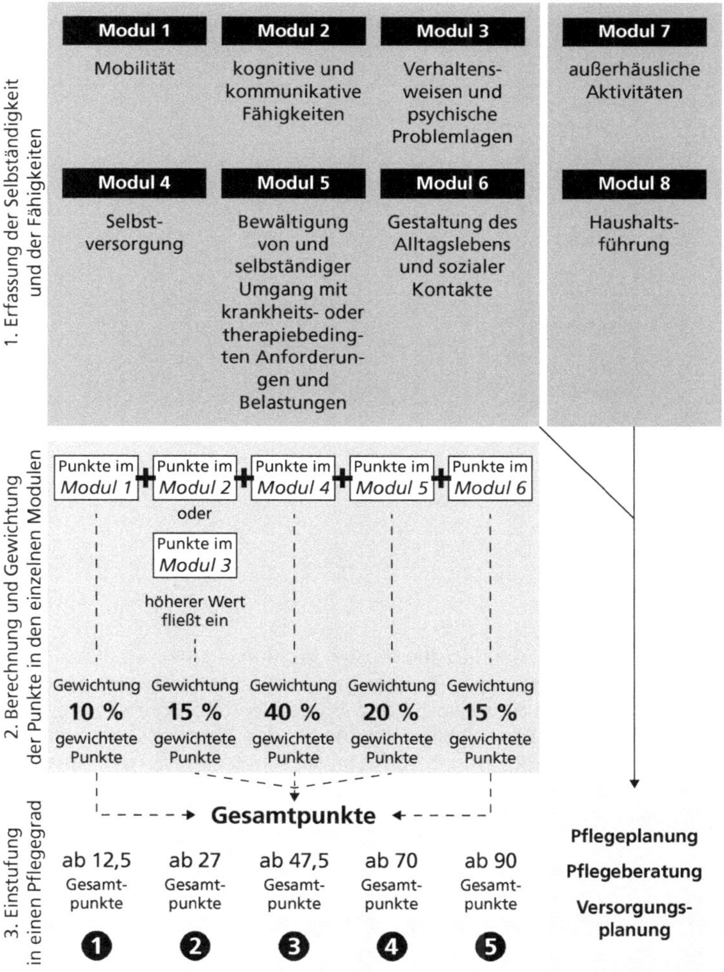

Abb. 16: Neues Begutachtungsassessment (NBA) und Pflegeeinstufung

Tab. 12: Messung der Selbständigkeit im Modul Mobilität (aus Anlage 1 zu § 15 SGB XI)

Ziffer	Kriterien	selbständig	überwiegend selbständig	überwiegend unselbständig	unselbständig
1.1	Positionswechsel im Bett	0	1	2	3
1.2	Halten einer stabilen Sitzposition	0	1	2	3
1.3	Umsetzen	0	1	2	3
1.4	Fortbewegen innerhalb des Wohnbereichs	0	1	2	3
1.5	Treppensteigen	0	1	2	3

Wird ein Antragsteller im Begutachtungsmodul *Mobilität* beispielsweise mit 15 Punkten bewertet, ist er hinsichtlich der diesem Bereich zugeordneten Kriterien des Positionswechsels im Bett, des Haltens einer stabilen Sitzposition, des Umsetzens, des Fortbewegens innerhalb des Wohnbereichs und des Treppensteigens vollständig auf Hilfe angewiesen; erhält er in der Summe hingegen 0 Punkte, hat er in diesem Lebensbereich keine oder nur äußerst geringe Einschränkungen.

Bei der Begutachtung sind darüber hinaus die Beeinträchtigungen der Selbständigkeit oder der Fähigkeiten in den Lebensbereichen der außerhäuslichen Aktivitäten und der Haushaltsführung festzustellen. Mit diesen Informationen sollen vor allem das Erstellen eines individuellen Versorgungsplans nach § 7a SGB XI, das Versorgungsmanagement nach § 11 Abs. 4 SGB V sowie eine individuelle Pflegeplanung und eine sachgerechte Erbringung von Hilfen bei der Haushaltsführung erleichtert bzw. ermöglicht werden (§ 18a Abs. 3 SGB XI); relevant für die Ermittlung des Pflegegrades sind sie hingegen nicht.

Ist für jedes Modul ein Summenwert aus den gutachterlichen Einschätzungen der einzelnen Kriterien ermittelt worden, sind diese Summen in einem zweiten Schritt zu gewichten (**gewichtete Punktwerte**) (§ 15 Abs. 2 Satz 7 f. SGB XI). Hierzu werden die in einem Modul erreichten Punkte einem von insgesamt fünf ordinalskalierten Punktbereichen von 0 (keine Beeinträchtigungen der Selbständigkeit oder der Fähigkeiten) bis 4 (schwerste Beeinträchtigungen der Selbständigkeit oder der Fähigkeiten) zugeordnet. In Anlage 2 zu § 15 SGB XI können dann die jeweils gewichteten Punktzahlen für die einzelnen Punktbereiche abgelesen werden (Tab. 13). Zu unterscheiden sind folglich die Punkte, die sich aus der Addition der Punkte für die einzelnen Modulkriterien ergeben, und die Punkte, die letztlich für die Bestimmung des Pflegegrades berücksichtigt werden.

Tab. 13: Schweregrade der Beeinträchtigungen der Selbständigkeit oder der Fähigkeiten im Modul Mobilität (aus Anlage 2 zu § 15 SGB XI)

Modul	Gewichtung	0 keine	1 geringe	2 erhebliche	3 schwere	4 schwerste	
Mobilität	10 %	0-1	2-3	4-5	6-9	10-15	Summe der Punkte im Modul Mobilität
		0	2,5	5	7,5	10	gewichtete Punkte

Im dritten und letzten Schritt werden die gewichteten Punkte aller sechs Module addiert, wobei die Gesamtpunktzahl maximal 100 betragen kann. Auf der Basis der erreichten (gewichteten) Gesamtpunkte erfolgt dann die **Einordnung der pflegebedürftigen Person in einen von fünf Pflegegraden** (§ 15 Abs. 3 SGB XI) (Abb. 16); bis zu einer Gesamtpunktzahl von 12 besteht zwar unter Umständen ein Unterstützungs- bzw. Pflegebedarf, jedoch keine sozialrechtlich relevante Pflegegebedürftigkeit i. S. d. § 14 Abs. 1 SGB XI.

Grundsätzlich ist der Versicherte, der einen Antrag auf Pflegeleistungen stellt, im Rahmen einer **persönlichen Visitation** zu untersuchen; hiervon kann ausnahmsweise abgewichen werden, wenn aufgrund einer eindeutigen Aktenlage das Ergebnis des Begutachtungsassessments bereits feststeht (§ 18a Abs. 2 SGB XI). Die Begutachtung soll dabei **innerhalb von 20 Arbeitstagen** nach der Antragstellung auf Pflegeleistungen erfolgen (§ 18 Abs. 3 SGB XI). Befindet sich der Versicherte im Krankenhaus oder in einer stationären Rehabilitationseinrichtung und ist anzunehmen, dass zur nahtlosen pflegerischen Weiterversorgung eine Begutachtung in der Einrichtung erforderlich ist, oder ist während des Krankenhausaufenthalts bzw. der stationären Rehabilitationsmaßnahme von einem nahen Angehörigen des mutmaßlich Pflegebedürftigen ein Antrag auf Pflegezeit bzw. Familienpflegezeit gestellt worden (Kap. 2.3.2.5), ist sie spätestens am fünften Arbeitstag nach Antragseingang bei der zuständigen Pflegekasse durchzuführen; entsprechendes gilt, wenn sich der Versicherte in einem Hospiz befindet oder ambulant palliativ versorgt wird (§ 18a Abs. 5 SGB XI). Befindet sich der Antragsteller in häuslicher Umgebung (ohne palliativ versorgt zu werden), gilt bei einer Antragstellung nach dem *Pflegezeitgesetz* oder dem *Familienpflegezeitgesetz* eine Begutachtungsfrist von zehn Arbeitstagen nach Eingang des Antrags bei der zuständigen Pflegekasse (§ 18a Abs. 6 SGB XI). Bei der verkürzten Begutachtungsfrist nach § 18a Abs. 5 und 6 SGB XI muss die Empfehlung des *Medizinischen Dienstes* nur die Feststellung beinhalten, ob Pflegebedürftigkeit i. S. d. §§ 14 und 15 SGB XI vorliegt und ob mindestens die Voraussetzungen des Pflegegrades 2 erfüllt sind; die abschließende Begutachtung des Versicherten ist dann (unverzüglich) nachzuholen (§ 18a Abs. 7 SGB XI).

Bitte vollziehen Sie das Begutachtungsassessment zur Feststellung des Grades der Pflegebedürftigkeit mit Hilfe des Wortlauts des § 15 Abs. 2 und 3 SGB XI, der Anlagen 1 und 2 zu § 15 SGB XI und der Begutachtungs-Richtlinien bei einer pflegebedürftigen Person Ihres derzeitigen beruflichen Tätigkeitsbereichs nach und gleichen Sie Ihr Ergebnis gegebenenfalls mit einer bestehenden gutachterlichen Pflegeeinstufung des *Medizinischen Dienstes* ab.

Die **Entscheidung über einen Antrag** auf Pflegeleistungen hat die zuständige Pflegekasse dem Versicherten spätestens 25 Arbeitstage nach Eingang des Antrags schriftlich mitzuteilen; in den Fällen einer verkürzten Begutachtungsfrist nach § 18a Abs. 5 und 6 SGB XI ist der Bescheid unverzüglich nach Eingang der Empfehlung des *Medizinischen Dienstes* zu erstellen (§ 18c Abs. 1 SGB XI). Wird diese Frist nicht eingehalten, hat die Pflegekasse nach Fristablauf für jede begonnene Woche der Fristüberschreitung unverzüglich 70 € an den Versicherten zu zahlen; Ausnahmen hiervon bestehen etwa dann, wenn sich der Antragsteller schon in vollstationärer Pflege befindet und bei ihm bereits Pflegebedürftigkeit mindestens mit dem Pflegegrad 2 festgestellt worden ist (§ 18c Abs. 5 SGB XI).

3.3.1.2 Leistungskatalog

Die Leistungen der sozialen Pflegeversicherung sind vor allem Dienst-, Sach- und Geldleistungen für den Bedarf an körperbezogenen Pflegemaßnahmen, pflegerischen Betreuungsmaßnahmen und Hilfen bei der Haushaltsführung; Art und Umfang der Leistungen richten sich nach dem Grad der Pflegebedürftigkeit und danach, ob häusliche, teilstationäre oder vollstationäre Pflege in Anspruch genommen wird (§ 4 Abs. 1 SGB XI). Dabei soll die Leistungsgewährung vorrangig die häusliche Pflege unterstützen, damit die Pflegebedürftigen möglichst lange in ihrer häuslichen Umgebung bleiben können – es gilt also der Grundsatz *ambulant vor stationär* (§ 3 SGB XI).

Das Leistungsspektrum der sozialen Pflegeversicherung ist – gerade im Vergleich zum Leistungskatalog der gesetzlichen Krankenversicherung (Kap. 3.3.2.2) – eng begrenzt und gesetzlich sehr detailliert ausgestaltet. Insgesamt kann der Leistungskatalog in Basisleistungen, Leistungen der häuslichen Pflege (einschließlich der Leistungen für ehrenamtlich tätige Pflegepersonen), der teilstationären und der vollstationären Pflege unterteilt werden (Abb. 17); zudem besteht ein Anspruch auf unterschiedliche Arten und Aspekte der Pflegeberatung (Kap. 3.3.1.2.1). Pflegebedürftige mit dem Pflegegrad 1 können dabei nur bestimmte Basisleistungen beanspruchen (Kap. 3.3.1.2.2); ab dem Pflegegrad 2 greifen die regulären Leistungen der häuslichen und der teil- bzw. vollstationä-

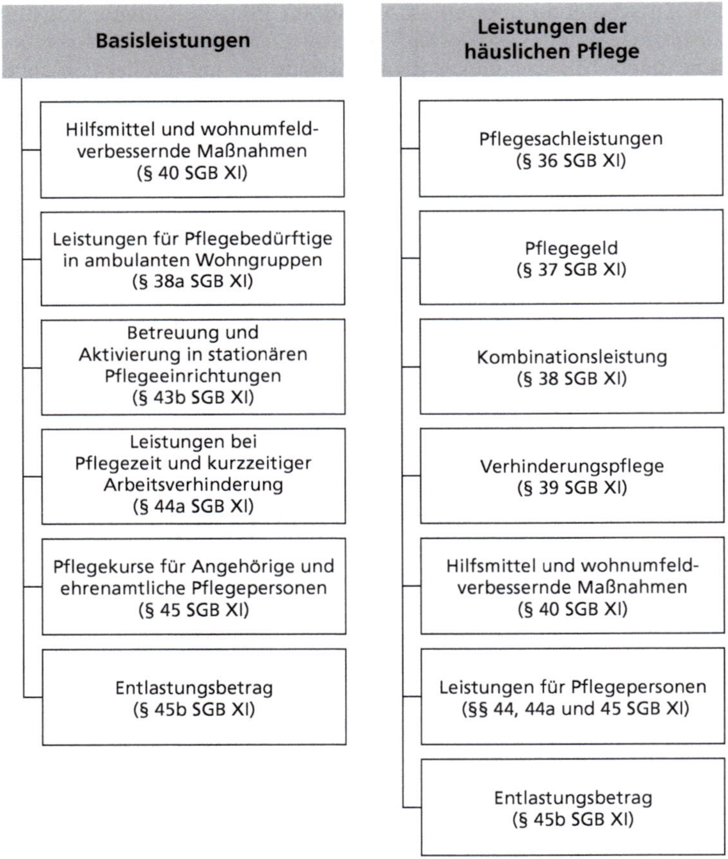

Abb. 17: Leistungskatalog der sozialen Pflegeversicherung

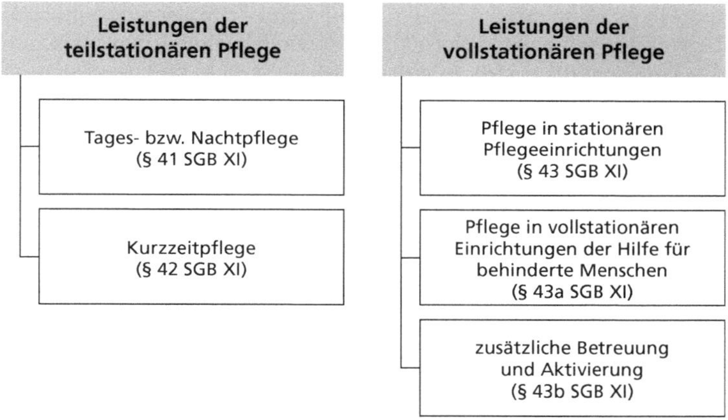
Leistungen der teilstationären Pflege
Tages- bzw. Nachtpflege (§ 41 SGB XI)
Kurzzeitpflege (§ 42 SGB XI)
Leistungen der vollstationären Pflege
Pflege in stationären Pflegeeinrichtungen (§ 43 SGB XI)
Pflege in vollstationären Einrichtungen der Hilfe für behinderte Menschen (§ 43a SGB XI)
zusätzliche Betreuung und Aktivierung (§ 43b SGB XI)

ren Pflege (Kap. 3.3.1.2.3 bis 3.3.1.2.5). Bei Konkurrenzen mit den Leistungen der gesetzlichen Krankenversicherung (etwa zwischen der häuslichen Krankenpflege nach § 37 SGB V und den Leistungen der häuslichen Pflege § 36 SGB XI) gehen die Leistungen der gesetzlichen Krankenversicherung grundsätzlich denen der sozialen Pflegeversicherung vor (§ 13 Abs. 2 SGB XI) (Kap. 3.3.2.2.2 und 3.3.2.2.5).

Dabei sind die von den Pflegekassen zur Verfügung gestellten Leistungen zwar – ebenso wie diejenigen der Krankenkassen – bedürftigkeitsunabhängig, aber in aller Regel nicht bedarfsdeckend: Gewährt werden nach oben gedeckelte Leistungsbeträge (Tab. 14), die für gewöhnlich nicht den gesamten individuellen Bedarf an Pflegeleistungen decken, so dass Pflegebedürftige üblicherweise einen Teil der Pflegeaufwendungen selber übernehmen müssen – bei der sozialen Pflegeversicherung handelt es sich mithin nur um eine Art Teilkaskoversicherung (Kostorz/Kernebeck 2015, 36). Im Falle der Bedürftigkeit kommen subsidiäre Leistungen des örtlichen Sozialhilfeträgers in Betracht (§§ 61 ff. SGB XII) (Kap. 3.3.1.2.6).

Tab. 14: Leistungsbeträge der sozialen Pflegeversicherung

Leistung (in € [*pro Monat])	PG 1	PG 2	PG 3	PG 4	PG 5
Entlastungsbetrag*	125	125	125	125	125
Pflegesachleistungen*	Anspruch nur über den Entlastungsbetrag	761	1.432	1.778	2.200
Pflegegeld*	nein	332	573	765	947
Verhinderungspflege (erwerbsmäßig) (bis zu sechs Wochen im Kalenderjahr)	nein	1.612	1.612	1.612	1.612

Leistung (in € [*pro Monat])	PG 1	PG 2	PG 3	PG 4	PG 5
Verhinderungspflege (durch nahe Angehörige) (bis zu sechs Wochen im Kalenderjahr)	nein	498	859,50	1.147,50	1.420,50
Kurzzeitpflege (bis acht Wochen im Kalenderjahr)	Anspruch nur über den Entlastungsbetrag	1.774	1.774	1.774	1.774
teilstationäre Tages- und Nachtpflege*	Anspruch nur über den Entlastungsbetrag	689	1.298	1.612	1.995
vollstationäre Pflege*	125	770	1.262	1.775	2.005
Zuschlag zum Eigenanteil in der vollstationären Pflege	nein	zwischen 15 % und 75 % in Abhängigkeit von der Dauer des Leistungsbezugs	zwischen 15 % und 75 % in Abhängigkeit von der Dauer des Leistungsbezugs	zwischen 15 % und 75 % in Abhängigkeit von der Dauer des Leistungsbezugs	zwischen 15 % und 75 % in Abhängigkeit von der Dauer des Leistungsbezugs
zum Verbrauch bestimmte Pflegehilfsmittel*	60	60	60	60	60

3.3.1.2.1 Pflegeberatung

Damit einer pflegebedürftigen Person die ihr zustehenden Leistungen tatsächlich bekannt sind und entsprechend auch in Anspruch genommen werden können, sehen die §§ 7 bis 7c SGB XI umfassende Auskunfts- und Beratungsangebote bzw. -pflichten vor, auf die sich die Versicherten der sozialen Pflegeversicherung gegenüber der für sie zuständigen Pflegekasse beziehen können. So haben Versicherte und ihre Angehörigen zunächst einen Anspruch auf **Auskunft über die Leistungen der Pflegekassen** und anderer Sozialleistungsträger, deren Leistungskataloge Pflegeleistungen umfassen, sowie auf Aufklärung darüber, dass ihnen zur Beantragung von entsprechenden Leistungen oder zur Inanspruchnahme von Pflege- bzw. Familienpflegezeit (Kap. 2.3.2.5) das Gutachten des *Medizinischen Dienstes* zur Feststellung der Pflegebedürftigkeit (Kap. 3.3.1.1.2) zu übermitteln ist (§ 7 SGB XI).

Zudem haben die Pflegekassen ihre Versicherten im Zusammenhang mit Leistungsanträgen entweder einen konkreten **Beratungstermin** anzubieten (unter Angabe eines persönlichen Kontaktpartners), der spätestens innerhalb von zwei Wochen nach dem Antragseingang durchzuführen ist, oder einen **Beratungsgutschein** auszustellen, in dem Beratungsstellen benannt sind, bei denen sich der Versicherte zu Lasten der Pflegekasse ebenfalls innerhalb von zwei Wochen nach Antragseingang über in Frage kommende Pflegeleistungen informieren kann (§ 7b SGB XI). Diese Beratungsleistungen erfolgen dann regelmäßig entweder im Rahmen der Pflegeberatung der zuständigen Pflegekasse oder in einem sog. Pflegestützpunkt.

Der Anspruch auf **Pflegeberatung** nach § 7a SGB XI bezieht sich dabei auf die individuelle Beratung und Hilfestellung durch spezielle Pflegeberaterinnen und Pflegeberater bei der Auswahl und der Inanspruchnahme von konkreten Sozialleistungen sowie sonstigen Hilfsangeboten, die auf die Unterstützung von Menschen mit einem Pflege- bzw. einem pflegespezifischen Versorgungs- oder Betreuungsbedarf ausgerichtet sind. Aufgabe der Pflegeberatung ist es in diesem Zusammenhang vor allem,

- den Hilfebedarf unter Berücksichtigung der Ergebnisse des Pflegebegutachtungsassessments durch den *Medizinischen Dienst* (Kap. 3.3.1.1.2) systematisch zu erfassen und zu analysieren,
- daraus einen Versorgungsplan mit den im Einzelfall erforderlichen Sozialleistungen und in Betracht kommenden sonstigen sozialen Hilfen zu erstellen und
- auf die Durchführung des Versorgungsplans hinzuwirken, dessen Durchführung zu überwachen und ihn erforderlichenfalls einem veränderten Pflegebedarf anzupassen.

Zusätzlich zur Pflegeberatung sind von den Kranken- und Pflegekassen auf Initiative der Bundesländer spezielle **Pflegestützpunkte** eingerichtet worden (§ 7c SGB XI). Deren Aufgabe ist es (ebenfalls),

- bei einem bestehenden Pflegebedarf umfassend und unabhängig zu den Leistungsansprüchen nach dem *Sozialgesetzbuch* zu beraten,
- die für die pflegerische Versorgung und Betreuung in Betracht kommenden sozialen Hilfs- und Unterstützungsangebote zu koordinieren und Hilfestellung bei der Inanspruchnahme entsprechender Maßnahmen zu leisten sowie
- die erforderlichen pflegerischen und sozialen Versorgungs- und Betreuungsangebote zu vernetzen und aufeinander abzustimmen.

Informieren Sie sich im Internet oder bei der für Sie zuständigen Pflegekasse über die Pflegeberatungsangebote an Ihrem Arbeits- bzw. Ausbildungs- oder Studienort. An wen können sich Ihre Patienten bzw. pflegebedürftigen Bewohner resp. Klienten im Falle eines auftretenden bzw. sich verändernden Pflegebedarfs wenden, um sich über die Gewährung und die Inanspruchnahme von pflegebezogenen Sozialleistungen und sozialen Hilfen beraten zu lassen?

3.3.1.2.2 Basisleistungen

Aufgrund der vergleichsweise geringen Beeinträchtigungen, die bei Versicherten mit dem **Pflegegrad 1** gegeben sind, erhalten diese Pflegebedürftigen noch keine umfassenden Leistungen der häuslichen oder stationären Pflege, wie sie für Pflegebedürftige der Pflegegrade 2 bis 5 vorgesehen sind. Die Leistungen der Pflegeversicherung für Pflegebedürftige mit dem Pflegegrad 1 sind vielmehr darauf ausgerichtet, deren Selbstständigkeit durch frühzeitige Hilfestellungen möglichst lange zu erhalten und ihnen so den Verbleib in der vertrauten häuslichen Umgebung zu ermöglichen. Die vor diesem Hintergrund zu gewährenden sog. Basisleistungen sind in § 28a Abs. 1 SGB XI zusammengefasst; zu ihnen gehören etwa die Pflegeberatung (Kap. 3.3.1.2.1), die Versorgung mit Pflegehilfsmitteln und finanzielle Zuschüsse für wohnumfeldverbessernde Maßnahmen nach § 40 SGB XI oder Pflegekurse für Angehörige bzw. ehrenamtliche Pflegepersonen gemäß § 45 SGB XI (Kap. 3.3.1.2.3).

Den Kern der Basisleistungen bildet indes der sog. **Entlastungsbetrag** in Höhe von monatlich 125 €, der zweckgebunden für selbstbeschaffte Leistungen der Tages-, Nacht- und Kurzzeitpflege (Kap. 3.3.1.2.4), für Leistungen, die von ambulanten Pflegediensten erbracht werden (Kap. 3.3.1.2.3), oder für Leistungen der nach landesrechtlichen Bestimmungen anerkannten Angebote zur Unterstützung im Alltag eingesetzt werden kann (§ 28a Abs. 2 i.V.m. § 45b SGB XI). Wählen Pflegebedürftige des Pflegegrades 1 vollstationäre Pflege in einem Pflegeheim (Kap. 3.3.1.2.5), erhalten sie von der Pflegeversicherung einen Zuschuss in Höhe des Entlastungsbetrages von monatlich 125 € (§ 28a Abs. 3 SGB XI).

3.3.1.2.3 Leistungen der häuslichen Pflege

Zu den Leistungen der häuslichen Pflege für Pflegebedürftige mit dem Pflegegrad 2 oder höher gehören vor allem die Pflegesachleistungen nach § 36 SGB XI, das Pflegegeld nach § 37 SGB XI, die Kombinationsleistung nach § 38 SGB XI, die Verhinderungspflege nach § 39 SGB XI sowie die Versorgung mit (Pflege-)Hilfsmitteln nach § 40 SGB XI. Zudem haben diese Versicherten grundsätzlich auch Anspruch auf den **Entlastungsbetrag** in Höhe von 125 €. Er ist zweckgebunden einzusetzen und dient der Erstattung von Aufwendungen, die dem Versicherten im Zusammenhang mit der Inanspruchnahme von Leistungen der Tages- oder Nachtpflege (Kap. 3.3.1.2.4), der Kurzzeitpflege (Kap. 3.3.1.2.4), der Pflegesachleistungen durch einen Pflegedienst oder Leistungen der nach landesrechtlichen Bestimmungen anerkannten Angebote zur Unterstützung im Alltag entstehen (§ 45b SGB XI).

Häusliche **Pflegesachleistungen** nach § 36 SGB XI werden als Dienstleistungen von geeigneten Pflegekräften erbracht, die entweder von der Pflegekasse angestellt oder – was der Regel entspricht – bei einem ambulanten Pflegedienst beschäftigt sind, mit dem die Pflegekasse einen Versorgungsvertrag nach § 72 SGB XI abgeschlossen hat (Kap. 4.1.2.2). Der Anspruch bezieht sich auf die erforderlichen körperbezogenen Pflege- und die notwendigen pflegerischen Betreuungsmaßnahmen sowie auf Hilfen bei der Haushaltsführung (sog. häusliche Pflegehilfe) und umfasst pflegerische Maßnahmen in den in § 14 Abs. 2 SGB XI genannten Bereichen (Kap. 3.3.1.1.2). Dabei bezieht sich die körperbezogene Pflege vor allem auf die Bereiche *Mobilität* und *Selbstversorgung* nach § 14 Abs. 2 Nr. 1 und 4 SGB XI, die pflegerische Betreuung auf die Bereiche *kognitive und kommunikative Fähigkeiten, Verhaltensweisen und psychische Problemlagen, Bewältigung von und selbständiger Umgang mit krankheits- oder therapiebedingten Anforderungen und Belastungen* sowie *Gestaltung des Alltagslebens und sozialer Kontakte* nach § 14 Abs. 2 Nr. 2, 3, 5 und 6 SGB XI; die Hilfen bei der Haushaltsführung umfassen die Aktivitäten, die von § 18a Abs. 3 Satz 4 Nr. 2 SGB XI erfasst werden (z.B. Einkäufe für den täglichen Bedarf, Zubereitung von Mahlzeiten oder Aufräum- und Reinigungsarbeiten).

Anstelle der häuslichen Pflegehilfe können Pflegebedürftige auch ein sog. **Pflegegeld** beantragen (§ 37 Abs. 1 und 2 SGB XI), wenn sichergestellt ist, dass mit der zur Verfügung gestellten Geldleistung die erforderlichen körperbezogenen Pflegemaßnahmen und pflegerischen Betreuungsmaßnahmen sowie die Hilfen bei der Haushaltsführung in geeigneter Weise selbst erbracht oder organisiert werden, etwa durch eine selbstbeschaffte Pflegeperson i.S.d. § 19 SGB XI, die beispielsweise aus dem familiären Umfeld, der Nachbarschaft oder dem Freundeskreis der pflegebedürftigen Person stammen kann.

> *Pflegepersonen* im Sinne des Pflegeversicherungsrechts sind Personen, die *nicht erwerbsmäßig* einen Pflegebedürftigen i.S.d. § 14 SGB IX in seinem häuslichen Umfeld pflegen und versorgen (§ 19 SGB XI). Sie sind insofern nicht zu verwechseln mit examinierten Pflegefachkräften, die die Erlaubnis zum Führen der Berufsbezeichnung *Pflegefachfrau* bzw. *Pflegefachmann* haben und als solche für einen Pflegedienst abhängig beschäftigt tätig werden (Kap. 1.1.1).

Um zu gewährleisten, dass auch diese Laienpflege gewisse Qualitätsstandards erfüllt, müssen Pflegebedürftige, die Pflegegeld beziehen, regelmäßig eine Beratung in der eigenen Häuslichkeit durch einen zugelassenen Pflegedienst oder durch eine von den Pflegekassen anerkannte Beratungsstelle mit nachgewiesener pflegefachlicher Kompetenz abrufen (§ 37 Abs. 3 ff. SGB XI). Für die Pflegepersonen selbst werden unter gewissen Voraussetzungen

Beiträge zur Renten- und Arbeitslosenversicherung gezahlt (§ 44 Abs. 1 und 2b SGB XI); zudem sind sie im Zusammenhang mit ihrer Pflegetätigkeit in den Schutz der gesetzlichen Unfallversicherung einbezogen (§ 44 Abs. 2a SGB XI i.V.m. § 2 Abs. 1 Nr. 17 SGB VII). Darüber hinaus können sie unentgeltlich an bestimmten Pflegekursen teilnehmen (§ 45 SGB XI), die unter anderem Fertigkeiten für eine eigenständige Durchführung der Pflege vermitteln und pflegebedingte körperliche und seelische Belastungen mindern bzw. ihrer Entstehung vorbeugen sollen.

Ist die Pflegeperson wegen Erholungsurlaubs, Krankheit oder aus anderen Gründen vorübergehend an der Pflege gehindert, übernimmt die Pflegekasse die nachgewiesenen Kosten einer notwendigen Ersatzpflege (sog. **Verhinderungspflege**) für längstens sechs Wochen pro Kalenderjahr (§ 39 SGB XI), die beispielsweise durch einen ambulanten Pflegedienst oder stationär in einem Pflegeheim durchgeführt werden kann. Voraussetzung ist dabei indes, dass die Pflegeperson den Pflegebedürftigen vor der erstmaligen Verhinderung mindestens sechs Monate in seiner häuslichen Umgebung gepflegt hat. Nach § 39 Abs. 2 SGB XI kann das Jahresbudget der Verhinderungspflege um bis zu 50 % aus noch nicht in Anspruch genommenen Mitteln der Kurzzeitpflege nach § 42 SGB XI (Kap. 3.3.1.2.4) aufgestockt werden.

§ 38 SGB XI gibt Versicherten die Möglichkeit, die Pflegesachleistungen nach § 36 SGB XI und das Pflegegeld nach § 37 SGB XI miteinander zu verknüpfen (sog. **Kombinationsleistung**): So können sie die ihnen zustehenden Sachleistungen nur teilweise in Anspruch nehmen und dafür ein anteiliges Pflegegeld beziehen, das dann um denjenigen Prozentsatz vermindert wird, in dem der Pflegebedürftige Sachleistungen in Anspruch nimmt. An die Entscheidung, in welchem Verhältnis er die Geld- und die Sachleistung in Anspruch nehmen möchte, ist der Pflegebedürftige für eine Dauer von sechs Monaten gebunden.

Möchte eine pflegebedürftige Person mit dem Pflegegrad 2 die erforderlichen körperbezogenen Pflegemaßnahmen beispielsweise von einem Pflegedienst erbringen lassen, mit den Maßnahmen der Haushaltsführung allerdings einen Nachbarn betrauen, so kann sie die Pflegesachleistung durch den Pflegedienst mit dem Pflegegeld für eine selbstbeschaffte Haushaltshilfe kombinieren. Berechnet der Pflegedienst für die von ihm erbrachten Leistungen 657,70 €, kann der

Versicherte hierfür neben dem Entlastungsbetrag von 125 € noch 70 % des ihm als Pflegesachleistung zustehenden Betrages von 761 €, also 532,70 € einsetzen (125 € + 532,70 € = 657,70 €). Zusätzlich erhält er 30 % des Höchstsatzes an Pflegegeld, also 99,60 € (= 332 € × 30 %), mit denen er die selbstbeschaffte Pflegekraft honorieren kann.

Für den Fall der häuslichen Versorgung eines Pflegebedürftigen übernimmt die Pflegekasse auch bestimmte **Pflegehilfsmittel** (§ 40 Abs. 1 bis 4 SGB XI), die im *Pflegehilfsmittelverzeichnis* nach § 78 Abs. 2 SGB XI aufgelistet sind und bei denen zwischen zum Verbrauch bestimmten Pflegehilfsmitteln und technischen Pflegehilfsmitteln unterschieden wird (§ 40 Abs. 2 bzw. 3 SGB XI).

Zum Verbrauch bestimmte Hilfsmittel sind dabei Produkte, die aufgrund ihrer Beschaffenheit oder aus hygienischen Gründen nur einmal benutzt werden können und daher regelmäßig nicht für den Wiedereinsatz geeignet sind. Im Gegensatz dazu gehören zu den *technischen Hilfsmitteln* grundsätzlich wiederverwendbare Produkte, also etwa Pflegebetten nebst Zubehör; sie werden in allen geeigneten Fällen vorrangig leihweise überlassen (Renn, in: Berchtold et al. 2018, § 40 SGB XI Rdnr. 8 f.)

Das *Pflegehilfsmittelverzeichnis* kann als Bestandteil des *Hilfsmittelverzeichnisses* nach § 139 SGB V auf der Internetseite des *GKV-Spitzenverbandes* recherchiert und eingesehen werden (www.gkv-spitzenverband.de).

Die Kostenübernahme durch die Pflegekasse setzt dabei in beiden Fällen voraus, dass mit der Nutzung des betreffenden Hilfsmittels ein bestimmter **pflegespezifischer Zweck** verfolgt wird: Neben der Körperpflege und der Hygiene des Pflegebedürftigen (z.B. Inkontinenzhosen oder Urinflaschen) kann dies die Erleichterung der Pflege (z.B. Pflegebetten), die Linderung von Beschwerden des Pflegebedürftigen (z.B. Lagerungsrollen oder Entlastungskissen) oder die Ermöglichung einer selbständigen Lebensführung (z.B. Notrufsysteme oder Handsender) sein (§ 40 Abs. 1 Satz 1 SGB XI). Zu den technischen Hilfsmitteln zahlen Versicherte ab der Vollendung des 18. Lebensjahres 10 % der Kosten des Pflegehilfsmittels, maximal jedoch 25 € je Hilfsmittel zu (§ 40 Abs. 3 Satz 4 SGB XI). Die Übernahme von Kosten für zum Verbrauch bestimmte Hilfsmittel ist in der sozialen Pflegeversicherung auf einen Betrag von 60 € monatlich begrenzt (§ 40 Abs. 2 SGB XI); eine Zuzahlung der Versicherten entfällt dementsprechend.

Im Rahmen der Erbringung von Pflegesachleistungen nach § 36 SGB XI oder im Zusammenhang mit den Beratungseinsätzen nach § 37 Abs. 3 SGB XI können Pflegefachkräfte eine **Empfehlung zu konkret benötigten Pflegehilfsmitteln** abgeben. In diesen Fällen kann das Procedere einer ärztlichen Verordnung erleichtert werden und deren grundsätzliche Notwendigkeit unter bestimmten, engen Voraussetzungen sogar entfallen (§ 40 Abs. 6 SGB XI).

Nach § 40 Abs. 4 SGB XI können die Pflegekassen schließlich finanzielle Zuschüsse für Maßnahmen zur **Verbesserung des individuellen Wohnumfeldes** des Pflegebedürftigen gewähren (beispielsweise für einen pflegegerechten Umbau des Badezimmers), wenn dadurch im Einzelfall die häusliche Pflege ermöglicht oder erheblich erleichtert oder eine möglichst selbständige Lebensführung des Pflegebedürftigen wiederhergestellt werden kann; die Zuschüsse hierzu dürfen einen Betrag in Höhe von 4.000 € je Maßnahme nicht übersteigen.

3.3.1.2.4 Leistungen der teilstationären Pflege

Zu den teilstationären Leistungen der sozialen Pflegeversicherung gehören die Tages- und Nachtpflege sowie die Kurzzeitpflege. Die ergänzende Versorgung in Einrichtungen der **Tages- bzw. Nachtpflege** nach § 41 SGB XI wird dabei erbracht, wenn häusliche Pflege nicht in ausreichendem Umfang sichergestellt werden kann oder sie zur Ergänzung oder Stärkung der häuslichen Pflege erforderlich ist. Sie umfasst auch die notwendige Beförderung des Pflegebedürftigen von der Wohnung zur Einrichtung und zurück.

> Pflegebedürftige mit einem Pflegegrad von 2 oder höher können die teilstationäre Tages- und Nachtpflege *zusätzlich* zu ambulanten Pflegesachleistungen nach § 36 SGB XI, zum Pflegegeld nach § 37 SGB XI oder zur Kombinationsleistung nach § 38 SGB XI in Anspruch nehmen, ohne dass eine Anrechnung auf diese Ansprüche erfolgt.

Bei der **Kurzzeitpflege** nach § 42 SGB XI handelt es sich dem Grunde nach um eine stationäre Leistung in einem Pflegeheim, die jedoch nur vorübergehend erbracht wird, weshalb sie systematisch den teilstationären Leistungen zugeordnet wird. Sie ist für längstens acht Wochen im Kalenderjahr möglich, wenn häusliche Pflege zeitweise nicht, noch nicht oder nicht im erforderlichen Umfang erbracht werden kann und eine vorübergehende vollstationäre Versorgung des Pflegebedürftigen erforderlich ist, um entweder für eine Übergangszeit im Anschluss an eine stationäre Behandlung oder in einer sonstigen Krisensituation dessen Pflege sicherzustellen. Eine derartige, zeitlich begrenzte Krisensituation kann dabei sowohl durch die Person des Pflegebedürftigen (z.B. vorübergehend zugenommener Pflegebedarf) als auch durch die der Pflegeperson begründet sein (z.B. im Falle von Erholungsurlaub oder der Aufnahme einer Erwerbstätigkeit). Das Jahresbudget für die Kurzzeitpflege kann nach § 42 Abs. 2 Satz 3 SGB XI aus Mitteln der Verhinderungspflege (Kap. 3.3.1.2.3) erhöht werden, soweit diese im jeweiligen Jahr noch nicht in Anspruch genommen worden sind.

3.3.1.2.5 Leistungen der vollstationären Pflege

Im Rahmen der Leistungen der vollstationären **Pflege in einer stationären Pflegeeinrichtung** nach § 43 SGB XI übernehmen die Pflegekassen neben den pflegebedingten Aufwendungen (v.a. körperbezogene Pflegemaßnahmen und pflegerische Betreuungsmaßnahmen) auch Aufwendungen für die (soziale) Betreuung der Bewohner (z.B. Maßnahmen zur Gestaltung des persönlichen Alltags oder Unterstützung bei der Erledigung persönlicher Angelegenheiten) und für Leistungen der medizinischen Behandlungspflege (z.B. Verbandwechsel oder das Applizieren von Arzneimitteln), welche gegebenenfalls durch Maßnahmen der außerklinischen Intensivpflege nach § 37c SGB V ergänzt werden können (Kap. 3.3.2.2.2). Soweit der im Rahmen der vollstationären Pflege von der Pflegekasse gewährte Leistungsbetrag (Tab. 14) die Kosten für diese Aufwendungen übersteigen sollte, übernimmt die Pflegekasse darüber hinaus auch (anteilig) die Kosten für die Unterkunft und die Verpflegung, die ansonsten grundsätzlich von den Bewohnern des Pflegeheims selbst zu tragen sind (Kap. 4.1.1.3.1).

Zur Entlastung pflegebedürftiger Heimbewohner bzw. zur Begrenzung deren Eigenanteils an den pflegebedingten Aufwendungen des Gesamtheimentgelts zahlt die Pflegekasse neben den Leistungsbeträgen nach § 43 Abs. 2 SGB XI einen **Leistungszuschlag** nach § 43c SGB XI. Er beträgt in Abhängigkeit von der Dauer des Leistungsbezugs für die stationäre Pflege zwischen 15 % (Leistungsbezug bis zu 12 Monate) und 75 % (Leistungszeug seit mehr als 36 Monaten) des von ihnen zu zahlenden Eigenanteils für die pflegebedingten Aufwendungen des versorgenden Pflegeheims.

Hinzu kommen unter Umständen **Maßnahmen der zusätzlichen Betreuung und Aktivierung**, die über die nach Art und Schwere der Pflegebedürftigkeit notwendige Versorgung hinausgehen (§ 43b SGB XI). Sie werden von speziellen Betreuungskräften erbracht, deren Leistungen zusätzlich zu den Pflegevergütungen der Pflegekassen mit einem entsprechenden Zuschlag honoriert werden (Kap. 4.1.1.3.1). Inhaltlich geht es bei den Leistungen der zusätzlichen Betreuung und Aktivierung beispielsweise um Spaziergänge, das gemeinsame Lesen oder Vorlesen oder sonstige gemeinsame Aktivitäten wie Basteln, Singen, Kochen und Backen.

Details zu den Leistungen der zusätzlichen Betreuung und Aktivierung in stationären Pflegeeinrichtungen enthalten die sog. *Betreuungskräfte-Richtlinien* des *GKV-Spitzenverbandes*, die auf dessen Website recherchiert und heruntergeladen werden können (www.gkv-spitzenverband.de).

3.3.1.2.6 Exkurs: Ergänzende Leistungen der Sozialhilfe

Im Gegensatz zur gesetzlichen Krankenversicherung zeichnet sich die soziale Pflegeversicherung dadurch aus, dass ihre Leistungen in aller Regel nicht bedarfsdeckend sind und sie daher keinen vollen Schutz vor dem Eintritt des Risikos der Pflegebedürftigkeit bieten (Prinzip der „Teilkaskoversicherung“). Im Einzelfall können die Leistungen der sozialen Pflegeversicherung daher durch **Hilfen zur Pflege** nach dem Sozialhilferecht (XII. Buch des *Sozialgesetzbuches* [SGB XII]) ergänzt werden (§§ 61 bis 66a SGB XII) (hierzu etwa Janda 2023, 109 ff. oder Richter 2017, Rdnr. 509 ff.).

SGB XII

Nach § 61 SGB XII sind diesbezüglich Personen leistungsberechtigt, die pflegebedürftig sind, keine bedarfsdeckenden Leistungen der sozialen Pflegeversicherung erhalten und denen es selbst nicht möglich ist, die für die Hilfe zur Pflege benötigten Mittel aus dem eigenen Einkommen und Vermögen aufzubringen (§§ 82 ff. bzw. §§ 90 f. SGB XII). Die Leistungen der Sozialhilfe sind also subsidiär gegenüber den Leistungen der sozialen Pflegeversicherung und nur im Falle der **Bedürftigkeit** zu erbringen (§§ 2 und 19 Abs. 3 SGB XII).

Dabei orientiert sich der sozialhilferechtliche **Pflegebedürftigkeitsbegriff** nach §§ 61a und 61b SGB XII an dem des Pflegeversicherungsrechts nach §§ 14 und 15 SGB XI (Kap. 3.3.1.1.2); ein zentraler Unterschied besteht indes darin, dass nach § 61a SGB XII auch Hilfebedarfe zum Tragen kommen, die weniger als ein halbes Jahr bestehen. Sofern bereits die Pflegekasse über das Vorliegen einer Pflegebedürftigkeit und deren Grad entschieden hat, ist diese Entscheidung auch für den Träger der Sozialhilfe bindend (§ 62a SGB XII).

Insgesamt können damit pflegebedürftige Personen i.S.d. § 14 SGB XI (ergänzende) **Leistungen der Sozialhilfe** nach §§ 61 ff. SGB XII beanspruchen,

- die nicht die Vorversicherungszeit des §§ 33 Abs. 2 SGB XI erfüllt haben (Kap. 3.3.1.1.1) und aus diesem Grunde keine Leistungen nach § 28 SGB XI erhalten oder
- deren Pflegebedürftigkeit voraussichtlich nicht für mindestens sechs Monate besteht und sie aus diesem Grunde keine Leistungen nach § 28 SGB XI erhalten oder
- die zwar Leistungen nach § 28 SGB XI erhalten, deren Pflegebedarf aber nicht (vollständig) durch die Leistungen der sozialen Pflegeversicherung gedeckt wird und die aufgrund mangelnden eigenen Einkommens bzw. Vermögens im sozialhilferechtlichen Sinne bedürftig sind (vgl. Richter 2017, Rdnr. 511).

Die nach dem Sozialhilferecht zu gewährenden **Leistungsarten** entsprechen dabei weitgehend denjenigen der sozialen Pflegeversicherung (vgl. § 28 SGB XI einerseits und § 63 SGB XI andererseits), allerdings ist die **Höhe der Leistungen** bei den Dienst- und Sachleistungen nach dem SGB XII nicht nach oben gedeckelt (§§ 64a ff. SGB XII). Dies bedeutet, dass die Sozialhilfeträger zunächst den erforderlichen pflegerischen Bedarf im Einzelfall ermitteln müssen, um ihn dann durch eine Leistungsbewilligung nach dem Individualisierungsgrundsatz des § 9 SGB XII decken zu können. In der Praxis übernehmen sie damit regelmäßig diejenigen Kosten, die zur häuslichen, teil- oder vollstationären Versorgung eines pflegebedürftigen Anspruchsberechtigten erforderlich sind und die aufgrund der bestehenden Leistungshöchstgrenzen nach dem SGB XI nicht von der sozialen Pflegeversicherung getragen werden.

Zu beachten ist jedoch, dass Verwandte in gerader Linie (Großeltern → Eltern → Kinder etc. [§§ 1601 ff. BGB]) verpflichtet sind, einander **Unterhalt** zu gewähren, soweit sie hierzu finanziell in der Lage sind; dies betrifft dem Grunde nach auch die Übernahme der durch die Leistungen der sozialen Pflegeversicherung nicht gedeckten Pflegekosten. Sofern der Träger der Sozialhilfe daher im Falle der Bedürftigkeit eines Pflegebedürftigen Hilfen zur Pflege erbringt, hat er nach § 94 SGB XII das Recht, hierfür die unterhaltspflichtigen Angehörigen in Regress zu nehmen. Der Anspruch des unterhaltsberechtigten Leistungsbeziehers gegen seine Angehörigen geht damit also auf den Sozialhilfeträger über, wobei der **Rückgriff gegen Angehörige** nur bei Verwandten möglich ist, die mit der pflegebedürftigen Person im ersten Grad verwandt sind (ausschließlich Eltern und Kinder) (§ 94 Abs. 1 Satz 3 SGB XII) und die zudem ein Jahreseinkommen haben, das 100.000 € übersteigt (§ 94 Abs. 1a SGB XII), was eine Einstandspflicht von Kindern (bzw. Eltern) für die Pflegekosten ihrer Eltern (bzw. Kinder) in den allermeisten Fällen ausschließen dürfte. Selbst bei einem Rückgriff auf unterhaltspflichtige Angehörige muss diesen ein angemessener Selbstbehalt zur Deckung des eigenen Lebensbedarfs verbleiben, der indes stark von den Begebenheiten des Einzelfalls abhängig und entsprechend individuell zu berechnen ist.

3.3.2 Gesetzliche Krankenversicherung

Maßgeblich geregelt wird das Recht der gesetzlichen Krankenversicherung im V. Buch des *Sozialgesetzbuches* (SGB V). Einen Anspruch auf Leistungen haben danach alle Versicherten, bei denen der für diesen Sozialversicherungszweig maßgebliche Versicherungsfall der Krankheit eingetreten ist; der Anspruch besteht in diesem Fall (anders als in der sozialen Pflegeversicherung) unabhängig von der bereits bestehenden Versicherungsdauer (Kap. 3.3.2.1). Die Leistungen folgen grundsätzlich dem Bedarfs(deckungs)prinzip (vgl. Simon 2021, 72 f.); sie sind also so zu bemessen und zu gestalten, dass die erforderlichen bzw. benötigten medizinischen Maßnahmen (unter Einhaltung des [auch] in der gesetzlichen Krankenversicherung geltenden Wirtschaftlichkeitsgebots) ohne nennenswerte Selbstbehalte der Versicherten durchgeführt werden können (Kap. 3.3.2.2) – auch das ist ein zentraler Unterschied im Vergleich zu den Leistungen der sozialen Pflegeversicherung.

SGB V

Die Finanzierung der Leistungen erfolgt in erster Linie durch die Erhebung einkommensabhängiger Beiträge (§ 220 SGB V) mit einem allgemeinen Beitragssatz von derzeit 14,6 % (§ 241 SGB V), die bei abhängig beschäftigten Arbeitnehmerinnen und Arbeitnehmern zu gleichen Teilen von ihnen und ihren Arbeitgebern getragen werden (§ 249 SGB V); für Ehepartner und Kinder der Mitglieder besteht unter bestimmten Voraussetzungen die Möglichkeit einer kostenlosen Familienversicherung. Ein vom *Bundesversicherungsamt* organisierter Gesundheitsfonds soll dabei einen gewissen Ausgleich der Einkommensunterschiede zwischen den Mitgliedern der einzelnen Krankenkassen bewirken; zudem wird über diesen Fonds ein sog. morbiditätsorientierter Risikostrukturausgleich durchgeführt, der Unterschiede in den Versichertenstrukturen der einzelnen Kassen hinsichtlich der Kriterien *Alter*, *Geschlecht* und *Morbidität* berücksichtigt (Kostorz 2020, 48 ff.).

Insgesamt beruht das System der gesetzlichen Krankenversicherung damit (ähnlich wie das der sozialen Pflegeversicherung) auf dem Prinzip der Solidarität (§§ 1 und 3 SGB V): Durch die bedarfsorientierte Leistungsgewährung und die einkommensabhängige Beitragsgestaltung kommt es zu einer tendenziellen Umverteilung von jungen und gesunden Versicherten mit hohem Einkommen zu älteren und kranken (bzw. pflegebedürftigen) Versicherten mit geringem Einkommen, unter Berücksichtigung der Kostenfreiheit der Familienversicherung auch von Alleinstehenden bzw. Kinderlosen zu Familien mit Kindern (Simon 2021, 69).

Das Recht der gesetzlichen Krankenversicherung und deren Leistungen stellt überblicksartig die Broschüre *Ratgeber Krankenversicherung* des Bundesministeriums für Gesundheit (2023a) dar. Darüber hinaus findet sich eine (wenn auch nicht mehr ganz aktuelle) Erläuterung des Leistungsrechts der gesetzlichen Krankenversicherung bei Just und Schneider (2016); auf die pflegerischen Leistungen der gesetzlichen Krankenversicherung gehen zudem explizit Griep und Renn (2017, Teil 1 Kap. 2) ein.

3.3.2.1 Anspruchsberechtigter Personenkreis

In der gesetzlichen Krankenversicherung sind knapp 90 % der Bevölkerung gegen das Risiko einer Erkrankung abgesichert (Gerlinger/Rosenbrock 2024, 158). Hierzu gehören vor allem diejenigen Personen, die einer gesetzlich bestimmten Versicherungspflicht unterliegen (Versicherung kraft Gesetzes nach § 5 SGB V), sowie diejenigen, die sich freiwillig bei einer Krankenkasse versichert haben (Versicherungsberechtigung nach § 9 SGB V); sie bilden zugleich den Mitgliederbestand einer Kasse. Hinzu kommen die (beitragsfrei) mitversicherten Familienangehörigen dieser Mitglieder (Familienversicherung nach § 10 SGB V), die zur Krankenkasse zwar ebenfalls in einem Versicherungs-, nicht jedoch in einem Mitgliedschaftsverhältnis stehen.

Während der Begriff der Pflegebedürftigkeit als maßgeblicher Versicherungsfall der sozialen Pflegeversicherung gesetzlich definiert ist, bestimmt sich der der Krankheit als leistungsbegründender Tatbestand der gesetzlichen Krankenversicherung nach der hierzu ergangenen langjährigen Rechtsprechung des *Bundessozi-*

algerichts. Zudem gewähren die Krankenkassen bestimmte Leistungen im Falle einer Behinderung, die im IX. Buch des *Sozialgesetzbuches* legaldefiniert wird, also dem *Sozialgesetzbuch*, das sich speziell mit der Rehabilitation und der gesellschaftlichen Teilhabe von Menschen mit Behinderung befasst.

3.3.2.1.1 Versicherter Personenkreis

Versicherungspflichtig in der gesetzlichen Krankenversicherung sind nach § 5 Abs. 1 SGB V Personen, die der Gesetzgeber aufgrund ihrer spezifischen finanziellen oder sozialen Situation für im Krankheitsfall besonders schutzbedürftig hält; sie werden kraft Gesetzes zwangsweise in die Solidargemeinschaft der gesetzlichen Krankenversicherung eingebunden (Muckel et al. 2019, 108). Es handelt sich hierbei vor allem um Arbeitnehmer sowie Auszubildende, die gegen Arbeitsentgelt beschäftigt sind (§ 5 Abs. 1 Nr. 1 SGB V), Bezieher von Arbeitslosen- und Bürgergeld (§ 5 Abs. 1 Nr. 2 und 2a SGB V), werktätige Menschen mit einer Behinderung (§ 5 Abs. 1 Nr. 7 und 8 SGB V), Studierende bis zur Vollendung des 30. Lebensjahres (§ 5 Abs. 1 Nr. 9 SGB V) und Rentenbezieher, wenn sie in der zweiten Hälfte des Zeitraums von der erstmaligen Aufnahme einer Erwerbstätigkeit bis zur Stellung des Rentenantrags mindestens 90 % dieser Zeit gesetzlich krankenversichert gewesen sind (§ 5 Abs. 1 Nr. 11 SGB V). Mit der letztgenannten, recht komplizierten Regelung soll verhindert werden, dass sich gutverdienende, versicherungsfreie Arbeitnehmer in jungen und gesunden Jahren privat krankenversichern und dann bei steigenden Beiträgen für den privaten Krankenversicherungsschutz im Alter in die vergleichsweise günstige Krankenversicherung der Rentner wechseln (Nebendahl, in: Spickhoff 2022, § 5 SGB V Rdnr. 52). Die Altersgrenze in der Krankenversicherung der Studierenden dient ebenfalls der Vermeidung von Missbrauch, da auch Studierende bei der Beitragserhebung (im Vergleich zu Arbeitnehmerinnen und Arbeitnehmern) privilegiert werden (Nebendahl, in: Spickhoff 2022, § 5 SGB V Rdnr. 38).

Ausnahmen von der Versicherungspflicht werden mit § 6 Abs. 1 SGB V für Personenkreise gemacht, die für den Fall des Eintritts einer Erkrankung entweder anderweitig abgesichert sind oder sie – was sozialpolitisch zu kritisieren ist – aufgrund der Höhe ihres Einkommens nicht zwangsweise der Solidargemeinschaft der gesetzlich Krankenversicherten angehören sollen (vgl. etwa Muckel et al. 2019, 116 ff.). Hierzu zählen etwa Beamte, Richter und Soldaten, die nach beamtenrechtlichen Vorschriften oder Grundsätzen im Krankheitsfall Anspruch auf Beihilfe oder Heilfürsorge haben (§ 6 Abs. 1 Nr. 2 SGB V), Studierende in einer neben dem Studium ausgeübten Nebenbeschäftigung (§ 6 Abs. 1 Nr. 3 SGB V; hierzu ausführlich Kostorz 2012) sowie Arbeitnehmer mit einem Jahreseinkommen oberhalb einer sog. Jahresarbeitsentgeltgrenze (derzeit 69.300 €) (§ 6 Abs. 1 Nr. 1 SGB V); sie haben – sofern sie nicht anderweitig pflichtversichert sind – die Möglichkeit, sich entweder privat zu versichern oder beim Vorliegen einer bestimmten Vorversicherungszeit freiwillig der gesetzlichen Krankenversicherung beizutreten (§ 9 SGB V). Andere Personen sollen durch die Versicherungsfreiheit bewusst aus der gesetzlichen Krankenversicherung ausgeschlossen werden. So sind nach § 6 Abs. 3a SGB V beispielsweise Personen versicherungsfrei, wenn sie nach der Vollendung ihres 55. Lebensjahres versicherungspflichtig werden und sie in den letzten fünf Jahren vor Eintritt der Versicherungspflicht nicht gesetzlich versichert waren, wobei sie mindestens die Hälfte dieser Zeit versicherungsfrei oder von der Versicherungspflicht befreit gewesen sein mussten. Ihnen soll nach einer langen Versicherungszeit in der privaten Krankenversicherung, in der sie sich der Solidargemeinschaft der gesetzlichen Krankenversicherung entzogen haben, aus sozialpolitischen Gründen eine Rückkehr in die gesetzliche Krankenversicherung erschwert werden (von Koppenfels-Spies 2018, Rdnr. 177).

Versicherungsfrei sind nach § 7 Abs. 1 SGB V ferner **geringfügige Beschäftigungsverhältnisse** i. S. d. § 8 Abs. 1 SGB IV. Zu unterscheiden ist diesbezüglich zwischen geringfügig entlohnten Beschäftigungen nach § 8 Abs. 1 Nr. 1 SGB IV mit einem regelmäßigen monatlichen Arbeitsentgelt von derzeit maximal 538 € (sog. Minijobs) und kurzfristigen Beschäftigungen nach § 8 Abs. 1 Nr. 2 SGB IV, die nach ihrer Eigenart auf längstens drei Monate eines Kalenderjahres begrenzt sind (sog. Saisonjobs). Bei der versicherungsrechtlichen Einordnung solcher Beschäftigungsverhältnisse sind mehrere geringfügige Beschäftigungsverhältnisse grundsätzlich zusammenzurechnen, wobei es durchaus möglich ist, eine geringfügig entlohnte Beschäftigung als versicherungsfreie Nebentätigkeit zusätzlich zu einer (versicherungspflichtigen) nicht geringfügigen

Beschäftigung auszuüben (§ 8 Abs. 2 SGB IV). Hintergrund der Versicherungsfreiheit derartiger Beschäftigungsverhältnisse, die von dem Grundsatz des § 5 Abs. 1 Nr. 1 SGB V abweicht, ist die Tatsache, dass geringfügig Beschäftigte für gewöhnlich aufgrund anderer Tatbestände in der gesetzlichen Krankenversicherung abgesichert sind, sei es beispielsweise über ihre Haupttätigkeit oder über eine Familienversicherung nach § 10 SGB V.

Die **Möglichkeit einer freiwilligen Versicherung** – i.d.R. als Alternative zu einer Versicherung in der privaten Krankenversicherung – ist in § 9 SGB V geregelt. Der Versicherung beitreten können danach unter anderem Personen, die als Mitglied aus der Versicherungspflicht ausgeschieden sind oder deren Familienversicherung erlischt (§ 9 Abs. 1 Nr. 1 bzw. 2 SGB V). Typische Fallkonstellationen bilden hier Arbeitnehmer, die wegen eines Überschreitens der Jahresarbeitsentgeltgrenze versicherungsfrei werden, Studierende, die wegen ihres Alters nicht mehr in der Krankenversicherung der Studenten versichert werden können, oder Kinder von Mitgliedern, die eine Höchstaltersgrenze für eine mögliche Familienversicherung erreichen. Um die Vorschrift nicht zum Schlupfloch für einen Wechsel bzw. eine Rückkehr von der privaten in die gesetzliche Krankenversicherung werden zu lassen (Muckel et al. 2019, 124 f.), knüpft das Gesetz an die Möglichkeit der freiwilligen Versicherung regelmäßig das Erfüllen einer gewissen Vorversicherungszeit.

Die gesetzliche Grundlage der **Versicherung von Familienangehörigen** findet sich in § 10 SGB V. Nach § 10 Abs. 1 SGB V ist sie vor allem für Ehegatten, eingetragene Lebenspartner nach dem *Lebenspartnerschaftsgesetz* (also nicht für den aktuellen Lebensabschnittsgefährten!) sowie Kinder von (pflicht- bzw. freiwillig versicherten) Mitgliedern einer Krankenkasse möglich. Kumulativ sind hierfür die in dem Absatz aufgeführten Voraussetzungen zu erfüllen; danach darf der Familienangehörige vor allem nicht anderweitig gesetzlich versichert oder versicherfrei sein (ausgenommen ist indes eine Versicherungspflicht als Student bzw. Studentin sowie eine Versicherungsfreiheit in einer geringfügigen Beschäftigung nach § 8 SGB IV) und kein Gesamteinkommen haben, das regelmäßig im Monat ein Siebtel der monatlichen Bezugsgröße überschreitet (505 € [West] bzw. 495 € [Ost]; für die sog. Minijobber nach § 8 Abs. 1 Nr. 1 SGB IV beträgt das zulässige Gesamteinkommen 538 €). Für die Familienversicherung von Kindern gelten zudem die in § 10 Abs. 2 SGB V aufgeführten Altersgrenzen, also etwa die Altersgrenze von 25 Jahren, wenn sie sich in Schul- oder Berufsausbildung befinden oder ein Studium absolvieren.

3.3.2.1.2 Versicherungsfälle

Anspruchsbegründendes Moment auf Leistungen der gesetzlichen Krankenversicherung ist neben dem Bestehen eines Versicherungsverhältnisses regelmäßig das Vorliegen bzw. Drohen einer **Krankheit**. Dieser Begriff ist als maßgeblicher Versicherungsfall dieses Sozialversicherungszweiges allerdings nicht gesetzlich definiert, sondern durch die Rechtsprechung der Sozialgerichtsbarkeit geprägt (vgl. Huster 2017, 42 f.).

Krankheit ist jeder regelwidrige Körper- oder Geisteszustand, der entweder Arbeitsunfähigkeit und/oder Behandlungsbedürftigkeit zur Folge hat; Behandlungsbedürftigkeit liegt dabei vor, wenn der regelwidrige Zustand ohne ärztliche Hilfe nicht mit Aussicht auf Erfolg behoben, mindestens aber gebessert oder vor Verschlimmerung bewahrt werden kann (BSG vom 13.02.1962 [Az. 3 RK 63/61]).

Anders als nach dem fast schon esoterisch anmutenden Krankheitsbegriff der WHO, nach der Gesundheit „ein Zustand des vollständigen körperlichen, geistigen und sozialen Wohlergehens und nicht nur das Fehlen von Krankheit oder Gebrechen“ ist (Präambel Verfassung WHO) oder den Modellen des Kontinuums zwischen Gesundheit und Krankheit (etwa das Salutogenese-Modell von Antonovsky 1979) ist der krankenversicherungsrechtliche Krankheitsbegriff damit ein eher dichotomer (hierzu insgesamt Roch/Hampel 2022, 264) – dies betrifft sowohl das Kriterium der Regelwidrigkeit des Körper- oder Geisteszustandes als auch das deren Behandlungsbedürftigkeit.

Zum Teil knüpft das Leistungsrecht der gesetzlichen Krankenversicherung auch an den Begriff der **Behinderung** an, der mit dem der Krankheit zwar affin, aber nicht deckungsgleich ist; er ist in § 2 Abs. 1 SGB IX legaldefiniert, also dem Buch des *Sozialgesetzbuches*, das sich mit der Rehabilitation und Teilhabe behinderter Menschen befasst.

> *Behinderungen* sind körperliche, seelische, geistige oder sinnliche Beeinträchtigungen, die Menschen in Wechselwirkung mit einstellungs- und umweltbedingten Barrieren an der gleichberechtigten Teilhabe an der Gesellschaft mit hoher Wahrscheinlichkeit länger als sechs Monate hindern können und die von dem für das Lebensalter typischen Zustand abweichen (§ 2 Abs. 1 SGB IX).

Der sozial(versicherungs)rechtliche Behinderungsbegriff geht damit vor allem zurück auf das biopsychosoziale Modell der *International Classification of Functioning, Disability and Health* der WHO (2001), das Behinderung als das Ergebnis einer Wechselwirkung unterschiedlicher Komponenten und Faktoren versteht, die dazu führen, dass durch eine gesundheitliche Beeinträchtigung einer Person deren gesellschaftliche Teilhabe gefährdet oder gehindert ist. Damit ist es vor allem Aufgabe der gesetzlichen Krankenversicherung, „die Behinderung abzuwenden, zu beseitigen, zu mindern, ihre Verschlimmerung zu verhüten oder ihre Folgen zu mildern“ (§ 4 Abs. 1 Nr. 1 SGB IX), wobei die auszugleichende Behinderung hier regelmäßig auf die Folgen einer (chronischen) Krankheit zurückzuführen ist.

3.3.2.2 Leistungskatalog

Die Leistungen der gesetzlichen Krankenversicherung umfassen vor allem Maßnahmen der Prävention, der Kuration, der Rehabilitation, der Palliation sowie der pflegerischen Versorgung (bei fehlender Pflegebedürftigkeit i.S.d. Rechts der sozialen Pflegeversicherung) und folgen somit einer sozialmedizinisch ausgerichteten Versorgungskette (Abb. 18). Vordergründig betrachtet tangieren dabei nur die originär pflegebezogenen Leistungen das Aufgaben- und Tätigkeitsspektrum von Pflegefachkräften, doch umfasst Pflege nach dem Verständnis des § 5 Abs. 2 Satz 1 PflBG auch „präventive, kurative, rehabilitative, palliative und sozialpflegerische Maßnahmen zur Erhaltung, Förderung, Wiedererlangung oder Verbesserung der physischen und psychischen Situation der zu pflegenden Menschen“, weshalb auch diese Leistungskomplexe im Folgenden dargestellt werden. Hinzu kommen die vorliegend nicht näher thematisierten Leistungen bei Schwangerschaft und

Mutterschaft, die Zahlung von Krankengeld im Falle der Arbeitsunfähigkeit (hierzu in aller Kürze Kostorz 2020, 44 f.) und sog. akzessorische Nebenleistungen, wie etwa die Gewährung einer Haushaltshilfe oder die Übernahme notwendiger Fahrkosten.

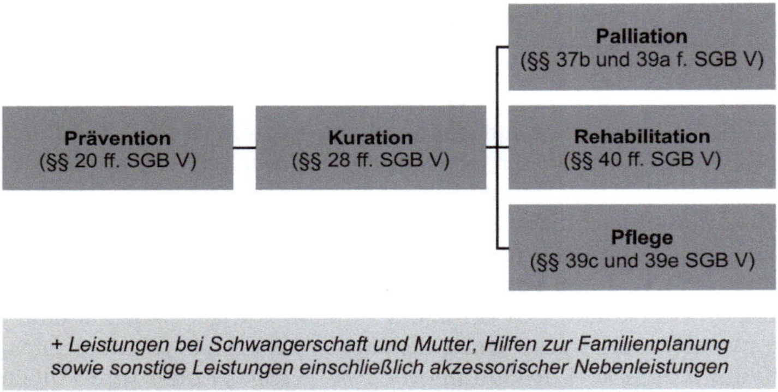

Abb. 18: Leistungskatalog der gesetzlichen Krankenversicherung

Konkretisiert bzw. ausgestaltet werden die nach §§ 11 ff. SGB V zu gewährenden Leistungen durch sog. Richtlinien des *Gemeinsamen Bundesausschusses* nach § 92 SGB V. In den Richtlinien legt der *Gemeinsame Bundesausschuss* fest, was eine ausreichende, zweckmäßige und wirtschaftliche Gesundheitsversorgung i.S.d. § 12 SGB V beinhaltet und bestimmt so innerhalb des vom Gesetzgeber bereits vorgegebenen Rahmens, welche Leistungen der medizinischen Versorgung von den Krankenkassen im Einzelnen zu übernehmen sind. Er beschließt unter anderem Richtlinien für die ärztliche Behandlung oder die Verordnung von Arznei-, Verband-, Heil- und Hilfsmitteln, von häuslicher Krankenpflege sowie von Krankenhausbehandlung (§ 92 Abs. 1 Satz 2 SGB V).

Die Richtlinien des *Gemeinsamen Bundesausschusses* können auf dessen Homepage unter www.g-ba.de recherchiert und eingesehen werden.

Zu einer wirtschaftlichen Leistungsbewilligung gehört es auch, die Versicherten in begrenztem Maße an den Kosten der Leistungsgewährung zu beteiligen, um Fehlanreizen bei der Inanspruchnahme der ansonsten kostenfrei zur Verfügung gestellten Leistungen zu begegnen (kritisch Gerlinger/Rosenbrock 2024, 117). Volljährige Versicherte haben daher bei vielen Leistungen der gesetzlichen Krankenversicherung die in § 61 SGB V bestimmten Zuzahlungen zu leisten. Um eine finanzielle Überforderung der Versicherten zu vermeiden, sind diese Zahlungen allerdings stets nur bis zu einer bestimmten Belastungsgrenze zu leisten (§ 62 SGB V).

3.3.2.2.1 Prävention

Die Leistungen der Prävention umfassen sowohl Maßnahmen der Primärprävention als auch der Sekundärprävention.

Bei der **Primärprävention** geht es um den Erhalt und die Förderung der Gesundheit bzw. die Vorbeugung und Verhütung von Krankheiten. Zu ihnen gehören die Leistungen der (betrieblichen) Gesundheitsförderung, der Selbsthilfeförderung, Schutzimpfungen, Maßnahmen zur Verhütung von Zahnerkrankungen sowie medizinische Vorsorgeleistungen nach §§ 20 bis 24 SGB V.

Demgegenüber zielt die **Sekundärprävention** auf die möglichst frühzeitige Erkennung von bereits bestehenden, aber bislang noch nicht diagnostizierten Erkrankungen ab. Ziel ist es, so früh wie möglich in den Prozess der Manifestation einer sich abzeichnenden, behandlungsbedürftigen Erkrankung eingreifen bzw. eine bereits (latent) bestehende Erkrankung entsprechend frühzeitig behandeln zu können. Zu diesen Leistungen zählen etwa die Gesundheitsuntersuchungen nach § 25 SGB V.

Aufgabe von Pflegefachkräften ist es nach § 5 Abs. 3 Nr. 1 lit. e und f PflBG unter anderem, den Bedarf an eventuell erforderlichen präventiven Maßnahmen zu erheben und zu pflegende Menschen bei der individuellen Auseinandersetzung mit Gesundheit und Krankheit zu beraten, anzuleiten und zu unterstützen. Informieren Sie sich daher anhand der genannten Paragraphen sowie des Internetauftritts Ihrer Krankenkasse, welche Präventionsmaßnahmen genau zum Leistungskatalog der gesetzlichen Krankenversicherung gehören.

3.3.2.2.2 Kuration

Die **Leistungen der Krankenbehandlung** (sog. Kuration) dienen nach § 27 Abs. 1 SGB V dazu, eine Krankheit zu erkennen, zu heilen, ihre Verschlimmerung zu verhüten oder Krankheitsbeschwerden zu lindern. Sie umfassen nach näherer Bestimmung der §§ 28 ff. SGB V vor allem die ärztliche Behandlung, die Versorgung mit Arznei-, Verband-, Heil- und Hilfsmitteln sowie die für die Pflege besonders relevante häusliche Krankenpflege und die Krankenhausbehandlung.

Aufgrund des (leistungsrechtlichen) Arztvorbehalts nach § 15 Abs. 1 bzw. § 28 Abs. 1 SGB V (Kap. 2.4.1) kommt der **ärztlichen Behandlung** nach § 28 Abs. 1 SGB V eine Schlüsselrolle zu; sie umfasst alle Tätigkeiten eines Arztes bzw. einer Ärztin, die zur Verhütung, Früherkennung und Behandlung von Krankheiten nach den Regeln der ärztlichen Kunst erforderlich sind. Dabei unterliegt die Entscheidung des Arztes, welche medizinischen Maßnahmen im Einzelfall zu Lasten der Krankenkasse ergriffen werden können, nur bedingt seinem freien Ermessen, da es zum einen der allgemeine Gleichheitssatz des Art. 3 Abs. 1 GG gebietet, dass alle gesetzlich krankenversicherten Patientinnen und Patienten beim Eintritt des Versicherungsfalls die gleichen, bedarfsgerechten Leistungen erhalten (Kap. 3.1.1), und zum anderen sowohl die Leistungserbringung durch den Arzt als auch die Kostenübernahme durch die Krankenkasse dem **Grundsatz der Wirtschaftlichkeit** nach § 12 Abs. 1 SGB V entsprechen muss.

> ⚠ Die Leistungen zur Krankenbehandlung müssen – ebenso wie alle anderen Leistungen der gesetzlichen Krankenversicherung – ausreichend, zweckmäßig und wirtschaftlich sein; sie dürfen das Maß des Notwendigen nicht überschreiten. Leistungen, die nicht notwendig oder unwirtschaftlich sind, können Versicherte nicht beanspruchen, dürfen die Leistungserbringer nicht bewirken und die Krankenkassen nicht bewilligen (§ 12 Abs. 1 SGB V).

Der behandelnde Arzt muss sich daher bei der Leistungserbringung an den Richtlinien des *Gemeinsamen Bundesausschusses* orientieren, daneben vor allem aber auch am sog. *Einheitlichen Bewertungsmaßstab* (EBM) nach § 87 SGB V, der einen Katalog abrechenbarer Leistungen darstellt: So können zur Umsetzung des Art. 3 Abs. 1 GG und des § 12 Abs. 1 SGB V nur diejenigen Maßnahmen vom Arzt zu Lasten der Krankenkasse des Patienten erbracht und abgerechnet werden, die als Positionen im EBM gelistet sind – sie gelten entsprechend als „ausreichend und zweckmäßig" i.S.d. § 28 Abs. 1 Satz 1 SGB V.

Zum ärztlichen Aufgabenspektrum gehört dabei unter anderem auch die **Verordnung von Arznei-, Verband-, Heil- und Hilfsmitteln** nach §§ 31 ff. SGB V (§ 73 Abs. 2 Satz 1 Nr. 7 SGB V).

Arzneimittel sind Stoffe, die der Heilung, Linderung oder der Verhütung von Krankheiten bzw. krankhafter Beschwerden dienen und zur Anwendung im oder am Körper bestimmt sind (§ 2 Abs. 1 AMG).

Verbandmittel sind Gegenstände einschließlich Fixiermaterial, deren Hauptwirkung darin besteht, oberflächengeschädigte Körperteile zu bedecken oder Körperflüssigkeiten von oberflächengeschädigten Körperteilen aufzusaugen (§ 31 Abs. 1a SGB V).

Heilmittel sind ausschließlich nichtärztliche therapeutische Dienstleistungen, wie sie etwa die Logopädie, die Physiotherapie oder die Ergotherapie darstellen (BSG vom 28.06.2001 [Az. B 3 KR 3/00 R]).

Hilfsmittel sind sächliche Mittel, wie etwa Hör- und Sehhilfen, Körperersatzstücke oder orthopädische Mittel, die im Einzelfall erforderlich sind, um den Erfolg der Krankenbehandlung zu sichern, einer drohenden Behinderung vorzubeugen oder eine Behinderung auszugleichen (§ 33 Abs. 1 Satz 1 SGB V).

Dabei kann es bei der **Versorgung mit Hilfsmitteln** zu Abgrenzungsschwierigkeiten zwischen der gesetzlichen Kranken- und der sozialen Pflegeversicherung kommen, da die Leistungskataloge beider Sozialversicherungszweige entsprechende Sachleistungen vorsehen (§ 33 SGB V bzw. § 40 SGB XI). Zentrales Abgrenzungsmerkmal ist dabei neben der Art des Hilfsmittels vor allem der mit seiner Zurverfügungstellung verfolgte Zweck, der sich an den jeweils unterschiedlichen Versicherungsfällen der sozialen Pflegeversicherung einerseits und der gesetzlichen Krankenversicherung andererseits zu orientieren hat bzw. ihm entsprechen muss

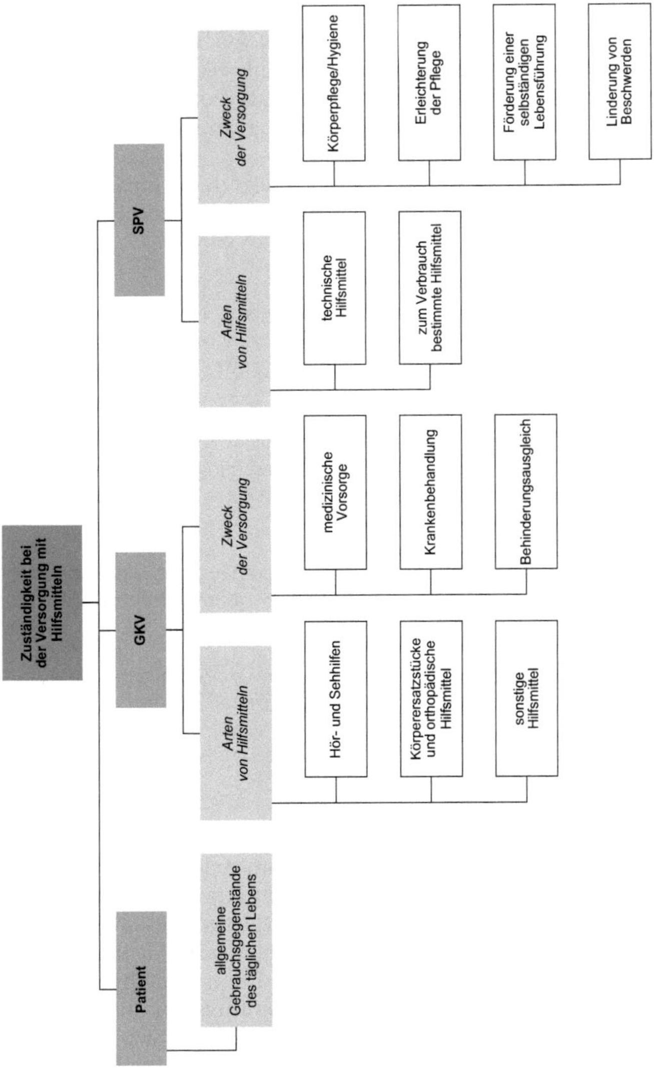

Abb. 19: Zuständigkeit bei der Versorgung von pflegebedürftigen Versicherten mit (Pflege)Hilfsmitteln

(Abb. 19). Hilfsmittel, die als allgemeine Gebrauchsgegenstände des täglichen Lebens anzusehen sind, fallen generell weder in die Leistungspflicht der Kranken- noch der Pflegeversicherung (§ 33 Abs. 1 Satz 1 SGB V); für deren Anschaffung sind die Versicherten vielmehr selbst zuständig.

Sofern das erforderliche Hilfsmittel entweder *nur* der Krankenbehandlung bzw. dem Behinderungsausgleich (§ 33 Abs. 1 Satz 1 SGB V) oder *nur* der Minderung der Folgen der Pflegebedürftigkeit dient (§ 40 Abs. 1 Satz 1 SGB XI), kann eine Zuordnung zur gesetzlichen Kranken- bzw. sozialen Pflegeversicherung eindeutig vorgenommen werden. Dementsprechend gehören Hilfsmittel, die ausschließlich aus pflegerischen Gründen eingesetzt werden, zu den Pflegehilfsmitteln der sozialen Pflegeversicherung; dies betrifft v.a. technische sowie zum Verbrauch bestimmte Hilfsmittel. Ermöglichen sie dem Pflegebedürftigen dagegen (primär) eine aktive Teilhabe am gesellschaftlichen Leben oder sind sie im Zusammenhang mit der Behandlung einer Krankheit erforderlich (wie z.B. Hör- und Sehhilfen, Körperersatzstücke und orthopädische Hilfsmittel), sind sie von der gesetzlichen Krankenversicherung zu finanzieren.

Probleme bei der Zuständigkeitsabgrenzung nach dem Kriterium des Zwecks des erforderlichen Hilfsmittels ergeben sich demgegenüber bei den sog. **doppelfunktionalen Hilfsmitteln**, also bei Hilfsmitteln, die mehrere Zwecke gleichzeitig verfolgen; so kann beispielsweise eine Toilettensitzerhörung sowohl dem Behinderungsausgleich (Befriedigung des Grundbedürfnisses nach Ausscheidung) als auch der Erleichterung der Pflege oder der selbständigen Lebensführung dienen. Hier gilt der Grundsatz des § 40 Abs. 1 Satz 1 SGB XI, nach dem die soziale Pflegeversicherung nur dann Pflegehilfsmittel erbringt, wenn sie nicht (gleichzeitig) wegen Krankheit oder Behinderung von der gesetzlichen Krankenversicherung zu leisten sind.

Die Leistungspflicht der sozialen Pflegeversicherung ist bei der Versorgung der Versicherten mit (Pflege-)Hilfsmitteln gegenüber der der gesetzlichen Krankenversicherung grundsätzlich subsidiär.

Bei der Versorgung der Versicherten mit (Pflege-)Hilfsmitteln, die sowohl den in § 33 Abs. 1 SGB V als auch den in § 40 Abs. 1 SGB XI genannten Zwecken dienen können, prüft daher der Leistungsträger, bei dem die Leistung beantragt wird, ob ein Anspruch gegenüber der Kranken- oder der Pflegekasse besteht, und entscheidet entsprechend über die Bewilligung als Hilfsmittel oder als Pflegehilfsmittel (§ 40 Abs. 5 Satz 1 SGB XI). Da solche Einzelfallprüfungen zum Zweck der Zuständigkeitsklärung einen erheblichen Begutachtungs- und Verwaltungsaufwand verursachen, hat der *GKV-Spitzenverband* gemäß § 40 Abs. 5 SGB XI *Richtlinien zur Festlegung der doppelfunktionalen Hilfsmittel* (RidoHiMi) erlassen, die für bestimmte Hilfsmittel eine Kostenquotelung zwischen den Kranken- und Pflegekassen vorsehen, so dass bei ihnen auf eine klare bzw. individuelle Zuständigkeitsabgrenzung verzichtet werden kann. Dadurch entfällt bei den Kranken- und Pflegekassen die dem Grunde nach erforderliche aufwändige Abgrenzung der Leistungszuständigkeit im Einzelfall.

Bitte prüfen und entscheiden Sie bei den folgenden Hilfsmitteln für pflegebedürftige Versicherte, ob sie in die Zuständigkeit der gesetzlichen Kranken- oder der sozialen Pflegeversicherung fallen:

- Pflegebett
- Lagerungsrolle
- Toilettensitzerhöhung mit Armlehne
- Einmalhandschuhe
- saugende Inkontinenzhosen, anatomisch geformt
- Pflegecreme
- feuchte Toiletten- bzw. Reinigungstücher
- Desinfektionsmittel
- Elektrorollstuhl, eigenständig bedienbar
- Hausnotrufsystem

Ist zur Erreichung des Erfolgs der Krankenbehandlung eine ambulante Versorgung des Versicherten nicht ausreichend, kann ärztlicherseits eine **Krankenhausbehandlung** nach § 39 SGB V verordnet werden (§ 73 Abs. 2 Satz 1 Nr. 7 i.V.m. Abs. 4 SGB V). Bei ihr handelt es sich um eine sog. Komplexleistung, die insbesondere ärztliche Behandlung, Krankenpflege, die Versorgung mit Arznei-, Verband-, Heil- und Hilfsmitteln sowie Unterkunft und Verpflegung umfasst (§ 39 Abs. 1 Satz 3 SGB V); sie erfolgt regelmäßig vollstationär, kann aber auch teilstationär, vor- und nachstationär oder bei bestimmten Indikationen und Krankheitsbildern ambulant erbracht werden (§§ 115a ff. SGB V).

Anders als im ambulanten Sektor existiert bei der Krankenhausbehandlung kein bestimmter Katalog abrechenbarer bzw. zu erbringender Leistungen; in diesem Bereich erfolgt vielmehr eine Abrechnung nach diagnosebezogenen Fallpauschalen (Kap. 4.1.2.1.2). Dementsprechend umfasst das Leistungsspektrum der Krankenhäuser sämtliche sog. allgemeine Krankenhausleistungen, also alle Leistungen, „die unter Berücksichtigung der Leistungsfähigkeit des Krankenhauses im Einzelfall nach Art und Schwere der Krankheit für die medizinisch zweckmäßige und ausreichende Versorgung des Patienten notwendig sind" (§ 2 Abs. 2 KHEntgG; ähnlich § 39 Abs. 1 Satz 3 SGB V); sie sind insofern von den sog. Wahlleistungen abzugrenzen, für deren Kosten die Versicherten grundsätzlich selbst aufkommen müssen (Kap. 4.2.3).

Eine Leistung, die sich inhaltlich an der Schnittstelle zwischen ärztlicher und pflegerischer Versorgung der Versicherten bewegt (hierzu daher auch Kap. 3.3.2.2.5), gesetzessystematisch aber als Bestand der Krankenbehandlung verstanden wird, ist die ebenfalls ärztlich zu verordnende **häusliche Krankenpflege** nach § 37 SGB V (§ 73 Abs. 2 Satz 1 Nr. 7 SGB V). Sie wird durch zugelassene ambulante Pflegedienste als sog. Krankenhausersatzpflege, Unterstützungspflege und Behandlungssicherungspflege erbracht; bei den insofern in Betracht kommenden Maßnahmen kann es sich um die Grundpflege, die Behandlungspflege und die hauswirtschaftliche Versorgung handeln (Abb. 20). Die Grundpflege (im Recht der sozialen Pflegeversicherung begrifflich *körperbezogene Pflegemaßnahmen* [Kap. 3.3.1.2.3]) umfasst dabei alle allgemeinen pflegerischen Maßnahmen nichtmedizinischer Art zur Befriedigung allgemeiner menschlicher Grundbedürfnisse, wie etwa die Körperpflege, die Ernährung oder die Mobilität, während sich die Behandlungspflege auf krankheitsspezifische Maßnahmen erstreckt, die dem Grunde nach zur ärztlichen Behandlung gehören, von Ärzten jedoch üblicherweise an Pflegekräfte delegiert werden (Kap. 2.4.2) (z.B. Verbandwechsel oder das Applizieren von Arzneimitteln); bei der hauswirtschaftlichen Versorgung (im Recht der sozialen Pflegeversicherung *begrifflich Hilfen bei der Haushaltsführung* [Kap. 3.3.1.2.3]) geht es um Maßnahmen, die zur Aufrechterhaltung der grundlegenden Anforderungen einer eigenständigen Haushaltsführung allgemein notwendig und dabei auf die Person des Versicherten bezogen sind (z. B. die Zubereitung von Mahlzeiten).

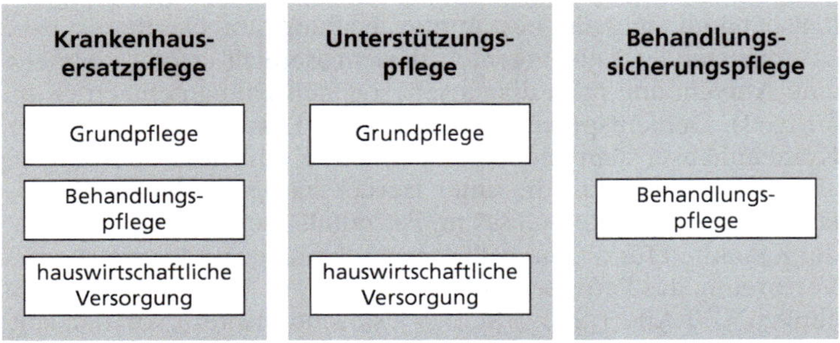

Abb. 20: Arten und Umfang der häuslichen Krankenpflege nach § 37 SGB V

Die **Krankenhausersatzpflege** nach § 37 Abs. 1 SGB V wird im häuslichen Bereich des Versicherten erbracht, wenn eine Krankenhausbehandlung nach § 39 SGB V zwar indiziert, sie aber nicht ausführbar ist, oder wenn sie durch die häusliche Krankenpflege vermieden oder verkürzt werden kann. Da sie mithin die Krankenhausbehandlung als Komplexleistung ersetzen soll, umfasst die häusliche Krankenpflege in der Form der Krankenhausersatzpflege entsprechend breite Maßnahmen, also sowohl die im Einzelfall erforderliche Grund- und Behandlungspflege sowie die hauswirtschaftliche Versorgung. Der Anspruch besteht bis zu vier Wochen je Krankheitsfall; in begründeten Ausnahmefällen kann die Krankenkasse die häusliche Krankenpflege auch für einen längeren Zeitraum bewilligen.

Unterstützungspflege nach § 37 Abs. 1a SGB V ist möglich, wenn der Versicherte aufgrund einer schweren Krankheit oder wegen der akuten Verschlimmerung einer Krankheit (insbesondere nach einer Krankenhausbehandlung) vorübergehend Unterstützung benötigt und (noch) keine Pflegebedürftigkeit im Sinne der sozialen Pflegeversicherung vorliegt bzw. diese noch nicht attestiert worden ist (Kap. 3.3.1.1.2). Da die Pflegekasse hier dem Grunde nach körperbezogene Pflegemaßnahmen bzw. pflegerische Betreuungsmaßnahmen und Hilfen bei der Haushaltsführung erbringen würde (§ 36 Abs. 1 SGB XI [Kap. 3.3.1.2.3]), umfasst die Unterstützungspflege entsprechend die Grundpflege sowie die hauswirtschaftliche Versorgung. Sie kann ebenfalls für vier Wochen im Krankheitsfall und nur im Ausnahmefall für einen längeren Zeitraum erbracht werden. Darüber hinaus ist sie mit der Behandlungssicherungspflege nach § 37 Abs. 2 SGB V kombinierbar.

Diese **Behandlungssicherungspflege** ist als häusliche Krankenpflege nach § 37 Abs. 2 SGB V angezeigt, wenn sie zur Sicherung des Ziels der ärztlichen Behandlung erforderlich ist. Da es sich also um eine primär medizinische Maßnahme handelt, besteht im Rahmen der Behandlungssicherungspflege nur Anspruch auf Maßnahmen der Behandlungspflege. Die Krankenkassen können in ihren Satzungen jedoch bestimmen, dass als häusliche Krankenpflege zusätzlich zur Behandlungspflege auch Grundpflege und hauswirtschaftliche Versorgung erbracht wird; dabei können Dauer und Umfang der Grundpflege und der hauswirtschaftlichen Versorgung ebenfalls durch die Satzung bestimmt werden.

Eine besondere Form der Behandlungssicherungspflege stellen die **Maßnahmen der außerklinischen Intensivpflege** nach § 37c SGB V dar, die Versicherte mit einem besonders hohen Bedarf an medizinischer Behandlungspflege beanspruchen können. Dieser liegt insbesondere dann vor, wenn die gesundheitliche Situation der behandlungs- bzw. pflegebedürftigen Person die ständige Anwesenheit bzw. Einsatzbereitschaft einer geeigneten Pflegefachkraft erfordert, wie es regelmäßig etwa bei beatmeten oder tracheotomierten Versicherten der Fall ist. Die Leistung kann dabei etwa im Haushalt oder in der Familie des Betroffenen, darüber hinaus aber unter anderem auch in einem Pflegeheim erbracht werden.

Insgesamt kann die häusliche Krankenpflege – unabhängig von ihrer Art – nur dann erbracht werden, wenn und soweit der Versicherte die erforderlichen Maßnahmen nicht selbst durchführen oder eine in seinem Haushalt lebende Person ihn nicht in dem erforderlichen Umfang pflegen bzw. unterstützen kann (§ 37 Abs. 3 SGB V). Sofern die im Haushalt des Versicherten lebende Person Teilbereiche der häuslichen Krankenpflege durchführen kann, besteht nur ein entsprechender Teilanspruch auf häusliche Krankenpflege.

Als letzte Leistung im Bereich der Kuration ist die **Soziotherapie** nach § 37a SGB V zu nennen. Auf sie haben Versicherte Anspruch, die wegen einer schweren psychischen Erkrankung nicht in der Lage sind, ärztliche oder ärztlich verordnete Leistungen selbständig in Anspruch zu nehmen, und bei denen durch die Leistungserbringung eine ansonsten erforderliche Krankenhausbehandlung nach § 39 SGB V abgewendet werden kann. Die Soziotherapie umfasst die im Einzelfall erforderliche Koordinierung der verordneten Leistungen sowie die Anleitung und Motivation zu deren Inanspruchnahme und kann pro Krankheitsfall für höchstens 120 Stunden innerhalb von drei Jahren in Anspruch genommen werden. Details hat der *Gemeinsame Bundesausschuss* in der sog. *Soziotherapie-Richtlinie* festgelegt.

3.3.2.2.3 Rehabilitation

Nach § 11 Abs. 2 Satz 1 SGB V haben Versicherte neben der Krankenbehandlung Anspruch auf **Leistungen zur medizinischen Rehabilitation**, wenn diese notwendig sind, um eine Behinderung oder eine Pflegebedürftigkeit abzuwenden, zu beseitigen, zu mindern, auszugleichen, ihre Verschlimmerung zu verhüten oder ihre Folgen zu mildern. Dieses Ziel soll zunächst mit den **Maßnahmen der Krankenbehandlung** nach §§ 27 ff. SGB V erreicht werden (Kap. 3.3.2.2.2), also vor allem mit ärztlicher Behandlung und der Versorgung mit Arznei-, Heil- und Hilfsmitteln; eine Differenzierung zwischen Akutbehandlung und medizinischer Rehabilitation findet im Recht der gesetzlichen Krankenversicherung auf ambulanter Ebene also nicht statt.

Reichen diese Maßnahmen nicht aus, erbringt die Krankenkasse aus medizinischen Gründen erforderliche **teilstationäre Rehabilitationsleistungen** in speziellen Rehabilitationseinrichtungen als medizinische Komplexleistung ohne Unterkunft und Verpflegung (§ 40 Abs. 1 SGB V). Erst wenn auch diese Leistungen nicht hinreichen, um das Ziel der Rehabilitation zu erreichen, sieht das Gesetz in § 40 Abs. 2 SGB V als dritte und letzte mögliche Versorgungsform die **stationäre Rehabilitation** mit Unterkunft und Verpflegung in einer zertifizierten Rehabilitationseinrichtung vor. Hinzu kommt die Gewährung von Belastungserprobung und Arbeitstherapie nach § 42 SGB V sowie die Erbringung bestimmter ergänzender Leistungen zur Rehabilitation nach § 43 SGB V.

Aufgabe von Pflegefachkräften ist es nach § 5 Abs. 3 Nr. 1 lit. g PflBG unter anderem, individuelle Fähigkeiten zu pflegender Menschen insbesondere im Rahmen von Rehabilitationskonzepten zu erhalten bzw. wiederherzustellen. Informieren Sie sich daher anhand der genannten Paragraphen sowie des Internetauftritts Ihrer Krankenkasse, welche (flankierenden) Rehabilitationsmaßnahmen im Falle (drohender) Pflegebedürftigkeit genau zum Leistungskatalog der gesetzlichen Krankenversicherung gehören.

3.3.2.2.4 Palliativ- und Hospizversorgung

Die palliative Versorgung der Versicherten mit **Maßnahmen der Schmerztherapie und der Systemkontrolle** findet sich im Leistungskatalog der gesetzlichen Krankenversicherung an mehreren Stellen. So legt zunächst § 37 Abs. 2b SGB V fest, dass die häusliche Krankenpflege als Krankenhausersatz- und Behandlungssicherungspflege (Kap. 3.3.2.2.2) auch die ambulante Palliativversorgung umfasst. Weitere (originäre) Leistungen dieses Versorgungsbereichs finden sich darüber hinaus vor allem in der spezialisierten ambulanten Palliativversorgung nach § 37b SGB V und bei den Hospizleistungen nach § 39a SGB V; hinzu kommt die Palliativ- und Hospizberatung durch die Krankenkassen nach § 39b SGB V.

Die spezialisierte ambulante **Palliativversorgung** nach § 37b SGB V umfasst ärztliche und pflegerische Leistungen einschließlich ihrer Koordination insbesondere zur Schmerztherapie und Symptomkontrolle und zielt darauf ab, die Betreuung derjenigen Versicherten in der vertrauten Umgebung zu ermöglichen, die an einer nicht heilbaren und weit fortgeschrittenen Erkrankung bei einer zugleich begrenzten Lebenserwartung leiden und daher eine besonders aufwändige Versorgung benötigen. Versicherte in stationären Hospizen haben einen Anspruch auf die Teilleistung der erforderlichen ärztlichen Versorgung.

§ 39a SGB V statuiert darüber hinaus einen Anspruch der Versicherten auf bestimmte **Hospizleistungen**, die unheilbar Kranken in ihrer letzten Lebensphase ein menschenwürdiges Leben bis zum Tod ermöglichen sollen. Nach § 39a Abs. 1 SGB V erhalten Versicherte, die keiner Krankenhausbehandlung (mehr) bedürfen, einen Zuschuss zu stationärer oder teilstationärer Versorgung in

Hospizen, in denen palliativ-medizinische Behandlung erbracht wird, wenn eine ambulante Versorgung – etwa im Rahmen der spezialisierten ambulanten Palliativversorgung nach § 37b SGB V – nicht erbracht werden kann. Bei diesem Zuschuss handelt es sich um eine Geldleistung der Krankenkasse, mit der sie sich an den anfallenden Tagespauschalen des Hospizes beteiligt, die der Versicherte bzw. seine Angehörigen grundsätzlich aus eigenen Mitteln aufbringen müssen (sog. **individuelle Hospizförderung**). Nutzen Versicherte, die keiner Krankenhausbehandlung und keiner stationären oder teilstationären Versorgung in einem Hospiz bedürfen, die Dienstleistung eines ambulanten Hospizdienstes, der qualifizierte ehrenamtliche Sterbebegleitung in deren Haushalt, in der Familie, in einer stationären Pflegeeinrichtung oder in einem Krankenhaus erbringt, ist dies für die Betroffenen bzw. deren Angehörige häufig kostenlos; die Krankenkassen müssen entsprechende Hospizdienste beim Vorliegen bestimmter Qualitätsstandards jedoch nach § 39a Abs. 2 SGB V durch angemessene Zuschüsse zu deren notwendigen Personal- und Sachkosten fördern (sog. **institutionelle Hospizförderung**).

3.3.2.2.5 Pflege

Zu den pflegebezogenen Leistungen der gesetzlichen Krankenversicherung gehören zunächst die unterschiedlichen Maßnahmen der **häuslichen Krankenpflege** nach § 37 SGB V, die gesetzessystematisch zwar der Krankenbehandlung zugeordnet werden (Kap. 3.3.2.2.2), gleichwohl jedoch von den Leistungen der sozialen Pflegeversicherung und hier insbesondere von den Pflegesachleistungen nach § 36 SGB XI abzugrenzen sind (Tab. 15).

Tab. 15: Abgrenzung der häuslichen Krankenpflege nach § 37 SGB V von den Pflegesachleistungen nach § 36 SGB XI

<table>
<tr><td colspan="2" rowspan="2"></td><td colspan="2">Leistungspflicht der …</td></tr>
<tr><td>gesetzlichen Krankenversicherung</td><td>sozialen Pflegeversicherung</td></tr>
<tr><td rowspan="3">Leistungen der häuslichen Krankenpflege</td><td>Unterstützungspflege</td><td>Grundpflege und hauswirtschaftliche Versorgung nach § 37 Abs. 2a SGB V bei Pflegegrad 0 oder 1</td><td>körperbezogene Pflegemaßnahmen und Hilfen bei der Haushaltsführung nach § 36 SGB XI bei Pflegegrad 2-5</td></tr>
<tr><td>Behandlungssicherungspflege</td><td>Behandlungspflege nach § 37 Abs. 2 SGB V</td><td>körperbezogene Pflegemaßnahmen und Hilfen bei der Haushaltsführung nach § 36 SGB XI</td></tr>
<tr><td>Krankenhausersatzpflege</td><td>Behandlungspflege, Grundpflege und hauswirtschaftliche Versorgung nach § 37 Abs. 1 SGB V</td><td>keine Pflegesachleistungen (Ruhen des Leistungsanspruchs)</td></tr>
</table>

Hinsichtlich der **Unterstützungspflege** nach § 37 Abs. 1a SGB V gilt diesbezüglich, dass diese nur bei einer Pflegebedürftigkeit bis zum Pflegegrad 1 erbracht wird, während die entsprechende Leistung der sozialen Pflegeversicherung eine Pflegebedürftigkeit mindestens mit dem Pflegegrad 2 voraussetzt. Wegen dieser jeweils spezifischen Anspruchsvoraussetzungen der beiden Leistungen sind Leistungskonkurrenzen also dem Grunde nach ausgeschlossen. Anders verhält es sich mit der häuslichen Krankenpflege in Form der Krankenhausersatzpflege nach § 37 Abs. 1 SGB V und der Behandlungssicherungspflege nach § 37 Abs. 2 SGB V, die sich mit den Pflegesachleistungen nach § 36 SGB XI überschneiden und insofern mit ihnen konkurrieren können.

Während die **Behandlungssicherungspflege** nach § 37 Abs. 2 SGB V – dem Begriff entsprechend – ausschließlich Maßnahmen der Behandlungspflege umfasst, sollen die Leistungen der häuslichen Pflege nach § 36 SGB XI die Grundpflege (hier begrifflich: körperbezogene Pflegemaßnahmen und pflegerische Betreuungsmaßnahmen) sowie die hauswirtschaftliche Versorgung (hier begrifflich: Hilfen bei der Haushaltsführung) der Pflegebedürftigen sicherstellen. Leistungsüberschneidungen sind damit dem Grunde nach ausgeschlossen, weshalb die Leistungen der gesetzlichen Kranken- und der sozialen Pflegeversicherung insofern grundsätzlich parallel erbracht werden können.

Demgegenüber umfassen die Leistungen der **Krankenhausersatzpflege** nach § 37 Abs. 1 SGB V neben der Behandlungspflege zusätzlich auch die Grundpflege und die hauswirtschaftliche Versorgung, so dass sie dem Grunde nach den gesamten Pflege- bzw. Hilfebedarf der pflegebedürftigen Person abdecken. Eine Abgrenzung zu den Leistungen bei häuslicher Pflege nach § 36 SGB XI ist damit zwingend erforderlich. Dabei kann das Konkurrenzverhältnis im Bereich der Grundpflege bzw. der körperbezogenen Pflege und der hauswirtschaftlichen Versorgung bzw. den Hilfen bei der Haushaltsführung mit Hilfe des § 34 Abs. 2 SGB XI gelöst werden, in dem der Gesetzgeber der Krankenhausersatzpflege Vorrang vor den ambulanten Leistungen nach dem SGB XI einräumt: Soweit die im Rahmen des § 37 Abs. 1 SGB V bewilligten Leistungen der Grundpflege und der hauswirtschaftlichen Versorgung den insgesamt bestehenden Versorgungsbedarf der versicherten Person decken, kommen daneben Leistungen der Pflegeversicherung nach § 36 SGB XI also grundsätzlich nicht (mehr) in Betracht.

Hat eine pflegebedürftige Person mit dem Pflegegrad 2 oder höher einen Hilfebedarf beim regelmäßigen Spritzen von Insulin und bei der Ganzkörperwäsche, kommen grundsätzlich Leistungen sowohl der gesetzlichen Kranken- als auch der sozialen Pflegeversicherung in Betracht. Die Gabe des Insulins kann hier durch einen Pflegedienst im Rahmen der Behandlungssicherungspflege nach § 37 Abs. 2 SGB V erfolgen, die körperbezogene Pflegemaßnahme des Waschens kann derselbe Pflegedienst als Pflegesachleistung nach § 36 Abs. 1 SGB XI durchführen. Bedarf die pflegebedürftige Person Krankenhausersatzpflege, um eine dem Grunde nach indizierte stationäre Behandlung zu vermeiden oder zumindest zu verkürzen, wird von der Krankenkasse sowohl die Grund- als auch die Behandlungspflege gewährt (§ 37 Abs. 1 SGB V); die Pflegesachleistungen der Pflegekasse nach § 36 Abs. 1 SGB XI ruhen in diesem Fall (§ 34 Abs. 2 SGB XI).

Neben der häuslichen Krankenpflege gewähren die Krankenkassen auch **Kurzzeitpflege bei fehlender Pflegebedürftigkeit** (§ 39c SGB V). Es handelt sich hierbei um eine Leistung, die – ähnlich wie die Unterstützungspflege nach § 37 Abs. 1a SGB V – eine Art Bindeglied zu den Leistungen der sozialen Pflegeversicherung darstellen soll, um ansonsten bestehende Versorgungslücken zwischen der Zuständigkeit der gesetzlichen Kranken- und der sozialen Pflegeversicherung zu schließen (Richter 2017, Rdnr. 302 ff.). Danach erbringt die Krankenkasse vollstationäre Kurzzeitpflege in entsprechender Anwendung des § 42 SGB XI (Kap. 3.3.1.2.4), wenn die Leistungen der Unterstützungspflege nach § 37 Abs. 1a SGB V nicht ausreichen, um den (vorübergehenden) Bedarf an pflegerischer Versorgung des Versicherten zu decken, und bei ihm (noch) keine die Leistungspflicht der sozialen Pflegeversicherung begründende Pflegebedürftigkeit i.S.d. § 14 SGB XI festgestellt worden ist (Kap. 3.3.1.1.2). Gemäß § 42 Abs. 2 Satz 1 SGB XI beträgt der Anspruch maximal acht Wochen im Kalenderjahr; erstattet werden nach § 42 Abs. 2 Satz 2 SGB XI höchstens 1.774 €.

Als letzte pflegebezogene Leistung der gesetzlichen Krankenversicherung ist die **Übergangspflege im Krankenhaus** nach § 39e SGB V zu nennen. Sie wird gewährt, wenn im unmittelbaren Anschluss an eine dem Grunde nach nicht mehr indizierte Krankenhausbehandlung erforderliche Leistungen vor allem der häuslichen Krankenpflege, der Kurzzeitpflege, Leistungen zur medizinischen Rehabilitation oder Leistungen nach dem Recht der sozialen Pflegeversicherung nicht oder nur unter einem erheblichen Aufwand erbracht werden können. Die Übergangspflege im Krankenhaus umfasst dabei für längstens zehn Tage je Krankenhausbehandlung unter anderem die Grund- und Behandlungspflege des Versicherten, ein Entlassmanagement, Unterkunft und Verpflegung sowie die im Einzelfall erforderliche ärztliche Behandlung. Sie ist in dem Krankenhaus zu erbringen, in dem auch die ursprüngliche Behandlung erfolgte.

3.3.2.2.6 Akzessorische Nebenleistungen

Bei den sog. akzessorischen Nebenleistungen der gesetzlichen Krankenversicherung handelt es sich um Leistungen, die ausschließlich im Zusammenhang mit einer (anderen) Hauptleistung und insofern nicht eigenständig erbracht werden können. Zu den wichtigsten akzessorischen Nebenleistungen gehören die Haushaltshilfe nach § 38 SGB V und die Fahrkosten nach § 60 SGB V.

Nach § 38 Abs. 1 SGB V kann **Haushaltshilfe** als akzessorische Leistung unter anderem neben einer Krankenhausbehandlung, einer ambulanten oder stationären Rehabilitationsmaßnahme und neben häuslicher Krankenpflege erbracht werden; Grundvoraussetzung ist also prinzipiell das Vorliegen einer Erkrankung und eine daraus resultierende Behandlungsleistung nach §§ 39, 40 f. oder 37 SGB V. Dabei muss die gewährte Hauptleistung kausal dafür sein, dass dem Versicherten die Weiterführung seines Haushalts nicht (mehr) möglich ist; hat er ihn bisher nicht selbst geführt, ist der Anspruch auf Haushaltshilfe folglich ausgeschlossen. Hinzu kommt, dass es einen tatsächlichen Bedarf an der Weiterführung der Haushaltsführung geben muss. Aus diesem Grund kann eine Haushaltshilfe nur dann erbracht werden, wenn in dem Haushalt ein Kind lebt, das jünger als zwölf Jahre oder das behindert und auf Hilfe angewiesen ist (§ 38 Abs. 1 Satz 2 SGB V), und der Haushalt nicht durch eine weitere im Haushalt lebende Person weitergeführt werden kann (§ 38 Abs. 3 SGB V). Die Haushaltshilfe umfasst alle zur Weiterführung des Haushalts erforderlichen Dienstleistungen (also etwa die Betreuung des Kindes, die Erledigung von Einkäufen oder das Reinigen der Wohnräume), kann als Dienst- oder Geldleistung gewährt werden (§ 38 Abs. 4 SGB V) und wird für die gesamte Dauer der ihr zugrunde liegenden Hauptleistung erbracht.

Eine Haushaltshilfe erhalten Versicherte darüber hinaus auch unter den gleichen Voraussetzungen, nach denen die Krankenkasse Unterstützungspflege gemäß § 37 Abs. 1a SGB V erbringen kann (Kap. 3.3.2.2.2), so dass beide Leistungen miteinander kombiniert werden können, wenn einem Versicherten aus einem der dort genannten Gründe die Weiterführung seines Haushalts nicht möglich ist. Der Anspruch besteht in diesem Fall ebenfalls für eine Dauer von maximal vier Wochen; lebt im Haushalt ein Kind, das zu Beginn der Haushaltshilfe das zwölfte Lebensjahr noch nicht vollendet hat oder das behindert und auf Hilfe angewiesen ist, verlängert sich der Anspruch auf längstens 26 Wochen (§ 38 Abs. 1 Satz 3 bis 5 SGB V).

Als weitere akzessorische Nebenleistung ist die Übernahme von **Fahrt- und Transportkosten** nach § 60 SGB V zu nennen, die im Zusammenhang mit einer Leistung der Krankenkasse aus zwingenden medizinischen Gründen anfallen. So erstattet die Kasse die notwendigen Fahrt- und Transportkosten bei

- Leistungen, die stationär erbracht werden,
- Rettungsfahrten zum Krankenhaus (unabhängig davon, ob letztendlich eine stationäre Behandlung erforderlich ist),
- Krankentransporten, also Fahrten von Versicherten, die während der Fahrt einer fachlichen Betreuung oder der besonderen Einrichtungen eines Krankenkraftwagens bedürfen und
- bei Fahrten von Versicherten zu einer ambulanten Krankenbehandlung, zu einer vor- oder nachstationären Behandlung im Krankenhaus oder zu einer ambulanten Operation im Krankenhaus, wenn dadurch eine an sich gebotene vollstationäre oder teilstationäre Krankenhausbehandlung vermieden bzw. verkürzt werden kann.

Im Zusammenhang mit einer ambulanten Behandlung werden Fahrkosten nur in besonderen Ausnahmefällen erstattet, die der *Gemeinsame Bundesausschuss* in der sog. *Krankentransport-Richtlinie* festgelegt hat. Voraussetzung ist danach, dass der Patient mit einem durch eine Grunderkrankung vorgegebenen Therapieschema behandelt wird, das eine hohe Behandlungsfrequenz über einen längeren Zeitraum aufweist, und dass diese Behandlung bzw. der Krankheitsverlauf den Patienten derart beeinträchtigt, dass eine Beförderung zur Vermeidung von schwerwiegenden Gesundheitsbeeinträchtigungen unerlässlich ist; dies ist beispielsweise bei einer Dialysebehandlung oder einer onkologischen Strahlentherapie der Fall. Darüber hinaus können Fahrkosten bei einer ambulanten Behandlung übernommen werden, wenn der Versicherte etwa schwer- und außergewöhnlich gehbehindert i.S.d. § 2 Abs. 2 und § 229 Abs. 3 SGB IX ist oder er nach § 15 SGB XI eine Einstufung in den Pflegegrad 3 oder höher erhalten hat (beim Pflegegrad 3 zusätzlich mit einer dauerhaften Beeinträchtigung der Mobilität) (Kap. 3.3.1.1.2).

Welches Fahrzeug dabei im Einzelfall genutzt werden kann, richtet sich allein nach der medizinischen Notwendigkeit (§ 60 Abs. 1 Satz 2 SGB V). Die insofern erstattungsfähigen Kosten ergeben sich aus § 60 Abs. 3 SGB V. Im Zusammenhang mit den Leistungen zur medizinischen Rehabilitation (Kap. 3.3.2.2.3) werden neben den reinen Fahrkosten auch darüberhinausgehende Reisekosten nach den Maßgaben des § 73 Abs. 1 bis 3 SGB IX übernommen.

4 Pflegerecht aus Sicht der Gesundheitseinrichtungen

Als Erbringer von pflegerischen Leistungen nehmen die Krankenhäuser, die Pflegeheime und die Pflegedienste im Gesundheitswesen eine Art juristische Doppelrolle ein: So stehen sie zum einen in einer rechtlichen Beziehung zu den Kranken- bzw. Pflegekassen, welche sie zur Leistungserbringung zulassen und die von ihnen erbrachten Leistungen honorieren (Kap. 4.1). Zum anderen schließen sie Verträge mit ihren Patienten bzw. Bewohnern oder Klienten, die die rechtliche Grundlage für das unmittelbare Bewirken der Leistungen bzw. für die konkrete Umsetzung der sozialleistungsrechtlichen Ansprüche ihrer Patienten bzw. Pflegebedürftigen darstellen und in denen ihre jeweils wechselseitigen (synallagmatischen) Rechte und Pflichten im Behandlungs- bzw. Pflegeverhältnis normiert werden (Kap. 4.2).

4.1 Leistungserbringerrecht

Nach den einschlägigen leistungsrechtlichen Vorschriften des V. und XI. Buches des *Sozialgesetzbuches* richtet sich der Anspruch der Versicherten auf Gesundheits- bzw. Pflegeleistungen direkt gegen den Leistungs- bzw. Kostenträger, also gegen die zuständige Kranken- bzw. Pflegekasse. Diese erfüllt die Leistungsansprüche ihrer Versicherten indes in den seltensten Fällen selbst bzw. durch eigene Einrichtungen, wie es zumeist in einem staatlichen Gesundheitssystem der Fall ist, oder im Wege der Kostenerstattung, welche ein prägendes Merkmal der privaten Kranken- bzw. Pflegeversicherung ist. Vorherrschend ist vielmehr die Leistungserbringung nach dem sog. Sachleistungsprinzip durch rechtlich und wirtschaftlich selbständige Leistungserbringer, die durch unterschiedlichste Vereinbarungen mit den Kostenträgern zur Versorgung der gesetzlich versicherten Patienten bzw. Pflegebedürftigen berechtigt und verpflichtet sind und dafür von ihnen entsprechend honoriert werden.

4.1.1 Leistungserbringung im System der sozialen Pflegeversicherung

Im Bereich der sozialen Pflegeversicherung liegt die Pflicht zur Gewährleistung einer bedarfsgerechten, gleichmäßigen und anerkannten Standards entsprechenden pflegerischen Versorgung der Versicherten bei den Kosten- und Leistungsträgern, also bei den Pflegekassen selbst (§ 69 SGB XI). Um diesen sog. **Sicherstellungsauftrag** zu erfüllen, können die Pflegekassen individuelle Verträge mit einzelnen geeigneten Pflegekräften eingehen (§ 77 Abs. 1 SGB XI) oder sie als Arbeitnehmerinnen und Arbeitnehmer beschäftigen (§ 77 Abs. 2 SGB XI), üblich ist jedoch der Abschluss von Versorgungsverträgen mit Trägern selbständig wirtschaftender Pflegeeinrichtungen, von denen die Pflegebedürftigen dann versorgt werden können. Zu unterscheiden sind insofern Pflegeheime (stationäre Pflegeeinrichtungen) und Pflegedienste (ambulante Pflegeeinrichtungen) (Kap. 4.1.1.1). Während die Modalitäten des Abschlusses eines Versorgungsvertrages für beide Arten von Pflegeeinrichtungen gleich geregelt sind (Kap. 4.1.1.2), erfolgt die Honorierung der von ihnen erbrachten Leistungen nach unterschiedlichen gesetzlichen Bestimmungen und wirtschaftlichen Grundsätzen (Kap. 4.1.1.3). Geregelt ist das Leistungserbringerrecht in der sozialen Pflegeversicherung (ebenso wie das entsprechende Leistungsrecht) vor allem im XI. Buch des *Sozialgesetzbuches* (SGB XI).

SGB XI

Eine Einführung in das Leistungserbringerrecht der sozialen Pflegeversicherung bietet neben der (nach wie vor lesenswerten) Aufsatzreihe von Marschmann (1996) auch der Band zum Pflegesozialrecht von Griep und Renn (2017, Teil 2 Kap. 13 bis 16); zu den Pflegesatzverhandlungen für ambulante und stationäre Pflegeeinrichtungen siehe speziell Kaminski (2020).

4.1.1.1 Arten von Pflegeeinrichtungen

Korrespondierend mit dem Leistungsspektrum der sozialen Pflegeversicherung (Kap. 3.3.1.2) wird bei den Erbringern von Pflegeleistungen zwischen ambulanten Pflegeeinrichtungen (**Pflegedienste**) und stationären Pflegeeinrichtungen (**Pflegeheime**) unterschieden.

In § 71 Abs. 1 SGB XI werden *Pflegedienste* definiert als selbständig wirtschaftende Einrichtungen, die Pflegebedürftige in ihrer Wohnung mit Leistungen der häuslichen Pflegehilfe i. S. d. § 36 SGB XI versorgen. Demgegenüber handelt es sich bei *Pflegeheimen* nach § 71 Abs. 2 SGB XI um selbständig wirtschaftende Einrichtungen, in denen Pflegebedürftige gepflegt werden und ganztägig (vollstationär) oder nur tagsüber oder nur nachts (teilstationär) untergebracht und verpflegt werden können; in ihnen werden folglich primär Leistungen nach §§ 41 bis 43 SGB XI erbracht.

Dabei muss die Leistungserbringung in beiden Fällen unter ständiger Verantwortung einer ausgebildeten Pflegefachkraft erfolgen. Welche Voraussetzungen diese regelmäßig als **Pflegedienstleitung** bezeichnete Person mitbringen muss, wird in § 71 Abs. 3 SGB XI beschrieben. Danach muss sie eine einschlägige Berufsausbildung in der Pflege abgeschlossen haben (Kap. 2.1) und eine praktische Berufserfahrung in dem erlernten Ausbildungsberuf von zwei Jahren innerhalb der letzten acht Jahre nachweisen können. Zudem ist für die Anerkennung als verantwortliche Pflegefachkraft Voraussetzung, dass die Person eine Weiterbildungsmaßnahme für leitende Funktionen von regelmäßig mindestens 460 Stunden absolviert hat. In einigen Bundesländern werden diese Erfordernisse an die leitende Pflegekraft noch weiter konkretisiert.

1. Bitte recherchieren Sie, welche spezifischen Voraussetzungen in Ihrem Bundesland gegeben sein müssen, um als Pflegedienstleitung in einer Pflegeeinrichtung nach § 71 Abs. 1 bzw. 2 SGB XI tätig werden zu dürfen.
2. Bitte informieren Sie sich, ob das von Ihnen absolvierte Studium die Kriterien an die Weiterbildungsmaßnahme für leitende Funktionen in einer Pflegeeinrichtungen nach § 71 Abs. 3 SGB XI erfüllt.

4.1.1.2 Abschluss von Versorgungsverträgen

Nach § 72 Abs. 1 Satz 1 SGB XI dürfen die Pflegekassen ambulante und stationäre Pflegeleistungen nur durch Pflegeeinrichtungen gewähren, mit denen ein Versorgungsvertrag besteht (sog. **zugelassene Pflegeeinrichtungen**). Der Abschluss eines solchen Versorgungsvertrages setzt neben der Erfüllung der in § 71 SGB XI genannten Merkmale (Kap. 4.1.1.1) vor allem voraus, dass die Pflegeeinrichtung

- eine leistungsfähige und wirtschaftliche pflegerische Versorgung der Versicherten gewährleisten kann,
- ihre in der Pflege und der Betreuung von Pflegebedürftigen tätigen Beschäftigten nach kollektivrechtlichen Regelungen (Tarifverträge bzw. kirchenrechtliche Arbeitsvertragsregelungen) oder nach dem durchschnittlichen Niveau dieser Regelungen entlohnt (sog. Tariftreueregelungen) (Kaminski 2022; Bieback 2023),
- sie sich zur Einführung und Weiterentwicklung eines Qualitätsmanagementsystems sowie zur Umsetzung von Expertenstandards verpflichtet und sich verpflichtet, die ordnungsgemäße Durchführung von Qualitätsprüfungen zu ermöglichen

(§ 72 Abs. 3 Satz 1 Halbsatz 1 SGB XI). Beim Vorliegen der entsprechenden Voraussetzungen hat der Träger der Pflegeeinrichtung einen Anspruch auf den Abschluss eines Versorgungsvertrages (§ 72 Abs. 3 Satz 1 Halbsatz 2 SGB XI); es findet also – anders als beispielsweise im Bereich der Sicherstellung der Krankenhausversorgung (Kap. 4.1.2.1.1) – keine Bedarfsplanung statt.

Mit dem Abschluss des Versorgungsvertrages werden Vereinbarungen über Art, Inhalt sowie Umfang der zu erbringenden Pflegeleistungen getroffen (sog. **Versorgungsvereinbarung**) (§ 72 Abs. 1 Satz 2 SGB XI) sowie (bei ambulanten Pflegediensten) die Einzugsbereiche bestimmt, in denen die Pflegeleistungen zu erbringen sind (§ 72 Abs. 3 Satz 3 SGB XI); zudem wird die Pflegeeinrichtung im Rahmen ihres Versorgungsauftrages zur pflegerischen Versorgung der Versicherten nicht nur berechtigt, sondern auch verpflichtet (§ 72 Abs. 5 SGB XI).

4.1.1.3 Honorierung der erbrachten Leistungen

Für die erbrachten Leistungen sind die Pflegeeinrichtungen leistungsgerecht zu vergüten (§ 82 Abs. 1 SGB XI). Zu beachten ist indes, dass die Leistungen der sozialen Pflegeversicherung nicht bedarfsdeckend sind und ihr insofern eher der Charakter einer Teilkaskoversicherung zukommt. Dies führt dazu, dass die Erstattungsbeträge der Pflegekassen in aller Regel nur einen Teil der anfallenden Kosten abdecken und die Versicherten den übersteigenden Betrag grundsätzlich selber aufbringen müssen (Kap. 3.3.1.2).

4.1.1.3.1 Pflegeheime

Die Vergütung der von den Pflegeheimen erbrachten Leistungen setzt sich aus den Entgelten für die allgemeinen Pflegeleistungen, den Entgelten für Unterkunft und Verpflegung, den Investitionskosten und gegebenenfalls den Entgelten für Zusatzleistungen zusammen (Abb. 21). Hinzu kommen die Kosten für die Vergütung der Auszubildenden eines Pflegeheims, die bei der Kalkulation der allgemeinen Pflegeleistungen berücksichtigt werden können (§ 82a SGB XI). Sämtliche Vergütungsbestandteile sind dabei für jedes Pflegeheim individuell zu vereinbaren.

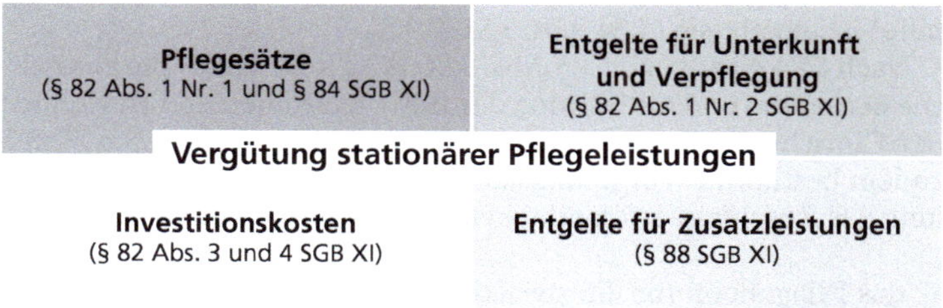

Abb. 21: Vergütung der Leistungen stationärer Pflegeeinrichtungen

Bei den **Pflegesätzen** nach § 84 SGB XI handelt es sich um die Entgelte für die teil- oder vollstationären Pflegeleistungen des Pflegeheims einschließlich der sozialen Betreuung; soweit keine Leistungen der außerklinischen Intensivpflege nach § 37c SGB V beansprucht werden können (Kap. 3.3.2.2.2), umfassen sie auch die notwendigen Maßnahmen der medizinischen Behandlungspflege (§ 84 Abs. 1 Satz 1 SGB XI). Entsprechend den fünf Pflegegraden nach § 15 SGB XI (Kap. 3.3.1.1.2) sind auch die Pflegesätze nach dem Versorgungsaufwand zu staffeln, der bei den Bewohnerinnen und Bewohnern nach Art und Schwere ihrer Pflegebedürftigkeit anfällt (§ 84 Abs. 2 Satz 2 SGB XI). Unter Berücksichtigung der nach oben gedeckelten Leistungssätze gemäß § 43 SGB XI sind dabei auch sog. **einrichtungseinheitliche Eigenanteile** der Versicherten auszuweisen (§ 84 Abs. 2 Satz 3 SGB XI), die von diesen unabhängig vom festgestellten Pflegegrad selbst aufgebracht werden müssen.

Um zu verhindern, dass sich pflegebedürftige Heimbewohner aus Sorge um eine höhere finanzielle Eigenbeteiligung an den Pflegekosten trotz erhöhten Pflegebedarfs einem Antrag auf Einstufung in einen höheren Pflegegrad verweigern, dürfen Bewohnern mit einem Pflegegrad 5 also keine höheren Eigenanteile aufgebürdet werden als etwa Bewohnern mit dem Pflegegrad 2.

Zudem sind die Pflegesätze für alle Bewohner des Pflegeheimes nach einheitlichen Grundsätzen zu bemessen; eine Differenzierung nach Kostenträgern (z.B. nach Selbstzahlern, Leistungsbeziehern der Pflegeversicherung und Empfängern ergänzender Sozialhilfe) ist unzulässig (§ 84 Abs. 3 SGB XI).

Nach § 84 Abs. 8 und § 85 Abs. 8 SGB XI können für die **zusätzliche Betreuung und Aktivierung** der Bewohnerinnen und Bewohner der Einrichtung (Leistungen nach § 43b SGB XI [Kap. 3.3.1.2.5]) zudem bestimmte Vergütungszuschläge gezahlt werden. Die Zahlung des Zuschlags erfolgt dabei unter der Voraussetzung, dass

- das Pflegeheim für die zusätzliche Betreuung und Aktivierung der Pflegebedürftigen über zusätzliches, i.d.R. sozialversicherungspflichtig beschäftigtes Betreuungspersonal verfügt,
- für i.d.R. 20 Bewohnerinnen und Bewohner eine Betreuungskraft in Vollzeit finanziert wird,
- der Vergütungszuschlag nicht berechnet wird, soweit die zusätzliche Betreuung und Aktivierung nicht erbracht wird, und
- die Pflegebedürftigen mit diesen Zuschlägen weder ganz noch teilweise belastet werden.

Verhandelt und vereinbart werden die Pflegesätze zwischen dem Träger der Einrichtung einerseits und den Pflegekassen sowie dem für die Bewohner des Pflegeheims örtlich zuständigen Sozialhilfeträger andererseits (§ 85 SGB V). Sie müssen es dem Träger des Pflegeheims bei wirtschaftlicher Betriebsführung und unter Berücksichtigung einer angemessenen Vergütung seines unternehmerischen Risikos ermöglichen, die Aufwendungen der Pflegeeinrichtung zu finanzieren und den ihm im Versorgungsvertrag erteilten Versorgungsauftrag zu erfüllen (Kap. 4.1.1.2). Neben den Pflegesätzen sind in der Pflegesatzvereinbarung auch die wesentlichen **Leistungs- und Qualitätsmerkmale** der Einrichtung festzulegen (§ 84 Abs. 5 SGB XI). Hierzu gehören insbesondere

- die Zuordnung des voraussichtlich zu versorgenden Personenkreises sowie Art, Inhalt und Umfang der Leistungen, die von der Einrichtung erwartet werden,
- die von der Einrichtung für den voraussichtlich zu versorgenden Personenkreis individuell vorzuhaltende personelle Ausstattung (gegliedert nach Berufsgruppen) sowie
- Art und Umfang der Ausstattung der Einrichtung mit Verbrauchsgütern.

Von besonderer Relevanz ist dabei die Vereinbarung der **Personalausstattung**. Seit Mitte des Jahres 2023 bestimmt § 113c SGB XI in diesem Zusammenhang sog. Personalanhaltswerte, die zum einen nach den Pflegegraden der Bewohnerinnen und Bewohner und zum anderen nach der Qualifikation des Pflegepersonals gestaffelt sind.

Nach den Personalanhaltswerten des § 113c Abs. 1 SGB XI dürfen stationäre Pflegeeinrichtungen bei den Pflegesatzverhandlungen beispielsweise pro Bewohner mit dem Pflegegrad 5 folgende Personalbemessung berücksichtigen bzw. ansetzen:

- bis zu 0,3842 Vollzeitstellen einer Pflegefachkraft
- bis zu 0,1102 Vollzeitstellen einer Hilfskraft mit einer mindestens einjährigen Assistentenausbildung
- bis zu 0,1758 Vollzeitstellen einer Hilfskraft ohne eine entsprechende Ausbildung

Der Rahmen der von den Pflegeheimen einzuhaltende Personalschlüssel wird dabei auf Landesebene in den Verträgen nach § 75 SGB XI zwischen den Landesverbänden der Pflegekassen und den Trägern der Pflegeeinrichtungen des entsprechenden Bundeslandes vereinbart. Bitte recherchieren Sie, welche Maßgaben zur Bemessung des Personalbedarfs bzw. welche Personalrichtwerte für stationäre Pflegeeinrichtungen in Ihrem Bundesland gelten.

§ 84 Abs. 6 SGB XI bestimmt ergänzend, dass der Träger der Einrichtung verpflichtet ist, mit der vereinbarten personellen Ausstattung die Versorgung der Pflegebedürftigen jederzeit sicherzustellen; er hat bei Personalengpässen oder -ausfällen durch geeignete Maßnahmen des Personalmanagements zu gewährleisten, dass die Versorgung der Pflegebedürftigen nicht beeinträchtigt wird.

Anders als die Pflegevergütung sind die Kosten für die **Unterkunft** und die **Verpflegung** nach § 87 SGB XI vom versicherten Bewohner grundsätzlich selbst zu tragen (§ 82 Abs. 1 Satz 4 SGB XI). Gleichwohl werden auch sie mit den Pflegekassen verhandelt, damit sichergestellt ist, dass die zu zahlenden Kosten in einem angemessenen Verhältnis zu den erbrachten Leistungen stehen; die Pflegekassen fungieren in diesem Bereich damit als eine Art Sachwalter für die Interessen ihrer Versicherten (Gerlinger/Rosenbrock 2024, 435). Die Entgelte für die Unterkunft und die Verpflegung müssen dabei getrennt voneinander vereinbart werden.

Schließlich dürfen den Heimbewohnern **Investitionskosten** in Rechnung gestellt werden, die nicht durch öffentliche Fördermaßnahmen gedeckt sind (§ 82 Abs. 2 bis 4 SGB XI). Hintergrund ist, dass es nach § 9 SGB XI – ähnlich wie bei der Infrastrukturverantwortung für die Krankenhauslandschaft (Kap. 4.1.2.1.1) – Aufgabe der Bundesländer ist, für die Vorhaltung einer leistungsfähigen, zahlenmäßig ausreichenden und wirtschaftlichen pflegerischen Versorgungsstruktur zu sorgen. Aufgrund dieser **Infrastrukturverantwortung der Länder** dürfen Investitionskosten bei der Heimvergütung nur veranschlagt werden, sofern bzw. soweit keine öffentliche Förderung aus Landesmitteln erfolgt.

Die drei beschriebenen Abrechnungspositionen (Pflegesatz, Entgelte für Unterkunft und Verpflegung sowie die gesondert berechenbaren Investitionskosten) bilden das sog. **Gesamtheiment-**

gelt nach § 87a SGB XI, das für jeden Tag des Heimaufenthalts erhoben werden kann (§ 87a Abs. 1 Satz 1 SGB XI). Die dem pflegebedürftigen Heimbewohner nach den §§ 41 bis 43 SGB XI zustehenden Leistungsbeträge (Kap. 3.3.1.2.4 und 3.3.1.2.5) sind von seiner Pflegekasse mit befreiender Wirkung unmittelbar an das Pflegeheim zu zahlen (§ 87a Abs. 3 SGB XI). Der zum Gesamtheimentgelt verbleibende Teil ist vom Bewohner grundsätzlich selber aufzubringen und an die Pflegeeinrichtung zu zahlen; im Falle der Bedürftigkeit greift das Leistungssystem der Sozialhilfe (Kap. 3.3.1.2.6). Für den Fall, dass der Bewohner für eine Zeit von mehr als drei Tagen vorübergehend abwesend sein muss (etwa für einen Krankenhausaufenthalt oder eine stationäre Rehabilitationsmaßnahme), sind für die Entgeltbestandteile der Pflegevergütung und der Kosten für die Unterkunft und die Verpflegung regelmäßig 25 % der Kosten in Abschlag zu bringen (§ 87a Abs. 1 Satz 7 SGB XI).

Unter bestimmten Voraussetzungen können die Vertragspartner des Heimvertrages (Kap. 4.2.5) zudem besondere Komfortleistungen bei Unterkunft und Verpflegung oder zusätzliche pflegerisch-betreuerische Leistungen vereinbaren (§ 88 SGB XI). Die für diese **Zusatzleistungen** anfallende Entgelte sind allein vom Bewohner zu tragen.

4.1.1.3.2 Pflegedienste

Auch die Vergütung der ambulanten Leistungen der häuslichen Pflegehilfe wird zwischen dem Träger der Pflegeeinrichtung (hier also zwischen dem des Pflegedienstes) und den Leistungsträgern (vor allem den Pflegekassen und den Sozialhilfeträgern, die örtlich für die durch den Pflegedienst versorgten Klientinnen und Klienten zuständig sind) für alle Pflegebedürftigen nach einheitlichen Grundsätzen vereinbart (§ 89 SGB XI). Sie muss leistungsgerecht sein und es einem Pflegedienst bei wirtschaftlicher Betriebsführung ermöglichen, seine Ausgaben unter Berücksichtigung einer angemessenen Vergütung des Unternehmerrisikos zu decken und seinen Versorgungsauftrag zu erfüllen (§ 89 Abs. 1 SGB XI). Möglich ist dabei eine **Honorierung der Leistungen** nach dem für sie erforderlichen Zeitaufwand oder unabhängig vom Zeitaufwand nach dem Leistungsinhalt des jeweiligen Pflegeeinsatzes, nach Komplexleistungen oder in Ausnahmefällen auch nach Einzelleistungen; sonstige Leistungen, wie hauswirtschaftliche Versorgung, Behördengänge oder Fahrkosten, können auch mit Pauschalen vergütet werden (§ 89 Abs. 3 SGB XI).

In der Versorgungslandschaft hat sich dabei eine **Vergütung nach Leistungskomplexen** durchgesetzt, in denen einzelne pflegerische bzw. hauswirtschaftliche Tätigkeiten zusammengefasst werden und die von den Pflegebedürftigen je nach Versorgungsbedarf individuell zusammengestellt werden können. Diese Leistungskomplexe werden – ähnlich der Bewertungsrelation im DRG-Vergütungssystem von Krankenhausleistungen (Kap. 4.1.2.1.2) – in aller Regel mit Punktzahlen bewertet, die die Relation des Aufwandes bei der Erbringung der jeweiligen Leistungskomplexe untereinander widerspiegeln (Tab. 16). Grundlage für die Leistungsabrechnung ist dann die addierte Gesamtpunktzahl für alle erbrachten Leistungskomplexe, die multipliziert mit einem in Euro bemessenen, in den Vergütungsverhandlungen zwischen Pflegedienst und Pflegekassen vereinbarten Punktwert den Vergütungsanspruch des Pflegedienstes ergibt.

Tab. 16: Auszug aus dem Leistungskomplexsystem für das Land Nordrhein-Westfalen

Leistungs-komplex	Leistungsart	Leistungsinhalte	Punkte	Erläuterungen der Leistungskomplexe
1	Ganzwaschung	1. Waschen, Duschen, Baden 2. Mund-, Zahn- und Lippenpflege 3. Rasieren 4. Haupflege 5. Haarpflege (Kämmen, ggf. Waschen) 6. Nagelpflege 7. An- und Auskleiden inkl. An- u. Ablegen von Körperersatzstücken 8. Vorbereiten/Aufräumen des Pflegebereiches 9. und außerdem bei • eingeschränkten kognitiven oder kommunikativen Fähigkeiten oder/und • auffälligen Verhaltensweisen und psychischen Problemlagen oder/und • sonstigen altersbedingten Krankheitsbildern zusätzlich anleitende, motivierende und/oder auffordernde Pflege zur Erhaltung und Stärkung der Selbstversorgungspotentiale	426	Ganzkörperwaschung soweit notwendig, mindestens Ober- und Unterkörper

4.1.2 Leistungserbringung im System der gesetzlichen Krankenversicherung

Wie auch im System der sozialen Pflegeversicherung müssen Anbieter von Gesundheitsleistungen, die Leistungen zu Lasten der gesetzlichen Krankenversicherung erbringen möchten, hierzu zunächst ermächtigt bzw. zugelassen worden sein; erst dann haben sie die Möglichkeit, den Krankenkassen ihre erbrachten Leistungen in Rechnung zu stellen. Aus pflegerechtlicher Sicht sind dabei vor allem Krankenhäuser (Kap. 4.1.2.1) und ambulante Pflegedienste (Kap. 4.1.2.2) in den Blick zu nehmen, in bzw. von denen auch pflegerische Maßnahmen bzw. Leistungen der häuslichen Krankenpflege angeboten und erbracht werden. Geregelt sind die Aspekte der Zulassung und Honorierung dieser beiden Arten von Gesundheitseinrichtungen vornehmlich im V. Buch des *Sozialgesetzbuches* (SGB V); insbesondere bei der Leistungserbringung durch Krankenhäuser sind darüber hinaus weitere gesetzliche und untergesetzliche Regelungen zu berücksichtigen.

SGB V

Zum Leistungserbringerrecht in der gesetzlichen Krankenversicherung vgl. etwa die einführenden Bände zum Gesundheitsrecht von Hobusch (2022, Kap. 2.2.3 und 2.6.3) sowie von Igl und Welti (2022, Kap. 5).

4.1.2.1 Krankenhäuser

Krankenkassen dürfen die Leistungen der Krankenhausbehandlung nach § 39 SGB V nur in hierfür zugelassenen Einrichtungen erbringen lassen (Kap. 4.1.2.1.1). Vergütet werden die erbrachten Leistungen vor allem nach sog. Fallpauschalen, bei denen in begrenztem Maße auch die Verweildauer der Patienten berücksichtigt wird, und über krankenhausindividuelle Pflegebudgets für die Personalaufwendungen der Pflegekräfte, die in der unmittelbaren

Patientenversorgung tätig sind (Kap. 4.1.2.1.2). Die rechtlichen Grundlagen für die Zulassung von Krankenhäusern und die Honorierung ihrer Leistungen ergeben sich vor allem aus dem V. Buch des *Sozialgesetzbuches* sowie aus dem *Krankenhausfinanzierungs-* (KHG) und dem *Krankenhausentgeltgesetz* (KHEntgG).

KHG KHEntgG

4.1.2.1.1 Zulassung zur Leistungserbringung

Nach der **Legaldefinition** des § 107 SGB V handelt es sich bei Krankenhäusern um Einrichtungen, die

1. der Krankenhausbehandlung (vor allem i.S.d. § 39 SGB V) dienen (Kap. 3.3.2.2.2),
2. fachlich-medizinisch unter ständiger ärztlicher Leitung stehen, über ausreichende, ihrem Versorgungsauftrag entsprechende diagnostische und therapeutische Möglichkeiten verfügen und nach wissenschaftlich anerkannten Methoden arbeiten,
3. mit Hilfe von jederzeit verfügbarem, vor allem ärztlichem und pflegerischem Personal darauf eingerichtet sind, vorwiegend durch ärztliche und pflegerische Hilfeleistung Krankheiten der Patienten zu erkennen, zu heilen, ihre Verschlimmerung zu verhüten, Krankheitsbeschwerden zu lindern oder Geburtshilfe zu leisten, und in denen
4. die Patienten untergebracht und verpflegt werden können.

Die sog. **Infrastrukturverantwortung**, also die Pflicht zur Gewährleistung einer qualitativ hochwertigen, patienten- und bedarfsgerechten Versorgung der Bevölkerung mit leistungsfähigen und eigenverantwortlich wirtschaftenden Krankenhäusern liegt nach § 6 Abs. 1 i.V.m. § 1 Abs. 1 KHG bei den Bundesländern, die ihre Verantwortung durch eine an eine Bedarfsplanung anknüpfende Investitionsförderung öffentlicher sowie anderer freigemeinnütziger, kirchlicher oder privater Einrichtungen wahrnehmen (**Prinzip**

der Trägervielfalt). Das bedeutet, dass es zum einen keine Investitionsförderung ohne eine Bedarfsplanung, zum anderen aber auch keine Bedarfsplanung ohne eine Investitionsförderung geben darf.

Nach der Rechtsprechung des *Bundesverwaltungsgerichts* (BVerwG vom 25.07.1985 [Az. 3 C 25.84]) muss die **Krankenhausbedarfsplanung** dabei vor allem die angestrebte Struktur der Krankenhauslandschaft (Krankenhauszielplanung), den zu versorgenden Bedarf an Krankenhausleistungen in der Bevölkerung (Bedarfsanalyse) sowie die aktuellen Versorgungsbedingungen (Krankenhausanalyse) berücksichtigen. Ergebnis der Bedarfsplanung ist dann die Festlegung eines landesweit geltenden **Krankenhausplans**, der den Stand und die vorgesehene Entwicklung der für die Versorgung der Bevölkerung erforderlichen Krankenhausstruktur ausweist und in dem konkret festgelegt wird, mit welchen Krankenhäusern der festgestellte Versorgungsbedarf der Bevölkerung gedeckt werden soll und welche Häuser dementsprechend im Rahmen der Investitionsförderung berücksichtigt werden müssen (Kap. 4.1.2.1.2).

Mit der Aufnahme in den Krankenhausplan sind diese sog. **Plankrankenhäuser** automatisch zur Versorgung gesetzlich krankenversicherter Patienten zugelassen (§ 108 Nr. 1 SGB V); entsprechendes gilt für Krankenhäuser, die nach landesrechtlichen Vorschriften als **Hochschulkliniken** anerkannt sind (§ 108 Nr. 2 SGB V). Sollte durch diese Einrichtungen keine bedarfsgerechte Krankenhausversorgung der Versicherten sichergestellt sein, können an der Versorgung auch Kliniken beteiligt werden, die mit den Landesverbänden der Krankenkassen einen **Versorgungsvertrag** nach § 109 SGB V abgeschlossen haben (§ 108 Nr. 3 SGB V). Dabei darf ein solcher Versorgungsvertrag nur dann eingegangen werden, wenn das Krankenhaus die Gewähr für eine leistungsfähige und wirtschaftliche Krankenhausbehandlung bietet, es bestimmte Qualitätskriterien erfüllt und sein Leistungsangebot für eine bedarfsgerechte Krankenhausbehandlung der Versicherten tatsächlich erforderlich ist (§ 109 Abs. 3 Satz 1 SGB V). Liegen diese Voraussetzungen nicht mehr vor, kann der Versorgungsvertrag nach Maßgabe des § 110 SGB gekündigt werden; entsprechendes gilt auch für Plankrankenhäuser und Hochschulkliniken, da mit ihnen ein Versorgungsvertrag als abgeschlossen gilt (§ 109 Abs. 1 Satz 2 SGB V).

4.1.2.1.2 Honorierung der erbrachten Leistungen

Die obligatorische Infrastrukturverantwortung der Bundesländer bedingt ein System der sog. **dualen Finanzierung der Krankenhäuser**: Während die Investitionskosten (mit Ausnahme der Grundstückskosten) durch Fördermittel der Bundesländer aufgebracht werden, sind die laufenden Betriebskosten durch Benutzerentgelte der Kostenträger, also vor allem der Krankenkassen zu finanzieren (§ 4 KHG) (Abb. 22). Dabei stellt sich die Investitionsförderung primär als Bau- und Ausstattungsförderung dar, wobei es den Ländern überlassen bleibt, in welcher Form sie die Förderung vornehmen; denkbar ist beispielsweise sowohl eine Einzel- als auch eine Pauschalförderung.

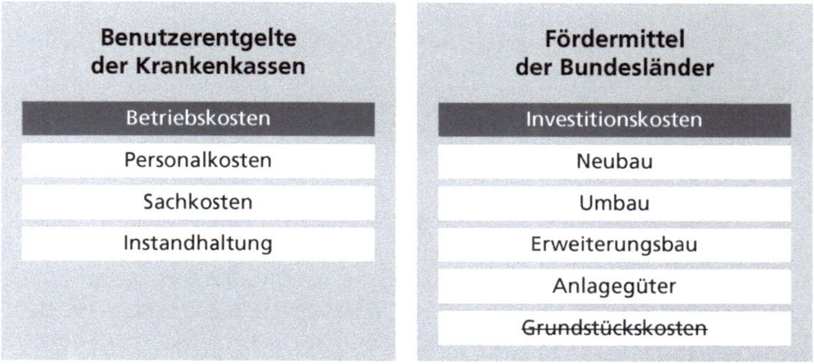

Abb. 22: Duale Finanzierung der Krankenhäuser

Die **Vergütung der Betriebskosten** durch die Krankenkassen erfolgt in Form einer Kombination aus Fallpauschalen und einer Pflegepersonalkostenerstattung. Die pauschale Honorierung einzelner Behandlungsfälle richtet sich dabei nach einem diagnosebezogenen Klassifizierungssystem, den sog. **Diagnosis Related Groups** (DRGs) (§ 17b KHG und §§ 7 ff. KHEntgG). Dazu wird nach einem Krankenhausaufenthalt die Hauptdiagnose (also die Diagnose, wegen der die Behandlung letztendlich veranlasst worden ist) nach einem sog. Fallpauschalenkatalog kodiert (Tab. 17). Bei dieser Kodierung werden gegebenenfalls weitere Faktoren, wie etwa aufgetretene Komplikationen, Komorbiditäten oder das Alter des Patienten berücksichtigt.

Tab. 17: Auszug Fallpauschalenkatalog

MDC 01 Krankheiten und Störungen des Nervensystems					
				Untere Grenzverweildauer	
DRG	Partition	Bezeichnung	Bewertungs-relation	Mittlere Verweil-dauer	Erster Tag mit AB-schlag
B70E	M	Apoplexie ohne neurologische Komplexbehandlung des akuten Schlaganfalls, ohne andere neurol. Komplexbeh. des akuten Schlaganfalls, mehr als 72 Stunden, mit komplizierender Diagnose oder systemischer Thrombolyse oder Alter < 16 Jahre	1,101	8,0	2

Wird also eine Krankenhausbehandlung beispielsweise wegen eines Schlaganfalls mit einer komplizierenden Diagnose erforderlich, wird dem Behandlungsfall die DRG *B70E* zugeordnet. Es handelt sich hierbei um die an 70. Stelle gelistete Krankheit aus der Hauptdiagnosegruppe (Major Diagnostic Category – MDC) *Krankheiten und Störungen des Nervensystems*; das *B* weist auf das Organsystem (hier: Erkrankungen des Nervensystems), das *E* auf den Schweregrad der Erkrankung hin (von *A* abnehmend). Die Partition gibt darüber hinaus an, ob es sich um eine operative Fallpauschalen (Partition *O*), um eine medizinische Fallpauschale (Partition *M*) oder um eine andere Fallpauschale (Partition *A*) handelt.

Sämtlichen DRGs ist dabei eine **Bewertungsrelation** zugeordnet, die das wertmäßige Verhältnis zwischen den einzelnen Fallpauschalen zum Ausdruck bringt. Der Entgeltanspruch des Krankenhauses berechnet sich dann nach folgender Formel, wobei der **Basisfallwert** alljährlich auf Landesebene festgelegt wird (§ 10 Abs. 1 KHG) und dem Preis für einen Fall mit der Bewertungsrelation 1,0 entspricht:

Obere Grenzverweildauer				
Bewertungs-relation/Tag	Erster Tag zus. Entgelt	Bewertungs-relation/Tag	Externe Verlegung Abschlag/Tag (Bewertungsrelation)	Pflegeerlös Bewertungsrelation pro Tag
0,365	18	0,095	0,121	1,2176

Entgelt für die Krankenhausbehandlung =
Bewertungsrelation × Landesbasisfallwert

Um einer zu frühen, medizinisch nicht vertretbaren Entlassung allein aus Kostengründen entgegenzuwirken, müssen die Krankenhausträger im Einzelfall Abschläge von der zu berücksichtigenden Bewertungsrelation hinnehmen, wenn bei einem Patienten die sog. untere Grenzverweildauer der DRG seiner Erkrankung unterschritten wird; andersherum erhält das Krankenhaus entsprechende Zuschläge, wenn im Einzelfall die sog. obere Grenzverweildauer (aus medizinischen Gründen) überschritten werden muss (Tab. 17).

Damit die Krankenhäuser eine gewisse betriebswirtschaftliche Planungssicherheit bzw. Kalkulationsgrundlage haben, vereinbaren sie mit den Krankenkassen prospektiv für ein Jahr ein klinikindividuelles Krankenhausbudget (sog. **DRG-Erlösbudget**) (§ 4 KHEntgG). Dieses entspricht dem Geldbetrag, der dem Krankenhaus für die entsprechende Rechnungsperiode zur Abrechnung mit den Krankenkassen zur Verfügung steht. Das Budget eines

Krankenhauses orientiert sich vor allem an der erbrachten Leistungsmenge des Vorjahres und berücksichtigt zudem den konkreten Versorgungsauftrag des Krankenhauses nach dem Landeskrankenhausplan bzw. dem Versorgungsvertrag. Hierzu werden sämtliche behandelten Fälle mit der jeweils gleichen Bewertungsrelation multipliziert und die Gesamtsumme der Produkte durch die insgesamt angefallenen Behandlungsfälle dividiert. Das jährliche Krankenhausbudget wird nun errechnet, indem der so berechneten sog. **Fallmix-Index** mit dem einschlägigen Landesbasisfallwert multipliziert wird.

DRG-Erlösbudget =
gewichtete Fallzahl als Fallmix – Index × Basisfallwert

Übersteigt die Summe der Erlöse des Krankenhauses aus den abgerechneten Behandlungsfällen am Ende der Rechnungsperiode das DRG-Erlösbudget, kommt es zu einem sog. **Mehrerlös**, unterschreitet sie es, spricht man von einem **Mindererlös**. In beiden Fällen findet im darauffolgenden Jahr ein sog. **Erlösausgleich** statt: Nach § 4 Abs. 3 KHEntgG werden Mindererlöse zu 20 % ausgeglichen, Mehrerlöse zu 65 %.

Beträgt der Mindererlös beispielsweise 100.000 €, erhält das Krankenhaus von den Krankenkassen trotz geringerer Behandlungszahlen 20.000 € zur Deckung der Betriebskosten, die in Erwartung eines größeren Behandlungsvolumens bereits verausgabt worden sind. Handelt es sich bei den 100.000 € um einen Mehrerlös, verbleiben dem Krankenhaus 35.000 € (65.000 € sind an die Krankenkasse zurückzuzahlen), um der Gefahr einer unkontrollierten Mengenausweitung an Krankenhausaufnahmen entgegenzuwirken.

Seit dem Jahr 2020 umfassen diese Fallpauschalen nicht mehr die krankenhausindividuellen **Aufwendungen für das Pflegepersonal**, das in der unmittelbaren Patientenversorgung auf bettenführenden Stationen tätig ist. Diese Kosten sind vielmehr aus dem DRG-System ausgegliedert worden und werden seitdem über ein krankenhausindividuelles Pflegebudget nach dem Selbstkostendeckungsprinzip finanziert. Berechnungsgrundlage für das jeweilige kalenderjährliche Pflegebudget ist die Summe der im Vorjahr aufgewendeten Pflegepersonalkosten; bei der Ermittlung sind weiterhin die für das Vereinbarungsjahr zu erwartenden Veränderungen gegenüber dem Vorjahr zu berücksichtigen, insbesondere hinsichtlich der Zahl und der beruflichen Qualifikation der Pflegevollkräfte (§ 6a Abs. 2 KHEntgG).

Abgerechnet werden die tatsächlichen Personalkosten auf Grundlage der im bundesweit geltenden sog. *Pflegeerlöskatalog* ausgewiesenen Bewertungsrelationen je stationärem Belegungstag (§ 17a Abs. 4 KHG), die für jede einzelne DRG festgelegt worden und dementsprechend auch im *Fallpauschalenkatalog* aufgeführt sind (Tab. 17). Dabei wird die dem jeweiligen Fall zugrundeliegende Bewertungsrelation mit einem krankenhausindividuellen Pflegeentgeltwert multipliziert, der sich aus der Division des für das Vereinbarungsjahr vereinbarten Pflegebudgets durch die nach dem *Pflegeerlöskatalog* ermittelte prognostizierte Summe der Bewertungsrelationen für das Abrechnungsjahr ergibt. Aus dem Pflegebudget abgerechnet werden mithin **tagesbezogene Pflegeentgelte**, die sich aus der jeweils fallspezifischen Bewertungsrelation und einem krankenhausindividuellen Betrag für die durchschnittlichen Pflegepersonalkosten eines Belegungstages ergeben („Pflege am Bett je Tag") (§ 6a Abs. 4 KHEntgG). Weichen die derart abgerechneten Pflegepersonalkosten von dem vereinbarten Pflegebudget ab, sind die Mehr- oder Minderkosten bei der Vereinbarung des Pflegebudgets für das Folgejahr zu berücksichtigen und insofern voll auszugleichen (§ 6a Abs. 6 KHEntgG).

Dabei ist bei der **Bemessung des Pflegepersonals** die *Pflegepersonaluntergrenzen-Verordnung* (PpUGV) zu beachten, die definiert, wie viele Pflegefach- und Pflegehilfskräfte in einzelnen Fachbereichen eines Krankenhauses mindestens in einer Schicht eingeteilt werden müssen.

PpUGV

Pflegepersonaluntergrenzen gelten dabei in besonders pflegesensitiven Krankenhausbereichen nach § 137i SGB V, zu denen etwa die Intensivmedizin, die Innere Medizin, die Allgemeine Chirurgie oder die Pädiatrie gehören (§ 1 PpUGV). Hier werden die Untergrenzen als maximale Anzahl von Patienten pro Pflegekraft festgelegt, wobei zwischen Tag- und Nachtschichten unterschieden wird (§ 6 PpUGV).

Nach § 6 Abs. 1 Nr. 2 PpUGV ist etwa im Bereich der Intensivmedizin in der Tagschicht für zwei Patienten mindestens eine Pflegekraft einzuplanen; in der Nachtschicht ist es mindestens eine Pflegekraft für drei Patientinnen. Der Anteil von Pflegehilfskräften an der Gesamtzahl der Pflegekräfte darf auf entsprechenden Stationen gemäß § 6 Abs. 2 Nr. 2 PpUGV sowohl in der Tag- als auch in der Nachtschicht 5 % nicht überschreiten.

4.1.2.2 Pflegedienste

Um Leistungen der häuslichen Krankenpflege nach § 37 SGB V erbringen zu können (Kap. 3.3.2.2.2), müssen ambulante Pflegedienste einen entsprechenden **Versorgungsvertrag** mit den Krankenkassen abschließen (§ 132a Abs. 4 SGB V). Voraussetzung hierfür ist unter anderem, dass der Pflegedienst eine dem allgemeinen Stand der medizinisch-pflegerischen Erkenntnisse entsprechende leistungsgerechte und wirtschaftliche Versorgung der Versicherten gewährleisten kann (§ 132a Abs. 4 Satz 6 i.V.m. § 70 Abs. 1 Satz 1 SGB V). Hiervon ist bei einem Pflegedienst, der zugleich die Voraussetzungen des § 72 Abs. 1 SGB XI für eine Leistungserbringung zu Lasten der sozialen Pflegeversicherung erfüllt (Kap. 4.1.1.1), auszugehen. Der abgeschlossene Vertrag regelt die Berechtigung und die Verpflichtung des Pflegedienstes zur Versorgung der gesetzlich Versicherten mit Leistungen der häuslichen Krankenpflege nach § 37 SGB V (Kap. 3.3.2.2.2) sowie weitere Einzelheiten der Leistungserbringung, wie etwa Anforderungen an ein Qualitätsmanagement oder die Vergütung und die Abrechnungsmodalitäten. In der Versorgungspraxis dominieren indes kollektive Vergütungsvereinbarungen zwischen den Landesverbänden der Krankenkassen und den Verbänden der Leistungserbringer; in diesen Kollektivvereinbarungen werden regelmäßig **Vergütungen für Einzelleistungen** oder für Gruppen von Einzelleistungen sowie Wegepauschalen vereinbart.

4.2 Vertragliche Beziehungen zur Leistungsbewirkung

Dem Rechtsverhältnis zwischen dem Leistungserbringer und dem Patienten bzw. Pflegebedürftigen als Leistungsempfänger liegt regelmäßig ein gegenseitiges Schuldverhältnis i. S. d. §§ 241 und 311 BGB zugrunde (Tab. 18). Typische bzw. relevante Vertragsarten sind in diesem Zusammenhang vor allem der Dienst- bzw. der Behandlungsvertrag, der in erster Linie mit Ärzten abgeschlossen wird, der Krankenhaus(aufnahme)vertrag als sog. typengemischter Vertrag, der Pflegevertrag mit ambulanten Pflegediensten sowie der Heimvertrag mit stationären Pflegeeinrichtungen.

Tab. 18: Gängige Verträge zwischen Leistungserbringern und Patienten bzw. Pflegebedürftigen

	Werkvertrag	Kaufvertrag	Dienstvertrag	Behandlungsvertrag
rechtliche Grundlage	§ 631 BGB	§ 433 BGB	§ 611 BGB	§ 630a BGB
Vertragspartner des Patienten	Hilfsmittelerbringer		Pflegedienst	Arzt bzw. Heilmittelerbringer etc.
Leistungen der GKV bzw. SPV	§ 33 SGB V		§ 37 SGB V	§ 28 SGB V § 32 SGB V
Vertragsinhalt	Herstellung eines Hilfsmittels als Werk	Abgabe eines bereits gebrauchsfertig produzierten Hilfsmittels	Grund- und Behandlungspflege sowie hauswirtschaftliche Versorgung	medizinische Behandlung

4.2.1 Dienst- bzw. Werk- und Kaufvertrag

Dienst-, Werk- und Kaufverträge gehören zu den Vertragstypen, die (ausschließlich) im *Bürgerlichen Gesetzbuch* (BGB) geregelt sind. Sie betreffen eine Vielzahl von Alltagsgeschäften, kommen aber auch im Gesundheitswesen zum Tragen.

BGB

Dienstvertrag				Heimvertrag
Krankenhausvertrag			Pflegevertrag	
totaler	mit Arztzusatzvertrag	gespaltener		
§ 611 und § 630a BGB (ggf. ergänzt durch Elemente des Werk-, Beherbergungs- oder Mietvertragsrechts)			§ 120 SGB XI	WBVG
Krankenhaus	1. Krankenhaus 2. Krankenhausarzt	1. Krankenhaus 2. Belegarzt	Pflegedienst	Pflegeheim
§ 39 SGB V	§ 39 SGB V IGeL	§ 39 SGB V § 28 SGB V	§ 36 SGB XI	§ 43 SGB XI
Erbringung allgemeiner Krankenhausleistungen als Komplexleistung (medizinische und pflegerische Versorgung, Unterkunft und Verpflegung)	1. Erbringung allgemeiner Krankenhausleistungen als Komplexleistung 2. Erbringung ärztlicher Wahlleistungen	1. Erbringung allgemeiner Krankenhausleistungen als Komplexleistung, aber ohne ärztliche Behandlung 2. ärztliche Behandlung durch den Belegarzt	Erbringung körperbezogener Pflegemaßnahmen, pflegerischer Betreuungsmaßnahmen und Hilfen bei der Haushaltsführung (häusliche Pflegehilfe)	Überlassung von Wohnraum und Erbringung von Pflege- bzw. Betreuungsleistungen, die der Bewältigung eines durch Pflegebedürftigkeit bedingten Hilfebedarfs dienen

Bei den im Gesundheitswesen zwischen Leistungserbringern und Leistungsempfängern mit Abstand am häufigsten abgeschlossenen Verträgen handelt es sich um Dienstverträge nach § 611 BGB; besondere Ausprägungen dieses Vertragstypus sind vor allem der Behandlungs- und der Krankenhaus(aufnahme)vertrag (Kap. 4.2.2 sowie 4.2.3). Durch den **Dienstvertrag** wird der Leistungserbringer zur Verrichtung der versprochenen bzw. vereinbarten Behandlungs- bzw. Pflegemaßnahmen verpflichtet. Art und Umfang der zu erbringenden Leistungen ergeben sich dabei vor allem aus dem Leistungsrecht der gesetzlichen Kranken- und der sozialen Pflegeversicherung (Kap. 3.3.2.2 bzw. 3.3.1.2). Derartige Dienstverträge liegen beispielsweise der Versorgung der Versicherten mit ärztlicher Behandlung nach § 28 SGB V oder mit häuslicher Krankenpflege nach § 37 SGB V zugrunde. Dabei gilt generell, dass die zu leistenden Dienste dem allgemein anerkannten Stand der medizinischen Erkenntnisse entsprechen müssen und sowohl in der fachlich gebotenen Qualität als auch wirtschaftlich i.S.d. § 12 SGB V bzw. des § 29 SGB XI zu erbringen sind (§ 70 Abs. 1 SGB V; ähnlich § 11 Abs. 1 SGB XI).

Demgegenüber wird bei der Abgabe eines Hilfsmittels i.S.d. § 33 SGB V bzw. eines Pflegehilfsmittels i.S.d. § 40 SGB XI, das vom Hilfsmittelerbringer individuell an die Bedürfnisse des Patienten bzw. Pflegebedürftigen angepasst werden muss, regelmäßig ein **Werkvertrag** nach § 631 BGB abgeschlossen. Dieser Vertragstypus unterscheidet sich insofern vom Dienstvertrag nach § 611 BGB, als hier nicht nur eine Dienstleistung im Sinne einer Tätigkeit geschuldet wird, sondern darüber hinaus auch ein durch sie herbeizuführender Erfolg.

Während also beispielsweise ein Arzt grundsätzlich nicht garantieren kann, dass seine Bemühungen tatsächlich einen Heilungserfolg zeigen (andernfalls wäre er kein Arzt, sondern ein Scharlatan), muss der Erbringer eines Hilfsmittels regelmäßig dafür einstehen, dass dieses ordnungsgemäß hergestellt bzw. angepasst wird und der Patient bzw. Pflegebedürftige es dem Verwendungszweck entsprechend nutzen kann – er schuldet mithin die Herstellung eines Werk(stück)es, das mindestens die im Hilfsmittelverzeichnis nach § 139 Abs. 2 SGB V festgelegten Anforderungen an die jeweils spezifische Versorgungs- und Produktqualität des Hilfsmittels erfüllen muss (§ 33 Abs. 1 Satz 2 SGB V).

Anders verhält es sich, wenn ein bereits gebrauchsfertig produziertes Hilfsmittel lediglich abgegeben wird und nicht mehr individuell an die Bedürfnisse seines Nutzers angepasst werden muss, wie es etwa bei den allermeisten zum Verbrauch bestimmten Pflegehilfsmitteln der Fall ist. Hier wird zwischen dem Lieferanten des Hilfsmittels und dem Patienten bzw. der pflegebedürftigen Person ein **Kaufvertrag** nach § 433 BGB abgeschlossen. Danach ist der Verkäufer verpflichtet, dem Käufer die Sache frei von Sachmängeln zu übergeben und ihm das Eigentum an der Sache zu verschaffen; dementsprechend kann der Käufer beim Vorliegen eines

Sachmangels i.S.d. § 434 BGB auch die § 437 BGB bestimmten Gewährleistungsrechte geltend machen (vor allem Nachbesserung bzw. Neulieferung).

4.2.2 Behandlungsvertrag

Mit dem *Patientenrechtegesetz* von 2013 hat der Behandlungsvertrag nach §§ 630a ff. BGB als besondere **Ausprägung des Dienstvertrages** nach § 611 BGB Einzug in das Vertragsrecht des *Bürgerlichen Gesetzbuches* (BGB) gefunden.

BGB

Durch den Behandlungsvertrag wird derjenige, welcher die medizinische Behandlung eines Patienten zusagt (Behandelnder), zur Leistung der versprochenen Behandlung, der andere Teil (Patient) zur Gewährung der vereinbarten Vergütung verpflichtet, soweit nicht ein Dritter (vor allem eine Krankenkasse) zur Zahlung verpflichtet ist (§ 630a Abs. 1 BGB).

Eine in sich geschlossene, kurze Darstellung zum Behandlungsvertrag hat etwa Dammann (2021) vorgelegt.

Ein Behandlungsvertrag wird mithin abgeschlossen über die die Erbringung einer medizinischen Behandlung, also über Maßnahmen der **Heilkunde**. Diese dürfen indes nur Personen durchführen, die hierzu befugt sind (§ 1 Abs. 1 HeilprG), wozu neben Ärztinnen und Ärzten vor allem Heilmittelerbringer in der Logopädie oder Physiotherapie etc. sowie Hebammen gehören (Schelling, in: Spickhoff 2022, § 1 HeilprG Rdnr. 20). Ihnen ist die selbstständige und eigenverantwortliche Ausübung von Heilkunde aufgrund ihrer Approbation bzw. des erfolgreichen Ablegens der staatlichen Prüfung erlaubt.

> ⚠ Die selbständige und eigenverantwortliche Ausübung von Heilkunde ist nur mit einer behördlichen Erlaubnis zulässig.

Eine solche Erlaubnis haben **Pflegefachkräfte** derzeit nicht. Sie dürfen zwar ärztlich delegierte Maßnahmen durchführen, aber (noch) nicht selbstständig und eigenverantwortlich heilkundlich tätig werden (Kap. 2.4). Mit dem geplanten **Pflegekompetenzgesetz** sollen sie künftig allerdings dem Grunde nach ärztliche Maßnahmen in den Bereichen diabetische Stoffwechsellage, chronische Wunden und Demenz unter bestimmten Voraussetzungen substituieren dürfen (Kostorz/Niehues 2014, 318 f.) (Kap. 2.1.2.1); in diesem Fall wären auch sie Behandelnde i.S.d. §§ 630a ff. BGB, so dass auch mit ihnen bzw. mit der sie beschäftigenden Einrichtung ein entsprechender Behandlungsvertrag abgeschlossen werden könnte.

§ 630a BGB legt dabei die **Hauptpflichten** der Vertragsparteien fest: Danach schuldet die Behandlungsseite (Arzt, Heilmittelerbringer, Hebamme etc.) die vereinbarte Behandlung nach den bestehenden allgemein anerkannten fachlichen Standards (nicht jedoch den Erfolg der Behandlung), der Patient die Zahlung der vereinbarten Vergütung, soweit nicht ein Dritter – wie etwa die Krankenkasse – zur Zahlung verpflichtet ist. Als vertragliche Nebenpflicht ergeben sich für den Behandelnden zudem bestimmte **Informationspflichten**, die ihn bereits im Vorfeld der Behandlung treffen: Danach ist er zum einen verpflichtet, dem Patienten in verständlicher Weise sämtliche für die Behandlung wesentlichen Umstände zu erläutern, insbesondere die Diagnose, die voraussichtliche gesundheitliche Entwicklung, die Therapie und die im Zusammenhang mit der Therapie zu ergreifenden medizinischen Maßnahmen (§ 630c Abs. 2 Satz 1 BGB); zum anderen muss er den Patienten in Textform über die voraussichtlichen Kosten der Behandlung informieren, falls eine vollständige Kostenübernahme durch die Krankenkasse oder einen sonstigen Dritten nicht gesichert ist (§ 630c Abs. 3 Satz 1 BGB).

In diesem Zusammenhang sind auch die Maßgaben des § 630d BGB zu sehen, nach denen die Durchführung einer medizinischen Maßnahme stets eine vorherige **Einwilligung** voraussetzt (Kap. 3.2.2). Die Einwilligung muss entweder durch den Patienten selbst oder – im Falle dessen Einwilligungsunfähigkeit – von einem hierzu Vertretungsberechtigten (etwa Betreuer, Vorsorgebevollmächtigter oder notvertretungsberechtigter Ehegatte) erklärt werden (Kap. 3.2.3 bzw. 3.2.4); sie kann mündlich, schriftlich oder konkludent erfolgen und jederzeit formlos widerrufen werden. Voraussetzung einer wirksamen Einwilligung ist nach § 630e BGB, dass der Patient über sämtliche für die Einwilligung wesentlichen Umstände aufgeklärt worden ist (Kap. 3.2.2). Dabei obliegt es im Streitfall der Behandlungsseite zu beweisen, dass sie eine Einwilligung nach § 630d BGB eingeholt und zuvor gemäß § 630e BGB aufgeklärt hat (§ 630h Abs. 2 BGB); aus Beweisgründen wird sie sich dies vom Patienten im Zweifel daher schriftlich bestätigen lassen.

Zur **Dokumentation** der Behandlung hat der Behandelnde zudem eine Patientenakte nach den Maßgaben des § 630f BGB zu führen. In ihr sind sämtliche aus fachlicher Sicht für die Behandlung wesentlichen Maßnahmen und deren Ergebnisse aufzuzeichnen; hierzu gehören „insbesondere die Anamnese, Diagnosen, Untersuchungen, Untersuchungsergebnisse, Befunde, Therapien und ihre Wirkungen, Eingriffe und ihre Wirkungen, Einwilligungen und Aufklärungen“ (§ 630f Abs. 2 BGB). Der Patient wiederum hat ein Recht auf (unverzügliche) **Einsichtnahme** in die Patientenakte (§ 630g BGB), soweit dem keine erheblichen therapeutischen Gründe entgegenstehen.

4.2.3 Krankenhausvertrag

Ein Krankenhaus(aufnahme)vertrag, der die Pflicht eines Krankenhauses zur Versorgung eines Patienten mit allen im Einzelfall nach Art und Schwere seiner Erkrankung notwendigen Leistungen der medizinischen Versorgung nebst Unterkunft und Verpflegung nach § 39 SGB V begründet, stellt hinsichtlich der Verpflichtung zur ärztlichen und pflegerischen Versorgung des Patienten eine **Art des Dienst- bzw. Behandlungsvertrages** dar. Er kann in einer von insgesamt drei Ausprägungen abgeschlossen werden. In Betracht kommt insofern ein totaler Krankenhausvertrag, ein Krankenhausvertrag mit Arztzusatzvertrag und ein gespaltener Krankenhausvertrag; einschlägig ist (neben dem *Bürgerlichen Gesetzbuch*) unter anderem das *Krankenhausentgeltgesetz* (KHEntgG).

KHEntgG

Die rechtlichen Regelungen zum Krankenhausvertrag stellt prägnant und aktuell Hasselbach et al. (2024a und 2024b) dar; eine umfassende Darstellung bietet zudem der Herausgeberband von Robbers und Wagener (2017).

Der Regelvertragstypus ist der sog. einheitliche oder **totale Krankenhausvertrag**. Hier schließt der Patient mit dem Krankenhaus einen Vertrag über alle für die stationäre Behandlung erforderlichen Leistungen, die – der Einheitlichkeit des Vertrages entsprechend – in Gänze vom Krankenhaus bzw. dessen Träger geschuldet werden bzw. zu erbringen sind. Vertragsinhalt sind dementsprechend alle Regel- bzw. allgemeinen Krankenhausleistungen i.S.d. § 39 Abs. 1 Satz 3 SGB V bzw. des § 2 Abs. 2 Satz 1 KHEntgG. Wünscht der Patient darüber hinausgehende medizinische oder nichtmedizinische Zusatzleistungen (beispielsweise eine besondere Diagnostik oder die Unterbringung in einem Einzelzimmer), können auch sie vertraglich vereinbart werden; die Kosten hierfür sind indes vom Patienten selbst zu übernehmen und unterliegen nicht der Kostenerstattungspflicht der Krankenkasse (§ 17 KHEntgG). Derartige **Wahlleistungen** setzen zu ihrer Wirksamkeit vor allem voraus, dass sie schriftlich vereinbart worden sind, der Patient vor Abschluss der Vereinbarung schriftlich über den Inhalt der Wahlleistungen und die dafür zu zahlenden Entgelte informiert worden ist und die Kosten der Wahlleistungen in keinem unangemessenen Verhältnis zu den vereinbarten Leistungen stehen.

Dabei kann im Einzelfall die **Abgrenzung zwischen allgemeinen Krankenhaus- und medizinischen Wahlleistungen** schwierig sein, da es bei der Krankenhausbehandlung – anders als etwa in der ambulanten vertragsärztlichen Versorgung (Kap. 3.3.2.2.2) – keinen feststehenden Katalog abrechenbarer Leistungen gibt und die von der Klinik erbrachten Behandlungsmaßnahmen nach Fallpauschalen vergütet werden (Kap. 4.1.2.1.2).

Allgemeine Krankenhausleistungen sind die Krankenhausleistungen, die unter Berücksichtigung der Leistungsfähigkeit des Krankenhauses im Einzelfall nach Art und Schwere der Krankheit für die medizinisch zweckmäßige und ausreichende Versorgung des Patienten notwendig sind (§ 2 Abs. 2 Satz 1 KHEntgG).

Maßgebliches Abgrenzungskriterium ist also die medizinische Notwendigkeit der in Frage stehenden Behandlungsmaßnahme: Ist sie nach dem allgemein anerkannten Stand der medizinischen Erkenntnisse zur Versorgung des Patienten erforderlich (§ 70 Abs. 1 Satz 1 SGB V), handelt es sich um eine zu Lasten der Krankenkasse nach § 39 Abs. 1 Satz 3 SGB V zu erbringende allgemeine Krankenhausleistung. Sind i.S.d. § 12 Abs. 1 SGB V wirtschaftlichere Alternativen denkbar, ist die Leistung als Wahlleistung gesondert abzurechnen.

Entsprechende Wahlleistungen können über die allgemeinen Krankenhausleistungen qualitativ oder quantitativ hinausgehende diagnostische und therapeutische Leistungen sein; zu ihnen zählen darüber hinaus der Einsatz hochwertigerer Medizinprodukte oder Arzneimittel sowie eine intensivere Krankenpflege (Hasselbach et al. 2024a, 10).

Beim **Krankenhausvertrag mit Arztzusatzvertrag** werden vom Patienten zwei Verträge geschlossen: ein einheitlicher Krankenhausvertrag über die allgemeinen Krankenhausleistungen mit dem aufnehmenden Krankenhaus bzw. dessen Träger und ein Zusatzvertrag über ärztliche Wahlleistungen (oder besser: wahlärztliche Leistungen) mit einem in der Klinik beschäftigten und zum Anbieten von derartigen Leistungen befugten Arzt (i.d.R. ein Chefarzt). Dabei bleibt das Krankenhaus zur Erbringung der Regelleistungen verpflichtet; der ärztliche Vertragspartner des Zusatzvertrages schuldet die Erbringung der Wahlleistungen. Auch hier erfolgt die Abrechnung über die der Erkrankung zugrundeliegende Fallpauschale nur für die allgemeinen Krankenhausleistungen (Kap. 4.1.2.1.2); die nicht von der Krankenkasse übernommenen Kosten der wahlärztlichen Leistungen können grundsätzlich gesondert liquidiert werden (§ 17 KHEntgG), wobei sie ebenfalls schriftlich zu vereinbaren sind und der Patient zuvor schriftlich über die anfallenden Kosten in Kenntnis gesetzt worden sein muss.

Beim **gespaltenen Krankenhausvertrag** werden vom Patienten ebenfalls zwei Verträge geschlossen: einer mit dem Krankenhaus(träger), der nur die Unterbringung, die Verpflegung und die allgemeine (insbesondere pflegerische) Versorgung beinhaltet, und einer mit einem im Krankenhaus tätigen Arzt, der regelmäßig (nicht angestellter) Belegarzt i.S.d. § 18 KHEntgG bzw. des § 121 SGB V ist und der aufgrund des mit ihm geschlossenen (Behandlungs-)Vertrages (ausschließlich) seine ärztliche Dienstleistung schuldet. Hier werden grundsätzlich sämtliche Kosten für die im Rahmen der Krankenhausbehandlung erbrachten Leistungen von der Krankenkasse übernommen: Während die belegärztlichen Leistungen nach dem Maßgaben für die ärztliche Behandlung honoriert werden (§ 121 Abs. 2 SGB V) (hierzu etwa Kostorz 2020, 83 ff.), werden die Leistungen des Krankenhauses vor allem nach der üblichen DRG-Systematik vergütet (Kap. 4.1.2.1.2), wobei indes Abschläge für die ersparten Aufwendungen der ärztlichen Behandlung zu berücksichtigen sind (§ 18 Abs. 2 und 3 KHEntgG).

Neben den dargestellten Hauptpflichten ergeben sich bei jedem Krankenhausvertrag auch bestimmte **Nebenpflichten** für den Leistungserbringer. Hierzu gehört etwa die Pflicht zur Unterstützung des Patienten bei der Errichtung eines Nottestaments nach § 2250 BGB (vgl. Bohnes 2023, 169) oder die Obhutspflicht in Bezug auf dessen Wertgegenstände (hierzu Roßbruch 2013).

Ein Nottestament nach § 2250 BGB kann bei einer nahen Todesgefahr und wenn die Errichtung eines regulären Testaments nicht (mehr) möglich ist durch mündliche Erklärung gegenüber drei Zeugen errichtet werden, von denen einer eine Niederschrift der Erklärung anfertigen muss. Diese Niederschrift sollte vom Erblasser unterschrieben werden; ist das nicht möglich, ist hierüber ein Vermerk anzufertigen, zudem ist der Text dem Erblasser wörtlich vorzulesen und von ihm zu genehmigen.
Die Pflicht der Sicherung eingebrachter Sachen wird beispielsweise dann verletzt, wenn der Patient aus Anlass einer Behandlung seine Sehhilfe oder seinen Zahnersatz ablegen muss und das Hilfsmittel während der Behandlungsmaßnahmen abhandenkommt.

4.2.4 Pflegevertrag

Als besondere **Art eines Dienstvertrages** verpflichtet ein Pflegevertrag den ambulanten Pflegedienst zur sorgfältigen und qualitativ dem Stand pflegewissenschaftlicher Erkenntnisse entsprechenden Pflege und Versorgung des pflegebedürftigen Vertragspartners; eine Verbesserung des Pflegezustandes oder eine Minderung der Pflegebedürftigkeit wird – anders als bei einem Werkvertrag – nicht geschuldet. Gegenstand eines solchen Dienstvertrages sind vor allem die Leistungen der häuslichen Pflege nach § 36 SGB XI (Kap. 3.3.1.2.3); diesen sozialversicherungsrechtlich definierten Leistungen entspricht regelmäßig auch die Leistungsvereinbarung im Pflegevertrag. Nicht von der Pflegekasse übernommene Leistungen können darüber hinaus als zusätzliche Leistungen frei vereinbart werden; sie sind indes allein von der pflegebedürftigen Person als Vertragspartnerin des ambulanten Pflegedienstes zu vergüten.

Mit dem *Pflegevertrag* übernimmt der Pflegedienst gegenüber der Pflegekasse und dem Pflegebedürftigen die Verpflichtung, diesen nach Art und Schwere seiner Pflegebedürftigkeit entsprechend den von ihm in Anspruch genommenen Leistungen der häuslichen Pflegehilfe i. S. d. § 36 SGB XI zu versorgen (§ 120 Abs. 1 BGB).

SGB XI

Zum Pflegevertrag vgl. neben den einschlägigen Kommentierungen zu § 120 SGB XI die beiden einführenden Aufsätze von Dahm (2013 und 2015) sowie den Beitrag von Krahmer und Plantholz (2013).

§ 120 Abs. 2 und Abs. 3 SGB XI enthält dabei eine Pflicht zur schriftlichen Niederlegung des Pflegevertrages und legt zum Schutz des Pflegebedürftigen auch die **Mindestinhalte** des Vertrages fest. Danach sind Art, Inhalt und Umfang der Leistungen sowie die Vergütung zu beschreiben, die mit der Pflegekasse als Kostenträgerin für die Pflegeleistungen und die hauswirtschaftliche Versorgung vereinbart worden sind. Der Vergütungsanspruch des Pflegedienstes richtet sich dementsprechend zunächst gegen die zuständige Pflegekasse; vertraglich vereinbarte Leistungen, die hinsichtlich ihrer Art oder ihres Umfangs nicht der Leistungspflicht der Pflegekasse unterliegen, sind dem Pflegebedürftigen direkt und gesondert in Rechnung zu stellen (§ 120 Abs. 4 SGB XI).

4.2.5 Heimvertrag

Die rechtlichen Grundlagen des Heimvertrages finden sich im *Wohn- und Betreuungsvertragsgesetz* (WBVG), das im Jahr 2009 das nicht mehr geltende *Heimgesetz* abgelöst hat. Es ist unter anderem auf Verträge zwischen stationären Pflegeeinrichtungen und deren Bewohnern (im Gesetz *Unternehmer* und *Verbraucher* genannt) anzuwenden, mit denen sich das Heim zur Überlassung von Wohnraum und zur Erbringung von Pflege- und Betreuungsleistungen verpflichtet.

WBVG

Mit einem *Heimvertrag* verpflichtet sich ein Unternehmer zur Überlassung von Wohnraum und zur Erbringung von Pflege- oder Betreuungsleistungen, die der Bewältigung eines durch Alter, Pflegebedürftigkeit oder Behinderung bedingten Hilfebedarfs dienen (§ 1 Abs. 1 Satz 1 WBVG).

Zum Heimvertrag vgl. neben den einschlägigen Kommentierungen zum *Wohn- und Betreuungsvertragsgesetz* die einführenden Aufsätze von Drasdo (2019), Hagemann (2018) und Siefarth (2019).

Für die **Anwendbarkeit des Gesetzes** ist es dabei unerheblich, ob die Pflege- und Betreuungsleistungen nach den getroffenen vertraglichen Vereinbarungen vom Heim tatsächlich (bereits) zur Verfügung gestellt oder (vorerst) nur vorgehalten werden; die Erbringung von lediglich allgemeinen Unterstützungsangeboten (Vermittlung von Pflege- und Betreuungsleistungen, hauswirtschaftliche Versorgung, Zurverfügungstellung von Hausmeister- oder Notrufdiensten) begründet hingegen keine Anwendbarkeit des Gesetzes (§ 1 Abs. 1 Satz 2 und 3 WBVG). Eine Gesetzesanwendung wird darüber hinaus ausdrücklich auf Verträge ausgeschlossen, die unter anderem mit Krankenhäusern oder Rehabilitationseinrichtungen abgeschlossen werden (§ 2 WBVG).

Um eine rechtsmissbräuchliche Umgehung des Gesetzes durch einen Unternehmer zu verhindern, gilt es gemäß § 1 Abs. 2 WBVG zudem entsprechend, wenn die von ihm zu erbringenden Leistungen zwar rechtlich betrachtet Gegenstand verschiedener Verträge sind, diese Verträge jedoch faktisch zusammenhängen. Es ist außerdem dann anzuwenden, wenn die Leistungen zwar von verschiedenen Einrichtungen erbracht werden, diese aber rechtlich oder wirtschaftlich miteinander verbunden sind.

§ 1 Abs. 2 Satz 1 WBVG unterstellt bestimmte Vertragskonstellationen einer Art Kontrollregime, indem auf sie (zur Vermeidung einer rechtsmissbräuchlichen Umgehung der Schutzvorschriften des Gesetzes) die Regelungen des Gesetzes als für entsprechend anwendbar erklärt werden. Bitte bilden Sie für jede der dort genannten drei Konstellationen ein konkretes Beispiel.

Bereits vor Abschluss eines Heimvertrages treffen den Heimbetreiber bestimmte **Informationspflichten** (§ 3 WBVG). Diese umfassen zum einen das allgemeine Leistungsangebot der Einrichtung, wie etwa die Ausstattung und die Lage des Gebäudes, das Spektrum an angebotenen Leistungen oder die Ergebnisse von Qualitätsprüfungen, sowie zum anderen die konkreten Leistungen, die für den potentiellen Bewohner in Betracht kommen, einschließlich der Angaben der dafür zu zahlenden Entgelte.

Kommt es zum **Abschluss des Vertrages**, werden diese vorvertraglichen Informationen zu zwingenden Vertragsbestandteilen;

weitere Mindestinhalte des Vertrages sind eine Beschreibung der letztendlich tatsächlich vereinbarten Leistungen nach Art, Inhalt und Umfang sowie die für diese Leistungen zu zahlenden Entgelte (unterteilt nach den Entgelten für die Unterkunft, die Verpflegung, die Pflege- und Betreuungsleistungen sowie einzelne weitere Leistungsentgelte und gesondert berechenbare Investitionskosten) (§ 6 Abs. 3 WBVG). Der Vertrag ist dabei grundsätzlich schriftlich und unbefristet abzuschließen (§ 6 Abs. 1 bzw. § 4 Abs. 1 WBVG) (Ausnahmen bestehen etwa bei der Inanspruchnahme von Verhinderungs- oder Kurzzeitpflege [Kap. 3.3.1.2.3 bzw. 3.3.1.2.4]); bei Verträgen mit Bewohnern, die Leistungen der sozialen Pflegeversicherung beziehen, ist der Heimbetreiber zudem verpflichtet, die Vertragsinhalte mit dem Sozialleistungsrecht des XI. Buches des *Sozialgesetzbuches* abzustimmen (§ 15 WBVG) (Kap. 3.3.1.2.4 bzw. 3.3.1.2.5).

Zur **Erfüllung des Vertrages** ist der Heimbetreiber verpflichtet, dem Bewohner den Wohnraum in einem zum vertragsgemäßen Gebrauch geeigneten Zustand zu überlassen sowie die vertraglich vereinbarten Pflege- und Betreuungsleistungen nach dem allgemein anerkannten Stand fachlicher Erkenntnisse zu erbringen (§ 7 Abs. 1 WBVG). Den Bewohner wiederum trifft vor allem die Pflicht, das vereinbarte Entgelt zu zahlen, soweit es „angemessen" ist (§ 7 Abs. 2 WBVG); dies ist dann der Fall, wenn es sich im Rahmen der nach §§ 84 ff. SGB XI vereinbarten Sätze bewegt (Kap. 4.1.1.3.1) (Kempchen, in: Dickmann 2014, § 7 WBVG Rdnr. 8).

Zum **Verbraucherschutz** sieht das Gesetz darüber hinaus umfangreichere Regelungen zu den Rechten der Bewohner bei Nicht- oder Schlechtleistung (§ 10 WBVG) und bei erforderlichen Vertragsanpassungen und Entgelterhöhungen vor (§§ 8 und 9 WBVG). Von besonderer praktischer Relevanz ist dabei die **Vertragsanpassung** bei einer Änderung des Pflege- oder Betreuungsbedarfs. In einem solchen Fall ist der Heimbetreiber grundsätzlich verpflichtet, dem Bewohner eine entsprechende Anpassung der Leistungen anzubieten (§ 8 Abs. 1 WBVG). Bezieht der Bewohner Leistungen der sozialen Pflegeversicherung, ist das Heim sogar berechtigt, den Vertrag durch einseitige Erklärung entsprechend anzupassen (§ 8 Abs. 2 WBVG); der Gesetzgeber nimmt hier Bezug zu § 87a Abs. 2 SGB XI, wonach ein Heimbewohner auf eine schriftliche Aufforderung des Heimträgers hin verpflichtet ist, bei seiner Pflegekasse die Zuordnung zu einem höheren Pflegegrad zu beantragen, wenn Anhaltspunkte dafür bestehen, dass der pflegebedürftige Heimbewohner aufgrund der Entwicklung seines Gesundheits- bzw. Pflegezustands einem höheren Pflegegrad als bislang zuzuordnen ist. Dabei kann der Unternehmer die Pflicht zur Vertragsanpassung durch eine gesonderte Vereinbarung mit dem Heimbewohner ausschließen, wenn sie seinem für das Heim geltenden Leistungskonzept entgegensteht (hierzu Bachem/Hacke 2015, § 8 WBVG Rdnr. 88 ff.) (§ 8 Abs. 4 i.V.m. § 3 Abs. 3 Satz 1 Nr. 5 WBVG).

Entsprechend § 8 Abs. 4 WBVG finden sich in einigen Heimverträgen gesonderte Ausschlüsse für Vertragsanpassungen, die dem Grunde nach beispielsweise erforderlich werden, wenn der Bewohner in ein Wachkoma fallen sollte oder dauerhaft beatmet werden muss, da nicht alle Einrichtungen über die zur Deckung des damit verbundenen spezifischen Pflegebedarfs erforderliche Personal- und technisch-medizinische Ausstattung verfügen (vgl. Kempchen, in: Dickmann 2014, § 8 WBVG Rdnr. 12).

Hat das Pflegeheim – was die Regel ist – einen Versorgungsvertrag mit den Pflegekassen abgeschlossen (Kap. 4.1.1.2), ist diese Ausschlussmöglichkeit weiter begrenzt: Eine Nichtanpassung der zu erbringenden Leistungen ist in diesem Fall nur dann möglich, wenn diese zuvor im Versorgungsvertrag nach § 72 SGB XI gestattet worden ist. Ist dies nicht der Fall, muss der Heimträger den Bewohner weiter versorgen und die damit gegebenenfalls verbundenen wirtschaftlichen und organisatorischen Lasten tragen (Kempchen, in: Dickmann 2014, § 8 WBVG Rdnr. 14).

Ein bestehender Heimvertrag kann sowohl durch eine **Kündigung** des Verbrauchers (§ 11 WBVG) als auch des Unternehmers (§ 12 WBVG) beendet werden (hierzu insbesondere Kaminski 2013). So ist dem Heimbewohner eine fristgemäße Vertragsbeendigung stets zum Ende eines Kalendermonats möglich (mit einer Kündigungserklärung bis zum dritten Werktag dieses Monats); bei einer Erhöhung des Heimentgelts kann der Vertrag zum Wirksamwerden der Entgelterhöhung gekündigt werden (mit einer Kündigungserklärung bis zum Zeitpunkt der Entgelterhöhung). Während einer zweiwöchigen Probezeit sowie beim Vorliegen eines wichtigen Grundes (z.B. erhebliche Pflegefehler oder Hygienemängel) kann der Vertrag jederzeit ohne Einhaltung einer Frist beendet werden. Demgegenüber kann der Heimträger den Vertrag nur aus wichtigem Grund kündigen; ein solcher liegt insbesondere in folgenden Fällen vor:

- Betriebsaufgabe durch den Unternehmer (Kündigung bis zum dritten Werktages eines Kalendermonats zum Ablauf des nächsten Kalendermonats)
- Unmöglichkeit der Leistungsanpassung bei geändertem Pflege- und Betreuungsbedarfs des Verbrauchers
- Pflichtverletzungen des Verbrauchers (z.B. schuldhafte und gröbliche Verletzung der Rechte anderer Bewohner bzw. des Pflegepersonals oder Missachtung der Hausordnung)
- Zahlungsverzug des Verbrauchers (Kündigung nach erfolgloser Setzung einer angemessenen Zahlungsfrist)

Ansonsten endet das Vertragsverhältnis grundsätzlich mit dem **Tod des Bewohners** (§ 4 Abs. 3 Satz 1 WBVG). Zum einen kann jedoch für eine Zeit von zwei Wochen nach dem Sterbetag eine Fortgeltung des Vertrags hinsichtlich der Überlassung des Wohnraums (gegen Fortzahlung der darauf entfallenden Entgeltbestandteile) vereinbart werden (§ 4 Abs. 3 Satz 3 WBVG), um den hinterbliebenen Angehörigen einen würdevollen Abschied und den Erben eine pietätvolle Wohnungsauflösung zu ermöglichen (Kempchen, in: Dickmann 2014, § 4 WBVG Rdnr. 10); zum anderen erhalten Mitbewohner Verstorbener, die nicht selber Vertragspartner sind, die Möglichkeit, zunächst für bis zu vier Monate in den Räumlichkeiten zu verbleiben (§ 5 Abs. 1 WBVG) (gegen Zahlung der darauf entfallenden Bestandteile des Gesamtheimentgelts), um sie vor einem abrupten Verlust der bis dato gemeinsamen Wohnung zu schützen (Bachen/Hacke 2015, § 5 WBVG Rdnr. 1).

Passwort für Online-Aufgaben
Das Passwort zum Öffnen des Online-Materials lautet:
R9:e_c?h5=t

Bitte geben Sie das Passwort nicht weiter!

Literatur

Achterfeld, C. (2014): Aufgabenverteilung im Gesundheitswesen. Rechtliche Rahmenbedingungen der Delegation ärztlicher Leistungen. Springer, Berlin

Antonovsky, A. (1979): Health, Stress, and Coping, Jossey-Bass, San Francisco

Arens, F. (2022): Ordnungsmittelanalyse zur beruflichen Pflegeausbildung. Neuordnungen als eigene Angelegenheiten der Bundesländer. wvb, Berlin

Bachem, J., Hacke, S. (2015): Wohn- und Betreuungsvertragsgesetz. Kommentar. Beck, München.

Bachstein, E. (2007): Praxiswissen Arbeitsrecht für die PDL. Rechtssicherer Umgang mit Mitarbeitern in der Pflege. Urban und Fischer, München

Berchtold, J., Huster, S., Rehborn, M. (Hrsg.) (2018): Gesundheitsrecht. SGB V | SGB XI. 2. Aufl. Nomos, Baden-Baden

Bergmann, K. O. (2009): Delegation und Substitution ärztlicher Leistungen auf/durch nichtärztliches Personal. In: MedR, 1–10

Bieback, K.-J. (2023): Aktuelle Probleme der Entgeltbestimmung in der Pflege – zwischen Arbeitskräftemangel und Wirtschaftlichkeitsprinzip. In: SGb, 8–13

BMG [Bundesministerium für Gesundheit] (Hrsg.) (2023a): Ratgeber Krankenversicherung. Alles, was Sie zum Thema Krankenversicherung wissen sollten. 24. Aufl. Eigenverlag, Berlin

BMG [Bundesministerium für Gesundheit] (Hrsg.) (2023b): Ratgeber Pflege. Alles, was Sie zum Thema Pflege wissen sollten. 27. Aufl. Eigenverlag, Berlin

BMFSJ/BMG [Bundesministerium für Familie, Senioren, Frauen und Jugend sowie Bundesministerium für Gesundheit] (Hrsg.) (2020): Charta der Rechte hilfe- und pflegebedürftiger Menschen. 14. Aufl. Eigenverlag, Berlin

Boecken, W., Düwell, F. J., Diller, M., Hanau. H. (Hrsg.) (2016): Gesamtes Arbeitsrecht. Nomos, Baden-Baden

Bohnes, H. (2023): Recht in der Pflege und in Gesundheitsberufen. 3. Aufl. Walhalla, Regensburg

Brosey, D., Lesting, W., Loer, A., Marschner, R. (2022): Betreuungsrecht kompakt. 9. Aufl. Beck, München

Büscher, A. (2023): Heilkundeübertragung nach § 64d SGB V. In: Pflege & Gesellschaft, 181–186

Büscher, A., Igl, G., Klie, T., Kostorz, P., Kreutz, M., Weiß, T., Welti, F. (2020): Probleme bei der Umsetzung der Vorschrift zur Ausübung vorbehaltener

Tätigkeiten (§ 4 Pflegeberufegesetz) – Anmerkungen und Lösungsvorschläge. In: GuP, 20-23 (= MedR 2020, 282–282, SRa 2020, 89–91 und Die Schwester/Der Pfleger 66–69)
Büscher, A., Krebs, M. (2022): Qualität in der Pflege. Ernst Reinhardt, München
Bydlinski, P. (2023): Grundzüge der juristischen Methodenlehre. 4. Aufl. Facultas, Wien
Dahm, D. (2013): Der Pflegevertrag bei häuslicher Pflege gemäß § 120 SGB XI. In: Die Leistungen, 617–619
Dahm, D. (2015): Der Pflegevertrag bei häuslicher Pflege. In: Die Leistungen 2015, 57 f.
Dammann, U. H. (2021): Der Behandlungsvertrag. Grundlagen für Praxis und Ausbildung im Gesundheitswesen. Springer, Wiesbaden
Dauer, B. (2022): Praxisanleitung im Kontext der hochschulischen Pflegeausbildung. Bundesinstitut für Berufsbildung, Bonn
Di Bella, M. (2024): Vorläufige Eckpunkte des Pflegekompetenzgesetzes. Vorstoß des Bundesgesundheitsministers. In: RDG, 42
Dickmann, F. (2014): Heimrecht. Kommentar. 11. Aufl. Beck, München
Dielmann, G. (2022): Pflegeberufegesetz und Ausbildungs- und Prüfungsverordnung. Kommentar für die Praxis. 2. Aufl. Mabuse, Frankfurt/Main
Drasdo, M. (2019): Zehn Jahre Wohn- und Betreuungsvertragsgesetz. Überblick über die höchstrichterliche Rechtsprechung. In: NJW, 2894–2898
Ebbers, B. (2018): Neuerungen im Mutterschutz. Schwanger in der Pflege. Und nun? In: Heilberufe. Heft 7–8, 47–49
Fachkommission [nach dem Pflegeberufegesetz] (2022): Standardisierte Module zum Erwerb erweiterter Kompetenzen zur Ausübung heilkundlicher Aufgaben. Bundesinstitut für Berufsbildung, Bonn
Fachkommission [nach dem Pflegeberufegesetz] (2020): Rahmenpläne der Fachkommission nach § 53 PflBG. Rahmenlehrpläne für den theoretischen und praktischen Unterricht. Rahmenausbildungspläne für die praktische Ausbildung. 2. Aufl. Bundesinstitut für Berufsbildung, Bonn
Frodl, A. (2018): Gesundheitsberufe im Einsatz. Springer, Wiesbaden
Gehring, C. L. (2021): Änderungen durch die Reform des Betreuungsrechts. In: das Krankenhaus, 606–610
Gerlinger, T., Rosenbrock, R. (2024): Gesundheitspolitik. Eine systematische Einführung. 4. Aufl. Hogrefe, Bern
Griep, H., Renn, H. (2017): Pflegesozialrecht. 6. Aufl. Nomos, Baden-Baden
Großkopf, V., Klein, H. (2020): Recht in Medizin und Pflege. 5. Aufl. Spitta, Balingen
Großkopf, V., Schanz, M., (2021): Arbeitsrechtlicher Leitfaden für das Gesundheitswesen. Von der Einstellung bis zur Kündigung. 3. Aufl. Spitta, Balingen
Haage, H. (2019): Pflegeberufegesetz. In: Das deutsche Bundesrecht (Loseblattausgabe). Nomos, Baden-Baden
Hagemann, K. (2018): Das Wohn- und Betreuungsvertragsgesetz. Eine Einführung anhand von Fallbeispielen. In: ZJS, 204–206

Hahn, E. (2024): Ein Arzt ist ein Arzt ist ein Arzt – Begriff, Status und Tätigkeit eines Heilberufs. In: MedR, 1–9
Hasselbach, H., Böhm, W. A., Reinhold, T. (2024a): Krankenhausaufnahmeverträge und Wahlleistungsvereinbarungen – Teil 1: schuldrechtliche Einordnung. In: MedR, 9–17
Hasselbach, H., Böhm, W. A., Reinhold, T. (2024b): Krankenhausaufnahmeverträge und Wahlleistungsvereinbarungen – Teil 2: Wirksamkeitsmängel und Leistungsstörungen. In: MedR, 96–104
Heberlein, I. (2012): Neuordnung der Verantwortung in der Heilkunde? Die Richtlinie nach § 63 Abs. 3c SGB V zwischen Substitution und Delegation und die Folgen. In: PflR, 67–81 und 143–157
Henking, T., Mittag, M. (2015): Rechtliche Rahmenbedingungen. In: Henking, T., Vollmann, J. (Hrsg.): Zwangsbehandlung psychisch kranker Menschen. Ein Leitfaden für die Praxis. Springer, Berlin, 29–90
Hergenröder, C. (2022): Dienstplan in der Pflege: Rechtliche Vorgaben. In: Die Praxisanleitung. Heft 2, 9–17
Hobusch, S. (2022): Recht im Gesundheitswesen für Jurist:innen und Nichtjurist:innen. 2. Aufl. UVK, München
Höfert, R. (2017): Von Fall zu Fall – Pflege im Recht. Rechtsfragen in der Pflege von A–Z. 4. Aufl. Springer, Berlin
Hömig, D., Wolff, H. A. (Hrsg.) (2021): Grundgesetz für die Bundesrepublik Deutschland. Handkommentar. 13. Aufl. Nomos, Baden-Baden
Hoß, A. (1999): Die krankheitsbedingte Kündigung. In: MDR, 777–784
Howald, B. (2018): Haftungsrecht für die Pflege. Zivil- und Strafrecht für Lehre und Praxis. Kohlhammer, Stuttgart
Huster, S. (2017): Die Bedeutung des Krankheitsbegriffs für das Krankenversicherungsrecht. In: Beck, S. (Hrsg.): Krankheit und Recht. Ethische und juristische Perspektiven. Springer, Heidelberg, 41–51
Igl, G. (2021): Gesetz über die Pflegeberufe (Pflegeberufegesetz – PflBG), Pflegeberufe-Ausbildungs- und -Prüfungsverordnung (PflAPrV), Pflegeberufe-Ausbildungsfinanzierungsverordnung (PflAFinV). Praxiskommentar. 3. Aufl. Springer, Heidelberg
Igl, G. (2017): Das Gesetz zur Reform der Pflegeberufe – gelungene oder nur fast gelungene Reform der Pflegeberufe? In: MedR, 859–863
Igl, G., Welti, F. (2022): Gesundheitsrecht. Eine systematische Einführung. 4. Aufl. Vahlen, München
Janda, C. (2023): Pflegerecht. 3. Aufl. Nomos, Baden-Baden
Jürgensen, A. (2019): Pflegehilfe und Pflegeassistenz. Ein Überblick über die landesrechtlichen Regelungen für die Ausbildung und den Beruf. Bundesinstitut für Berufsbildung, Bonn
Just, K., Schneider, E. (2026): Das Leistungsrecht der gesetzlichen Krankenversicherung. 2. Aufl. ESV, Berlin
Kaminski, R. (2022): Tariftreueregelung des § 72 SGB XI Refinanzierung nach § 82c SGB XI. In: GuP, 56–64

Kaminski, R. (2020): Die Pflegesatzverhandlung. Praxisleitfaden für ambulante und stationäre Pflegeeinrichtungen. 2. Aufl. ESV, Berlin
Kaminski, R. (2013): Die Kündigung von Heimverträgen nach dem Wohn- und Betreuungsvertragsgesetz (WBVG). In: WzS, 278–282
Kienzle, T. (2020): Recht für Pflegeberufe. Lehrbuch für die Aus- und Weiterbildung. Kohlhammer, Stuttgart
Klein, H., Di Bella, M. (2019): Unterbringungen und unterbringungsähnliche Maßnahmen im Rahmen der Psychiatriegesetze der Länder. Freiheitsentziehende Maßnahmen. In: RDG, 64–72
Klein, H., Di Bella, M. (2015): Freiheitsentziehende Maßnahmen. Die rechtliche Zulässigkeit in der ambulanten und stationären Pflege. In: RDG, 220–226
Klie, T. (2023): Vorbehaltsaufgaben gemäß § 4 Pflegeberufegesetz – Geschichte, Konzeption und Implikation. In: NDV, 171–179
Klie, T., Krautz, B. (2021): Vorbehaltsaufgaben für die Pflege gemäß § 4 Pflegeberufegesetz: pflegerischer Meilenstein auf dem Weg der Professionalisierung? In: PflR, 419–425 und 490–497
König, W. F. (2024): Juristische Methoden für Dummies. 2. Aufl. Wiley-VCH, Weinheim
Kostorz, P. (2024): Pflegestudiumstärkungsgesetz. Auswirkungen auf die berufliche Pflegeausbildung. In: das Krankenhaus. SO, 41–47
Kostorz, P. (2023a): Ausbildungsrecht in der Pflege. Einführung in das Pflegeberufegesetz und die Ausbildungs- und Prüfungsverordnung. 2. Aufl. Kohlhammer, Stuttgart
Kostorz, P. (2023b): In drei Jahren zur Pflegefachkraft – oder darf's ein bisschen länger dauern? Möglichkeiten und Modalitäten der Ausbildungsverlängerung nach dem Pflegeberufegesetz. In: PflR, 251–263
Kostorz, P. (2023c): Rechtlicher Rahmen der Praxisbegleitung. In: Unterricht Pflege. Heft 3, 6–10
Kostorz, P. (2022a): Grundlagen und Rechtsquellen des Pflegeberuferechts. In: Kostorz, P. (Hrsg.): Pflegeberufegesetz mit Rechtsverordnungen und Landesrecht NRW [Textausgabe]. 2. Aufl. FH Münster, Münster, 9–25
Kostorz, P. (2022b): Verletzung der Ausbildungspflicht in der praktischen Pflegeausbildung – rechtliche Konsequenzen für ausbildende Praxiseinrichtungen, in: GesR, 212–218
Kostorz, P. (2020): Basiswissen Gesundheitsrecht. esv, Berlin
Kostorz, P. (2019): Generalisierung oder Spezialisierung? Klientenspezifische Ausbildung in der Gesundheits- und Kinderkrankenpflege sowie in der Altenpflege nach dem Pflegeberufegesetz. In: SGb, 580–587
Kostorz, P. (2018a): „Lehrjahre sind keine Herrenjahre!“ – Rechte und Pflichten in der Berufsausbildung nach dem Pflegeberufegesetz (Teil 1: Rechte und Pflichten der Ausbildungsträger), in: GuP, 141–148
Kostorz, P. (2018b): „Lehrjahre sind keine Herrenjahre!“ – Rechte und Pflichten in der Berufsausbildung nach dem Pflegeberufegesetz (Teil 2: Rechte und Pflichten der Pflegeschulen). In: GuP, 174–182

Kostorz, P. (2018c): „Lehrjahre sind keine Herrenjahre!" – Rechte und Pflichten in der Berufsausbildung nach dem Pflegeberufegesetz (Teil 3: Rechte und Pflichten der Auszubildenden). In: GuP, 213–220
Kostorz, P. (2016a): Abkehr von der Minutenpflege. Das PSG II bringt einen neuen Pflegebedürftigkeitsbegriff und ein neues Begutachtungsverfahren. In: Pflegezeitschrift, 282–287
Kostorz, P. (2016b): Rechtliche Folgen von Pflegefehlern. In: Unterricht Pflege. Heft 5, 10–17
Kostorz, P. (2012): Krankenversicherung im Studium – zur versicherungsrechtlichen Einordnung von beschäftigten Studierenden und studierenden Beschäftigten. In: NZS, 161–165
Kostorz, P. (2011a): Die ärztliche Behandlung einwilligungsunfähiger Patienten im Licht des neuen Patientenverfügungsrechts nach §§ 1901a und 1901b BGB. In: Das Gesundheitswesen, 13–19
Kostorz, P. (2011b): Schutz dementer Personen im bürgerlichen Recht. Geschäfts(un)fähigkeit, Betreuung, Einwilligungsvorbehalt und Unterbringung nach dem BGB. In: PflR, 447–455
Kostorz, P., Kernebeck, S. (2015): 20 Jahre soziale Pflegeversicherung – Bilanz und Ausblick, in: WzS, 35–41
Kostorz, P., Niehues, C. (2024): Hochschulische Pflegeausbildung nach dem Pflegestudiumstärkungsgesetz. In: das Krankenhaus, 314–323
Krahmer, U., Plantholz, M. (2013): Wie soll der novellierte § 120 SGB XI umgesetzt werden? Zum Pflegevertrag im ambulanten Bereich. In: SRa, 137–147
Kreutz, M., Opolony, B. (2019): Gesetz über die Pflegeberufe (Pflegeberufegesetz – PflBG). Beck, München
Laufs, A., Uhlenbruck, W. (Begr.) und Kern, B.-R., Rehborn, M. (Hrsg.) (2019): Handbuch des Arztrechts. 5. Aufl. Beck, München
Leuxner, A., von Schwanenflügel, M. (2018): Reform der Pflegeberufe. Mehr Qualität und Attraktivität im zukünftig größten Ausbildungsberuf. In: NZS, 202–207
Marschmann, F. (1996): Grundfragen des Rechts der Leistungserbringung in der sozialen Pflegeversicherung (SGB XI). In: SGb, 49–58, 96–99 und 149–157
Mazur, S. (2023): Betreuungsrecht. Ein Ratgeber für Betroffene, Betreuerinnen und Betreuer. Beck/dtv, München
Muckel, S., Ogorek, M., Rixen., S. (2019): Sozialrecht. 5. Aufl. Beck, München
Müller, H. (2021): Arbeitszeit- und Dienstplangestaltung in der Pflege. Grundlagen – Modelle – Methodik. Schlütersche, Hannover
Müller, T., Schabbeck, J. P. (2018): Praxishandbuch Pflegerecht. medhochzwei, Heidelberg
Müller, T., Schabbeck, J. P. (2014): Delegation ärztlicher Leistungen an das Pflegepersonal. Möglichkeiten, Anforderungen und praktische Umsetzung. medhochzwei, Heidelberg
Ochmann, U., Wicker, S. (2013): Mutterschutz im Gesundheitswesen. In: ASU, 188–195

Opolony, G. (2020): Die Vorbehaltsaufgaben nach dem Pflegeberufegesetz. In: NZS, 491–494

Prütting, D., Prütting, J. (2021): Medizin- und Gesundheitsrecht. 2. Aufl. De Gruyter, Berlin

Pschyrembel, Willibald (Begr.) (2023): Klinisches Wörterbuch. 269. Aufl. de Gruyter, Berlin

Ratzel, R., Luxenburger, B. (Hrsg.) (2020): Handbuch Medizinrecht. 4. Aufl. C. F. Müller, Köln

Richter, R. (2023): Die Leistungen der sozialen Pflegeversicherung. Nomos, Baden-Baden

Richter, R. (2017): Die neue soziale Pflegeversicherung – PSG I, II und III. Pflegebegriff, Vergütung, Potenziale. 2. Aufl. Nomos, Baden-Baden

Robbers, J., Wagener, A. (Hrsg.) (2017): Die Krankenhausbehandlung. Praxiskommentar zur Vertragsgestaltung. Band 1. Verträge zwischen Krankenhaus und Patient. 3. Aufl. Kohlhammer, Stuttgart

Roch, S., Hampel, P. (2022): Modelle von Gesundheit und Krankheit. In: Haring, R. (Hrsg.): Gesundheitswissenschaften. 2. Aufl. Springer, Berlin, 263–272

Röhl, K. F., Röhl, H. C. (2008): Allgemeine Rechtslehre. Ein Lehrbuch. 3. Aufl. Vahlen, München

Roßbruch, R. (2013): Zur Obhutspflicht eines Krankenhausbetreibers über Wertsachen von Patienten. In: PflR, 634–638

Roßbruch, R. (2003): Zur Problematik der Delegation ärztlicher Tätigkeiten an das Pflegefachpersonal auf Allgemeinstationen unter besonderer Berücksichtigung zivilrechtlicher, arbeitsrechtlicher und versicherungsrechtlicher Aspekte. In: PflR, 95–102 und 139–149

Ruland, F., Becker, U., Axer, P. (Hrsg.) (2022): Sozialrechtshandbuch (SRH). 7. Aufl. Nomos, Baden-Baden

Schaub, G. (Begr.) (2023): Arbeitsrechts-Handbuch. 20. Aufl. Beck, München

Schellhorn, H., Tönnies, M. (2023): Rechtskunde Pflege. Handbuch für Pflegeausbildung und -praxis. 4. Aufl. Europa-Lehrmittel, Haan-Gruiten

Schiff, A., Dallmann, H.-U. (2021): Ethik in der Pflege. Ernst Reinhardt, München und Basel

Seiler, M. (2019): Pflege und Strafrecht. Kompendium für die Praxis. Nomos, Baden-Baden

Siefarth, T. (2023): Aufbauwissen Pflege Recht. 2. Aufl. Elsevier, München

Siefarth, T. (2020): Arbeitsrecht in der Pflege. Das Lexikon für die Praxis. Quidditas, Petershausen

Siefarth, T. (2019): Wohn- und Betreuungsvertragsgesetz als Instrument des Verbraucherschutzes. In: PKR, 176–181

Simon, M. (2021): Das Gesundheitssystem in Deutschland. Eine Einführung in Struktur und Funktionsweise. 7. Aufl. Hogrefe, Bern

Smolibowski, J. (2023): Recht in der Pflege verstehen. Springer, Berlin

Sodan, H. (Hrsg.) (2018): Handbuch des Krankenversicherungsrechts. 3. Aufl. Beck, München

Spickhoff, A. (Hrsg.) (2022): Medizinrecht. 4. Aufl. Beck, München
Sträßner, H. (2006): Haftungsrecht für Pflegeberufe. Ein Leitfaden. Kohlhammer, Stuttgart
Sträßner, H. (2004): Das Recht in der Pflegeausbildung. Handbuch für Auszubildende und Lehrende in der Pflege. Kohlhammer, Stuttgart
Trenczek, T., Behlert, W. (2024): Recht und Gesellschaft. In: Trenczek, T., Tammen, B., Behlert, W., von Boetticher, A., Beetz, C. (Hrsg.): Grundzüge des Rechts. Studienbuch für soziale Berufe. 6. Aufl. Ernst Reinhardt, München und Basel, 36–89
von Koppenfels-Spies, K. (2007): Sozialrecht. Mohr-Siebeck, Tübingen
Weber, M. (2007): Arbeitsrecht für die Pflege. Handbuch für die Praxis. Kohlhammer, Stuttgart
Weiß, T. (2020): Recht in der Pflege. Lernen, Verstehen, Anwenden. 3. Aufl. Beck, München
Weiß, T., Meißner, T., Kempa, S. (2018): Pflegeberufereformgesetz (PflBRefG). Praxiskommentar. Springer, Wiesbaden
WHO [World Health Organization] (2001): ICF – International Classification of Functioning, Disability and Health. WHO, Genf.
Wiese, U. E. (2014): Pflegerecht. Grundlagen, Fälle, Praxis. Vahlen, München
Wingenfeld, K. (2014): Pflegebedürftigkeit, Pflegebedarf und pflegerische Leistungen. In: Schaeffer, D., Wingenfeld, K. (Hrsg.): Handbuch Pflegewissenschaft. Beltz, Weinheim, 263–290

Sachregister